日本、遥かなり

エルトゥールルの「奇跡」と邦人救出の「迷走」

角川文庫
22912

はじめに

日本は、世界に冠たる「国際国家」である。

海外に居住する邦人の数は、二〇一四（平成二十六）年段階で、およそ百二十九万人となり、海外への旅行者は、年間千六百九十万人にも達している。

一年のうちに、国民の14パーセントが海外旅行をするという国は、なかなかあるものではない。海外で留学生として学んだり、あるいは、海外に駐在して国際ビジネスの最前線で活動するために、多くの人々が、いまも日本をあとにしている。

ほんの百六十年前まで「鎖国」の中で生きてきた日本人は、その頃からは想像もできないほどの〝グローバル化〟を果たし、活躍の場は、世界の隅々に広がっているのである。

「国際貢献」という言葉がポピュラーになったのは、いつからだったろうか。世界各地で活動する邦人は、身につけた高い技術力や経験、そして生活の知恵を、赴任した先で惜しみなく発揮し、「日本」の声望を高らしめてきた。

戦後七十年を経て、世界の各地で発揮してきた日本人の緻密さ、技術力、モラルの高さ……等々は、多くの国で範となり、その地に発展と生活向上をもたらした。その貢献の度合いは、小さくない。

各種の国際的なアンケートで、日本と日本人の好感度が、常に世界のトップクラスにあることは、その証左である。

二〇一五年九月、アメリカの大手調査機関「ピュー・リサーチ・センター」によって発表された、アジア・太平洋地域計十一か国、およそ一万五千人を対象としたアンケート結果も、そのことを明確に表している。これは、アジア・太平洋地域の人々が、「域内」のほかの諸国をどう認識しているかについて調査したものだ。

そこでも、日本の好感度はトップで、全体の71パーセントが、日本を「好ましい」と答えている。第二次世界大戦中、日本によって戦場となった国々でも、たとえば、マレーシア84パーセント、ベトナム82パーセント、フィリピン81パーセント、オーストラリア80パーセント、インドネシア71パーセント……と、日本の好感度は圧倒的だった。

こうした数値は、日本人が、いかに不断の努力によって、戦後、それぞれの国の発展に寄与してきたかを物語るものである。

ところが、世界各地で国際貢献を果たしている日本人を、日本が「国家として」どう守っているか、という点から振り返ってみると、実態はどうだろうか。

浮かび上がってくるのは、邦人の活動の大きさに比べ、実にお粗末な姿である。

極端な言い方をすれば、日本人は海外で何かが起こった時、「見捨てられる」ということをご存じだろうか。

それは、世界の常識からも、考えられないものだ。

紛争や動乱が起こった時、どの先進国でも、自国民を救出するために最善の努力を惜しまない。ある時は民間航空の救援機が飛来し、ある時は軍用機で救出に来る。

しかし、日本からは、来ない。

さまざまな法的縛りを受ける日本では、いまだに「海外での武力行使につながる」「紛争地に派遣するのは危険」という理屈のもと、窮地に陥った在留邦人を助け出すことができないのである。

では、いわば「見捨てられた邦人」は、どうやってその窮地を脱するのだろうか。

日本から救援が来ない以上、ほかの国の救援機、あるいは軍用機に「助けてもらう」しかない。つまり日本とは、あろうことか、自国民の生命を「他国に委ねる国」なのだ。

残念ながら、紆余曲折の末、二〇一五（平成二十七）年九月に成立した種々の安保法制によっても、「邦人救出」に関しての実態は変わらない。

私は、本作品において、最も大切な国民の「命」をないがしろにする日本という国の過去、現在、未来について、書かせてもらおうと思う。

同時に、ビジネスの最前線、あるいは、日本の国際貢献の最前線で闘っている人々の姿を知ってほしいと思う。

人間の「命」をテーマに多くのノンフィクションを上梓してきた私にとって、この作品は長年の悲願でもあった。国民の生命をいかに守るかという、国としての「根幹」を問う作品をいつか書きたい、と思っていたからでもある。

私が『週刊新潮』のデスクだった一九九〇（平成二）年、湾岸戦争での「人間の盾」問題が持ち上がった。人質となった邦人以外に、イラクの首都バグダッドから出ることができなくなった邦人駐在員に取材をし、記事を書かせてもらったことがある。

なぜ、この人たちは日本に帰ってくることができないのか。

日本にいる家族の声とともに、国際電話の向こうから届く彼らの声は、私の胸に深く刻み込まれた。

長期にわたる取材の過程で、二〇一三（平成二十五）年には、アルジェリアの天然ガス精製プラントで人質になった邦人十人が亡くなり、二〇一五年には、「イスラム国」に捕われた湯川遥菜さん、後藤健二さんの二人が殺害された。

それぞれのケースで事情はまったく異なる。だが、冷戦終結以後、世界はテロが横行する混沌とした時代に突入し、海外で日本人が命を落とす、あるいはその危機に陥るケースが今後も増えていくのは確かだろう。

海外で活躍する日本人群像と、彼らを支える態勢をどうしてもつくることができない日本。そのギャップがわれわれに問いかけるものは、いったい何なのか。

忘れてならないのは、かつての日本は決して「命」をないがしろにするような国ではなかったことだ。その象徴となるのが、一八九〇（明治二十三）年に起こったエルトゥールル号遭難事件である。

あの遭難事件で示した日本人の行動が、なぜトルコ人の心を打ったのか。そして、イラン・イラク戦争での〝時を超えた恩返し〟が、なぜ日本人の心を捉えて離さないのか。トルコ人を感動させた明治の日本人と、邦人救出すら満足にできない現代の日本人との違いは何なのか。

それは、どこから生まれたものなのだろうか。

本書がそのことを考えるきっかけになることができれば、筆者としてこれに過ぐる喜びはない。

筆　者

目次

第二部「命」は守られるのか

ロシア
黒海
ウズベキスタン
ジョージア
イスタンブール
アルメニア
アゼルバイジャン
アンカラ
トルコ
トルクメニスタン
カスピ海
タブリーズ
テヘラン
ダマバンド
キプロス
シリア
キルクーク
レバノン
ベイジ
ティクリート
アフガニスタン
ダマスカス
バグダッド
イスファハン
イスラエル
エルサレム
アンマン
イラク
イラン
ヨルダン
アフワズ
バスラ
カイロ
クウェート
ペルシャ湾
クウェート
カフジ
エジプト
サウジアラビア
バーレーン
カタール
ドバイ
メディナ
リヤド
アラブ首長国連邦
メッカ
紅海
オマーン
イエメン
エリトリア
ホデイダ
サナア
スーダン
タイズ
アデン
ジブチ
ソマリア

関連地図（国名などは2015年のもの）

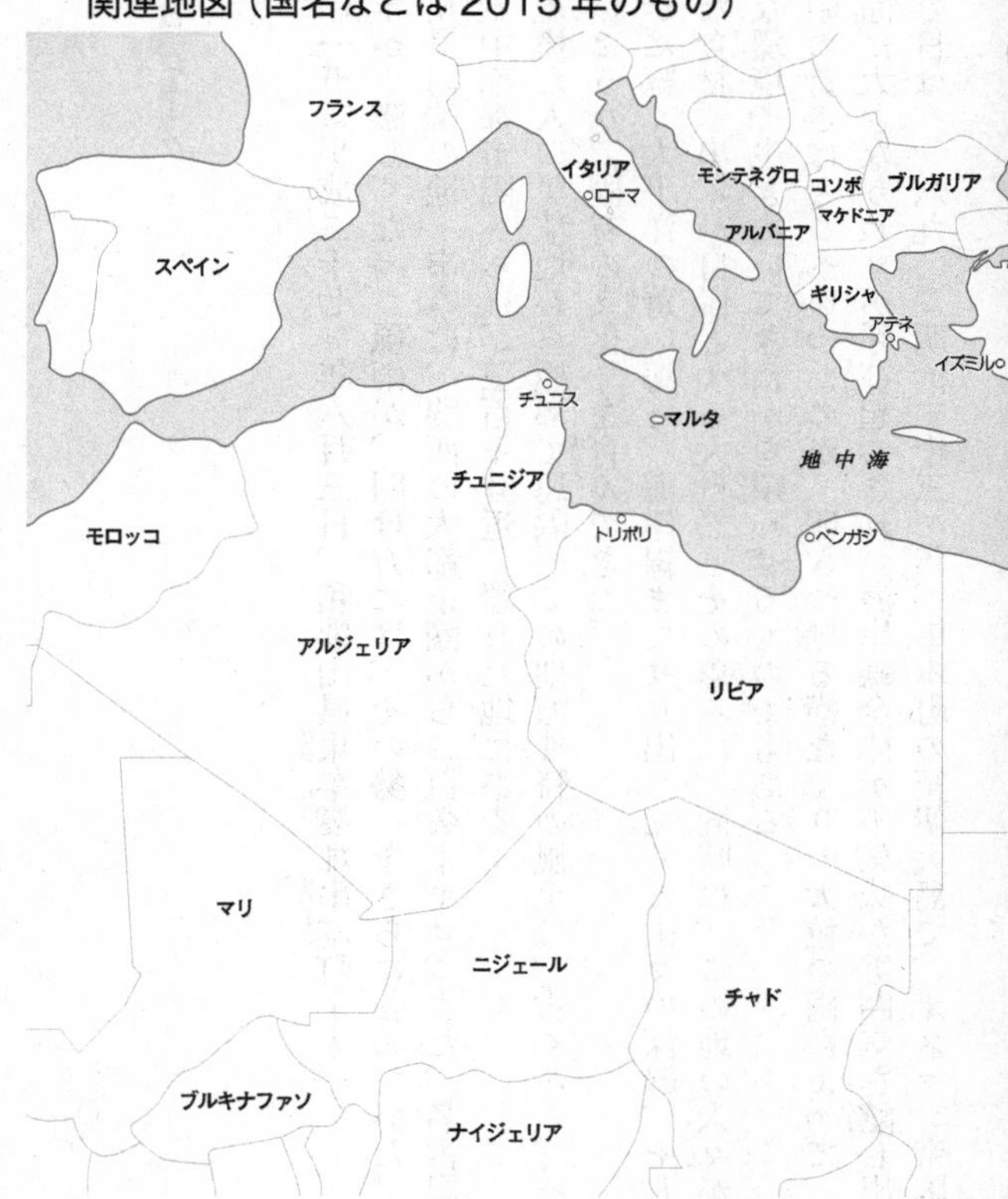

プロローグ

二〇一五（平成二十七）年六月三日、和歌山県東牟婁郡串本町――。

夜半から激しくなった風雨が、明け方には、その勢いをさらに強めていた。

本州最南端の地・串本は、関西の大都市圏から二百数十キロ、また、名古屋をはじめとする中部都市圏からは、三百キロ近く離れた地にある。

大規模な人口集積地から極めて遠隔のこの地方独特の風土は、古くから、ほかに例を見ないような〝固有の文化〟を育んできた。

遥かに続く太平洋の蒼い海と、海岸線までせり出してくる山々の深緑、そして山海の新鮮な食材。串本が自慢とする大自然とその恵みは、同時に、この地の人々が、いかに過酷な環境で生き抜いてきたかを窺わせるものでもある。

日頃の蒼さはどこへいったのか、叩きつける横なぐりの大粒の雨によって、ねずみ色の海面に大きなうねりが呼び起こされ、海岸線全体が不気味な雰囲気を醸し出していた。

この日は、一八九〇（明治二十三）年、串本町の紀伊大島で、オスマン帝国（のちのトルコ共和国）の軍艦「エルトゥールル号」が台風によって沈没して百二十五周年になるのを記念して、町を挙げての「追悼式典」が開かれることになっていた。

串本町と在日トルコ大使館の共催で、五年ごとに、いまも大規模な追悼式典がおこなわれているのである。

エルトゥールル号遭難事件は、長い間、トルコでこそ人々の記憶に刻まれてきたが、日本では、ほとんど知られることがなかった。

木造フリゲート艦「エルトゥールル号」は、司令官オスマン・パシャを特使とする明治天皇へのオスマン帝国初の親善使節として日本にやってきた。三年前に、明治天皇の義理の叔父である小松宮彰仁親王が、欧米視察の帰路にオスマン帝国のイスタンブールに立ち寄っていた。その答礼として、使節が派遣されたのである。

東京で明治天皇に謁見し、皇帝の親書を奉呈した一行は、三か月の滞在を経て、盛大な見送りを受けて、横浜港から九月十五日に帰国の途についた。

しかし、翌九月十六日午後十時過ぎ、紀伊大島の東端の断崖に立つ樫野埼灯台の目の前で遭難。台風の強い風にあおられて灯台の崖下南側につらなる岩礁に激突し、機関部に浸入してきた海水によって水蒸気爆発が起こり、乗艦していた六百名以上が荒れ狂う海に投げ出された。

次々と波濤に呑まれ、破砕した船体に押し潰され、鋭い岩に叩きつけられて、命を散らしてゆく中、必死で海岸まで泳ぎ着いた乗組員が崖をよじ上って助けを求め、そこから村人による懸命の献身的な救援活動がおこなわれた。

エルトゥールル号に乗り組んでいた将兵の死者、行方不明者は五百八十七名に達したが、かろうじて「六十九名」が救助された。

日本の一地方で起こった外国船の遭難事故が、それから百二十五年を経た現在も語り継がれていること自体が、一つの「奇跡」と言えるだろう。

それは、命を救われた六十九名が、日本が特別に派遣した「比叡(ひえい)」「金剛(こんごう)」の二隻の軍艦に分乗して帰国し、アジアの東端に位置する「日本」という国の人々が自分たちにしてくれたことを伝え、それがオスマン・トルコの国民を感動させたからである。

そしてこのことが、およそ一世紀も先の、イランからの「邦人救出」に、トルコが大きくかかわるという出来事に結びついていくのである。

そのエルトゥールル号遭難から百二十五周年の追悼式典が、前夜からの天候の悪化で、「予定の変更」を余儀なくされていた。

もともとの計画では、朝九時三十分から、トルコからやって来た軍艦「ゲディズ」の甲板(かんぱん)で洋上式典を挙行し、そのまま来賓(らいひん)をエルトゥールル号の遭難現場まで連れていき、海上で献花がおこなわれることになっていた。

しかし、台風と見紛(みまが)うばかりの風雨は、大切な洋上でのイベントを中止に追い込んだ。

そして、午後から紀伊大島の慰霊碑前で開催する予定だった式典も、町内の串本町文化センターという〝屋内〟に場所を移して開かれることになったのである。

串本町文化センターでは、前夜、来日したトルコ・オスマン軍楽隊によって、「トルコ・日本友好125周年記念コンサート」がおこなわれた。それは、勇壮で、力強さと伝統を同時に感じさせるステージであり、立錐の余地もなく詰めかけた観客を魅了した。

その同じ会場に、急遽、「追悼式典」参列者が集まった。定員いっぱいの六百人が参加しての式典である。

ステージには大きなスクリーンがあり、そこに紀伊大島の樫野埼にある「トルコ軍艦遭難慰霊碑」の映像が、プロジェクターで映し出されていた。あたかも慰霊碑の前で追悼式典がおこなわれるかのような演出だ。

「彬子女王殿下、およびトルコ大国民議会議長ジェミル・チチェッキ閣下がご入場になります。皆さま、ご入場の際は、ご起立のうえ、拍手でお迎えください」

午後二時十五分、女性司会者の声で、いっせいに参列者の目が会場入口に注がれた。先導者に続いて彬子女王とジェミル・チチェッキ・トルコ大国民議会議長の姿が見えた。

割れんばかりの拍手が起こった。

彬子女王は、長く日本・トルコ協会の総裁を務めた〝ヒゲの殿下〟こと、三笠宮寛仁殿下の長女だ。二〇一二（平成二十四）年に父親が亡くなって以降、その日本・トルコ協会の総裁を務めている。まだ三十三歳の若さだが、トルコに対する理解と造詣の深さは、かねて有名だ。

トルコの政界にも大きな影響力を持っているトルコ大国民議会議長のチチェッキ氏が

彬子女王のあとに続いた。

二人を歓迎する拍手とともに、会場は厳粛なムードに包まれた。

「彬子女王殿下よりお言葉を賜ります」

黙禱と両国国歌の吹奏のあと、トルコ軍艦遭難慰霊碑が映し出されている映像と祭壇の前に彬子女王が歩み出た。紺色のスーツに、幅広の白い帽子という気品を感じさせる出で立ちである。

「エルトゥールル号遭難百二十五周年の記念の年にあたり、追悼式典が日本・トルコ両国の方々と共に開催されますことに対し、心より感謝いたします。皆さまと共にここ、串本町樫野埼沖で遭難し、殉職されたエルトゥールル号の乗組員、そしてそのご遺族の皆さまに深く哀悼の意を表します」

彬子女王は、そう語り始めた。

参列している多くのトルコ人のために、男性通訳が、彼女の言葉をトルコ語に翻訳していく。通訳が一段落すると、彬子女王のスピーチが続く。

「今さら申し上げるまでもございませんが、一八九〇年九月十六日夜半、和歌山の樫野埼沖、現在の串本町でオスマン帝国の軍艦エルトゥールル号が折からの台風の影響で遭難、沈没し、五百名以上の犠牲者を出すという痛ましい事件がありました。

遭難した生存者を、日本人が救助、介護したこと、そして明治陛下の思し召しにより、遭難者が日本海軍の『比叡』と『金剛』によって、イスタンブールに送り届けられたことで、両国の友好の歴史に刻まれる大きな出来事となり、両国の修好初年度と位置づけられました」

通訳を挟みながら、スピーチは〝核心〟に入っていく。

「この両国の絆は、一九八五年のイラン・イラク戦争の時に、在イラン邦人をテヘラン空港からトルコ航空の旅客機に乗せ、自国民よりも優先して脱出させてくれるという、トルコのはからいによって、いっそう堅固なものとなります」

エルトゥールル号遭難事件から、実に九十五年後に起こったイランの首都・テヘランからの邦人救出劇について、彬子女王は言及した。

それは、トルコがトルコ航空機の緊急派遣を通じて、「自国民」よりも「在イラン邦人」を優先して「脱出させてくれた」ことを、はっきりと表現されたものだった。そして、彬子女王は、二〇一二年六月に癌との闘病の末に亡くなった父・三笠宮寛仁殿下のトルコへの思いについて、こう振り返った。

「三年前にお隠れになりました父が、〝約百年の時を経て『海』で受けた恩を『空』で返すとは、トルコの人たちは粋だよな〟と、よくおっしゃっておられました。その父と私は五年前、百二十周年式典にあたり、この地に立っておりました。父は喉頭を切除され、声が失われたため、その頃は電気喉頭を使ってお話をされておりましたが、屋外でマイクを通すのでは皆さまが聞き取りにくいだろう、ということで、私が父の言葉を代読することになりました。思えばあの時、私は、〝トルコのことはよろしく頼む〟と父から引き継がれたのではないか、という気がしております」

参列者は、物音ひとつ立てず、彬子女王のスピーチに聴き入っていた。かねて、トルコへの強い思いを口にされていた亡き三笠宮寬仁殿下の、実の娘しか知らないエピソードが語られているのだから無理もない。

トルコ語に通訳されると、会場にいるトルコ人からも、感嘆の声が漏れた。

「時間というのは、ある意味、残酷なものでもあり、時の流れとともに多くの記憶が薄れ、風化していきます」

スピーチは、こう続いた。

「その中で、エルトゥールル号遭難事件については、トルコ国内では〝教科書で習った〟というほど、広く認知されており、また、ここ串本町でも五年おきに追悼式典がおこなわれ、日本・トルコ両国の代表者によって、鎮魂の祈りが捧げられ、思いが伝えられているというのは、大変意義深いことであると感じております。

ご参会の皆さまには、百二十五周年を機に、先人たちの築き上げてきた日土友好の歴史にあらためて思いを致し、おひとかた、おひとかたがその架け橋の担い手として、次の百三十年、百五十年へと、新たな両国の歴史を紡ぎ続けていただけたら、と願っております」

彬子女王は、スピーチをそう締めくくった。それは、形ばかりの「式辞」でもなければ、役人がつくった文章をそのまま「朗読」したものでもなかった。

一人の女性として、亡き父の思い出を交えながら、自らの言葉で日本とトルコの友好の大切さを述べたものだった。この手の式典では珍しい感動と爽やかさに会場が包まれた。

「〝海〟で受けた恩を〝空〟で返すとは、トルコの人たちは粋だよな……」

ひょっとしたら、聴衆は、彼女が紹介した亡き〝ヒゲの殿下〟のその言葉を反芻していたのかもしれない。静まりかえった会場が独特の空気に包まれたのは、そのためかもしれなかった。

ジェミル・チチェッキ・トルコ大国民議会議長も、続いてスピーチに立った。

百二十五年という気の遠くなるような歳月を経て、このような追悼行事がおこなわれていることへの感謝と、今後も日本とトルコの友好が永遠に続くことを願ったチチェッキ氏のスピーチも、通訳を通じて会場に伝えられた。

チチェッキ氏は、およそ十五分におよぶスピーチを祈りの気持ちを込めて終えた。

「百二十五年前のわが海軍殉難将兵に対して献身的な救助活動をしてくださり、手厚い介護をしてくださった日本国民の祖先たちの御霊の前で、深く感謝の意を表するとともに、彼らがこれから永遠に続くトルコと日本国の友好の〝守護神〟であることを、心の底から祈っております。安らかあらんことを」

亡き殉難将兵たちに、「友好の〝守護神〟」であってほしい、と表現するチチェッキ氏のスピーチもまた、感動を呼ぶものだった。

私は、会場の一隅で、そのスピーチを聴いていた。

日本とトルコの友好と両国民の友情――私は、いわば「奇跡」の中で育まれた、その〝大切なもの〟が永遠に続いてほしいと願いながら、しかし、〝外国の善意〟に拠らなければ、最も大切な自国民の「生命」さえ守れない日本という国について、思いを馳せずにはいられなかった。

百二十五年前のエルトゥールル号遭難事件と三十年前のテヘランからの邦人救出事件。それは、両国の人々の善意を表す友好の美談であると同時に、「国民の生命」を守ることに対して迷走を続ける日本という国家の「あり方」を問うものではないか、と思ったのである。

式典は、やがて地元の大島小学校、大島中学校の児童、生徒、および樫野地区住民による エルトゥールル号追悼歌の斉唱となった。これは、遭難事件の犠牲者たちの無念を語り継ごうと、一九五〇年代に地元でつくられた歌である。

陽は落ちぬ　悲しび深し
はるけきか　一つ星なる
海鳴りの　いよよ冴えきて
白塔の　ひらめきうつし
堪えがたく　祈る声とも

ああはるか　歳を経ぬるも
うちあおぐ　波のさからば
外つ国の　もののふ哀れ
船甲羅　うらみにのみて
使節艦　とわに影なく

樫野なる　熊野の浦へに
老い老いし　漁人ら
指さして　声にひそめる
風くろく　暴れの夜なりし
ああわれら　永久に語らめ

（作詞：和泉丈吉　作曲：打垣内正）

心温まる地元の少年少女たちによる歌声を、私はさまざまな思いに捉われながら聴き入っていた。

第一部　海と空の恩義

第一章
エルトゥールル号遭難

ありし日のエルトゥールル号の乗組員将校たち。帰途、台風に襲われ、死者・行方不明者587名という悲劇に見舞われたが、69名が紀伊大島の人々に救助された

四年前に起きた悲劇

本州最南端の和歌山県串本町のおよそ一・八キロ沖合にぽつんと浮かぶ紀伊大島は、古来、海上交通の要衝として知られている。

九・六八平方キロメートルにおよぶ面積は、言うまでもなく和歌山県下の島では最も大きなものだ。一九九九（平成十一）年に誕生した串本大橋によって本州側とつながっているが、それまでは、この二キロ近い海峡を渡し船で行き来するよりほかには、交通の手段はなかった。

しかし、江戸と大坂をむすぶ廻船を含め、商いの要となる船が停泊する港は大島側にあり、色街をはじめ、賑わいを見せていたのは、むしろ、この大島のほうだった。

一八八九（明治二十二）年に町村制が施行され、本州の陸地と向かい合う「大島浦」と、逆の太平洋側で東に位置する「樫野浦」と、西に位置する「須江浦」を合わせた「三つの集落」によって、「大島村」が発足している。

エルトゥールル号遭難事件の百二十五周年追悼式典がおこなわれる前日の二〇一五年六月二日、私は、この紀伊大島に一人の老人を訪ねていた。

その後、百二十五年もの間、語り継がれることになるエルトゥールル号遭難事件で、なぜ、地元の人々は、これほどの献身的な救助をおこなうことができたのか。そのことが知りたかったからである。

「なぜ」にこだわらざるをえなかったのは、一つの事件が私の頭から離れなかったからでもある。

エルトゥールル号遭難事件の四年前の一八八六（明治十九）年に、同じ紀伊大島で、大きな事件が起こっている。それは、のちに「ノルマントン号事件」と呼ばれ、紀伊大島の住人だけでなく、日本中を憤激させる大事件となっていくものだ。

一八八六（明治十九）年十月二十四日午後八時頃、イギリスの貨客船ノルマントン号は、横浜港から神戸港へと向かう途中、串本・樫野埼の沖合で暴風雨に遭い、座礁、沈没した。

船長以下二十六名の乗組員は、救命ボート四隻で全員脱出を果たした。二隻は自力で陸地に辿り着き、残りの二隻は、漂流中に紀伊大島の須江浦から救出に向かった数隻のカツオ船によって、助けられている。

暴風雨、座礁、沈没、そして地元の人々の必死の救出作業……同じ紀伊大島で起こったことも含め、四年後のエルトゥールル号遭難と似通った出来事だったと言える。

しかし、ノルマントン号難破は、その後、極めて特異な経過を辿ることになる。

この船には、日本人が「二十五名」乗っていたことがわかったのである。しかも、その中で、生存者は「一人も」いなかった。

船長以下二十六名の欧米人が助かっているのに、なぜ、ほぼ同数いた日本人は一人も助からなかったのか――。

しかも、日本人の遺体は、一体も上がってこず、ただ「行方不明」となった。すなわち、日本人乗客はノルマントン号に閉じ込められたまま、海中深く沈んでいったことが明らかになっていくのである。

その後、当時の日本人を激昂させる事実が次々と浮き彫りになっていった。

記録によれば、ノルマントン号には、日本人乗客のほかに、ボイラーの缶焚き（当時は、〝火夫〟と呼んだ）としてインド人が十二人おり、ほかに清国人のボーイが一人いたという。

この中で、助かったのはこのボーイ一人だけで、あとのアジア人はことごとく亡くなっていた。

そのことが判明して以降、国内世論は沸騰した。「人種差別」という言葉が、衝撃をもって日本中に知れ渡った事件こそ、このノルマントン号事件だったのである。

当時の新聞は、その怒りをこう表現している。

〈今二十有餘名の人　悪魚の餌食となり　而して其の悪魚の餌食となれるハ外國人の不注意なるが為なり　否な故意に出でたるなりといふを聞かバ　悲哀ハ變じて憤怒となり　頭髪さかだちて冠を衝くを覺えぞ〉（明治十九年十一月十八日　讀賣新聞）

憤激の凄まじさが伝わってくる記述だ。新聞にかぎらず、さまざまな印刷物に、見殺しにされる日本人と、それを眺める英国人船員たちの風刺画が掲げられ、これが日本人共有の怒りとなっていった。

国民の悲憤が頂点に達したのは、この船長に「お咎めなし」の判断が下された時だろう。

当時、まだ不平等条約の改正をおこなえずにいた日本では、海難審判はイギリスの「領事裁判権」に基づかねばならなかった。

日本中が注目した中で、一八八六（明治十九）年十一月一日、神戸の英国領事館で、海難審判がおこなわれた。

この時、ノルマントン号のドレイク船長は、以下のような陳述をおこなっている。

「私たちは、日本人に早く救命ボートに乗り移るよう勧めた。しかし、日本人には、私たちの英語がわからなかった。そのため、船員たちの勧めに応じる者は一人もいなかった。彼らは船内に籠もったまま、出てこようとはしなかった。私たちは仕方なくボートに乗り移ったのだ」

しかし、ドレイク船長の陳述には、信憑性に問題があった。

日本人の中には、長く外国船に乗って仕事をおこない、英語に長けていた人間もいた。また、船が沈没しようかという時に、状況判断もせずに、英語を解しないから船に閉じ籠もるなどという行動をするはずもない。

さらに、では、英語を解するはずのインド人が「十二人」もいたのに、なぜこちらも「一人も助からなかったのか」という疑問も浮上した。

当時の文筆家で、大分県士族でもあった下司盛吾が一八八六（明治十九）年に著した『英船ノルマントン號遭難詳説』（顔玉堂）には、こう書かれている。

〈日本人二十五名 英人水夫一名 印度人火夫十二名ハ死亡したり 尤も火夫の中 端舟にて陸まで漕付くる間に 氣力盡きて倒れたる者三名ありといへり 然るに日本人二十五名ハ 悉く無神經の者にあるまじく 斯る場合に端舟に乗るハ 本船に在よりも安全なることを知らざる筈もなければ 乗組員が之を端舟に移さんとせしを肯んぜずして溺死したりなどいふハ 我々は最も信ずる能はざる處なり 唯如何せん死人に口なし〉

つまり、死んだインド人火夫十二人のうち、三人は、なんとか救命ボートに乗り込んだが、気力が尽き果てて亡くなり、一方、二十五名の日本人乗客は、ボートに乗り移ることを拒否して、本船に残って溺死したというのである。とても信じることはできないが、「死人に口なし」では如何ともしがたい、と筆者は嘆いている。

あまりに〝あり得ない話〟に、有色人種、すなわちアジア人だけが差別され、見殺しにされた、という世論がさらに盛り上がることになったのは当然だろう。

当時の外務大臣、井上馨は事態を憂慮し、十一月半ばには、船長らの神戸出港を差し止め、さらに、兵庫県知事に横浜英国領事裁判所へ「殺人罪」で告訴させた。

だが、十二月八日、横浜領事裁判所で下された判決は、船長が「職務怠慢罪」で禁錮三か月、ほかの船員は「無罪」という、はなはだ軽いものだった。

この屈辱的な判決が、「領事裁判権」の撤廃と「条約改正」を願う国民の声がうねりのごとく大きくなっていくきっかけとなったのは、言うまでもない。

国民の怒りと無念の大きさがいかなるものだったかは、船長たちの非道を訴えた、こんな歌までつくられたことからも、窺える。

外国船の情けなや
残忍非道の船長は　名さえ卑怯の奴隷鬼は
人の哀れを外に見て
己が職務を打ち忘れ　早や臆病の逃げ支度
その同胞を引きつれて　バッテラへと乗り移る

影を見送る同胞は
無念の涙やるせなく　あふるる涙を押し拭い
やおれにくき奴隷鬼よ
いかに人種は違うとも　いかに情を知らぬとも

この場に臨みて我々を
すてて逃るは卑怯者

歌詞に出てくる「奴隷鬼」とは、ノルマントン号の船長「ドレイク」をもじったものである。当時の日本では、「ドレイク船長」という名は、外国人として最も有名になっており、「奴隷鬼」が彼の名前を皮肉ったものであることは、日本人なら誰でも知っていた。

日本中を憤激させたこの事件は、エルトゥールル号が遭難するわずか四年前、そして、場所も、同じ紀伊大島で起こったものだったのである。

日本中に伝播された外国船への拭いがたい「不信」と、人種差別に対する怒り——そのことが、人々の心の底に深く、重く沈殿していた時期に、エルトゥールル号遭難事件は、発生した。

「紀伊大島」古老の証言

私が訪ねたのは、いまも紀伊大島に住む、間もなく八十八歳になろうとする濵野昭和という老人である。

百二十五年も前の出来事を、その場に立ち会った「父親」から直接、聞いている人物だ。

昭和の父・濵野淺次郎は、一八七八（明治十一）年六月生まれで、エルトゥールル号が遭難した時、満十二歳だった。まだ子供ながら、淺次郎は、次々と運ばれてくるエルトゥールル号の乗組員を、実際に世話をした「当事者」だ。

濵野家は、エルトゥールル号の遭難者を最初に運び込んだ大龍寺という禅寺のすぐ横にあった。そのため、遭難者への治療や救助の最前線となったのである。

昭和は、その父・淺次郎が四十九歳の時の子で、六人きょうだいの末っ子だ。遠い遠い、あの昔の出来事を、その耳で父親から直接、聞いている貴重な証言者なのである。

「詳しく聞いていますよ。父から、じかにな。どれほど大変だったか、それは、よく聞きました」

昭和は、一八九〇（明治二十三）年九月十六日の夜のことをこう聞いている。

その夜の風雨は、台風には慣れているはずの大島・樫野の住人たちにも格別のものだった。

夜が更けるにつれ、風は、樹木を根こそぎ倒すかと思えるほどの勢いになっていた。叩きつける雨の音も、風のために、かき消されていた。

不気味な暴風の音がいつ果てるともなく続く中、遠雷のような音が「二度」したという。

ドーン、ドーン

ガタガタと戸板を揺るがす風雨の中、遠くからそんな音が「聞こえた」というのである。

それは、のちに、暴風によって樫野埼灯台の南側の岩礁に叩きつけられたエルトゥールル号の機関室に海水が流れ込み、水蒸気爆発を起こしたものと判明する。

しかし、樫野の住人たちには、そんなことは想像もつかなかった。

その時、エルトゥールル号の六百五十六人の乗組員たちの多くは、荒れ狂う海に投げ出されていた。元外交官で西洋史家の内藤智秀が、エルトゥールル号の生存者、メヘメット・アリー・ベイ（遭難時、海軍少佐）から直接聞き取った話が、一九三一（昭和六）年に発刊された著書『日土交渉史』（泉書院）には、こう掲載されている。

〈十六日午後九時半当時恰も右舷に当り大島の岬は蛇の如く水平線上に見え、この附近半哩沖迄暗礁の存するを知る一同は灯台の光を見守りながら、運転中止の機関を擁して暗礁に突き当てる船の運命を見守るのみであった。船員一同は狂人の如く不動なるあり、或は怨恨の余り歯を喰ひしばるものあり、或は又絶望の結果火をを呼ぶものもあつて、ただ総べては最後の時を待つものゝ如くであつた。

司令官オスマン・パシャ及び艦長アリー・ベイは他の士官と共に甲板に於て平静に将卒を指揮しながら、風の静まるを待ちつゝあつたが、船の動揺烈しい為めに左舷から右舷へ又左舷へ、そして舳先から船尾までも転されるものさへあつた。斯様にして一同は司令官以下の将士に信頼する能はざる内、船は大島の浅瀬の間にある人食い動物の歯の中へと突進し、恐るべき大爆音を耳にすると共に一同の口から異様な叫声が起り、この爆音と共に船の各部は散乱した〉

また、生存者の回教僧、アリー・エッフェンデーが帰還直後にトルコ海軍省において語った話も同書には、こう紹介されている。

〈私は当時船の後甲板に居たが、最後の爆音を聞いた時、自分の室に降りやうとしたが、水はメーン・デッキ迄入つて来たので引き帰した。甲板上は落雷にあつた時の様に、木片は四散し、上甲板だけが浸水をまぬかれて居たが、それも傾斜し、檣も倒れて、船尾の後甲板上には多数の水兵が集合して居た。愈々船体が四散しやうとする時、早く陸に泳ぎつかうと努力して居た人々は、却てその散乱せる木片の間にはさまつてその目的を達し得ざる内、最後を遂げたものが多かつた。私は自分の足もとにある甲板が浸水して立つて居る事の出来なくなるまで運命を待つて動かなかつたが、愈々波に流され船から投げ出されたので傷付きながらも陸まで泳ぎついたのであつた〉

エルトゥールル号の生存者が、いかに九死に一生を得たものであったかが窺える記述である。

樫野の住人が、外国船難破という事実に直面するのは、翌九月十七日早朝のことだ。

「時化があった時は、なるべく早く海辺に行かないかんの。荒れた波でちぎれた海藻が磯に打ち上がるから、それをひらいに行くんや。明るくなったら、まだ雨がこう横なぐりであっても、行くもんや。とにかく早いうちに、薄暗いうちに、人より先に行くんや」

昭和は、そう語る。目的は、テングサ（天草）である。寒天の原料となるテングサは、いい値で売れる海藻として、大島でも昔から盛んに商いされてきた。

普段は海の中にあるテングサが、台風のあとには必ず、大量に浜辺に打ち上げられているのである。

「時化にやられて、いつもは海の中にあるもんが、ちぎれて、しかも、塊になっていっぱい打ち上げられとる。それは、ええ収入になんねや。いまでも、一キロ二千円ぐらいする。だから、働きもんは、まだ少々、風や雨があっても、明るくなり始めたら、よう行ったもんや。生活の糧になるからな。あの遭難の時も、樫野の髙埜友吉という漁師が、人よりも早よう、行ったわけや」

樫野埼灯台の南側の海岸線は、高さ三十メートルほどの崖が続き、上り降りはかなり難しい。しかし、容易には人を寄せつけないだけに、早く行きさえすれば、打ち上げられたテングサの塊を〝独占〟できるのである。

まだ誰一人来ていない崖の降り口まであと少し、という場所まで来た時、生い茂った藪がガサガサとするのに友吉は気づいた。

（！）

友吉は信じられないものを見た。そこには、血だらけになった、見たこともないような大男が「立っていた」のである。

どこの国かはわからないが、「異人」であることは間違いない。

うわっと飛びのいた友吉は、咄嗟に腰の大ナタに手をかけた。しかし、血だらけのその大男は、必死の形相で何かを訴えている。

海のほうを指さす大男を見た時、友吉は事態を理解したに違いない。

遭難だ、時化にやられたんだ、と。

友吉のその後の行動は素早かった。

まず、血だらけの大男を、二百メートルほど離れた樫野埼灯台に連れていった。灯台の手前には、灯台守りが泊まる家屋がある。そこまで異人を連れていった友吉は、ただちに取って返した。

もとの場所まで戻って来ると、一人、また一人と、傷だらけの異人が必死で崖を上がってくるのが見えた、というのである。

昭和は、その時のことをこう聞かされている。

「ああ、これは大変や、ということで、髙埜友吉さんが下を見たら、まさに磯というか、崖下一帯が阿鼻叫喚の状態で、ワイワイ言うとんねんて。そこは、とにかく北東の風が吹くねや。時化の時は、それが三日も四日も続くねん。それぐらい荒れとんねや」

昭和は、自身の目で見たかのように、その時のようすを語る。

「死んでるのも、いっぱい上から見えたらしい。血だらけだったり、倒れたままで起き上がれん人もいてな。それを見て、友吉さんは下には降りずに、さあ、大変や、と、助けを呼びに走ったわけや」

しかし、樫野の集落までは、二キロはある。やっと友吉の知らせを受けて、樫野の地区のやぐらから、カンカンと半鐘が鳴ったのは、〝傷だらけの異人〟を発見してから、すでに一時間は経っていただろう、と昭和は推測する。

樫野の村人たちによる本格的な救援と救出が始まるのは、それからのことだ。

「樫野の齋藤半之右衛門という庄屋のとこへ、ことの次第が知らされて、そこからよ。半鐘が鳴ったら、これは大変やからね。それで、みんながドーッと、出たわけや」

現場に駆けつけた村人は、あまりに凄惨なようすに驚愕する。

波で岩に叩きつけられた無惨な遺体がごろごろしていた。息のある者も、ほとんどが瀕死の状態で、事態は切迫していた。

「担架もないから、この人らを運ぶ方法がないねや。というのも、上り降りも難しい崖やからね。それで、一人を上まで担ぎあげるのに三人、四人がかりでやることになったらしい。相手の身体は大きいが、こっちは小さい。背負うても、相手の足が下についてしまうねや。それを、兵児帯を使うて、相手の股ぐらや腰にかけて、背負うわけや。前から引っ張り、うしろから押し上げる。それで、トルコ人一人に、三人も四人もかかって、崖の上まで運ぶわけや。もちろん、自分たちは、その崖の道は慣れとるけども、道幅が三十センチぐらいしかあらへん、あれは本当に大変やった、と聞かされました」

昭和によると、普通の木綿帯はすぐに破れるので、男ものの幅の広い兵児帯が役に立ったという。

「やっぱり、男用の硬い帯が〝こら、ええぞ〞って、使われたようやね。ほんで、雨戸も利用して、担架にした、と。崖の上にあげたあとで、戸板に乗せて、何人かで運んだわけや。それでも、ものすごい時間もかかってるし、次々と（遺体が）海から打ち上がってくるし……という感じやったらしい」

前述のように、濵野家は、遭難者を最初に運び込んだ大龍寺のすぐ隣にあった。必然的に、濵野家が救助と治療の拠点となっていったのである。

十二歳の少年だった昭和の父・淺次郎は、目のまわるような救助活動の真っ只中に放り込まれたのだ。

必死の救命活動

淺次郎は、冷え切った遭難者たちの身体を温めるために風呂を焚くことと、そのための水運びを命じられた。

「お寺のお堂というても、広さはタテとヨコが、せいぜい三間半（六・三メートル）から五間（九メートル）ほどしかあらへん。そんなところへ、五十人も六十人も運ばれてくるわけや。お医者さんは小林健齋さんという人が駆けつけてきてるねや。この人は漢方医ですわ。それでテキパキとやってくれたそうです。治療をして、消毒をして、また、身体を温めるために、風呂にも入れないかんかった。しかし、そもそも水が、そんなにようけはないねや」

昭和によれば、当時、水は、百メートルほど離れた谷底のところにある「井戸」から運ばなければならなかったという。

「親父（淺次郎）がまだ十二歳やのに、百メートルも離れた谷底の井戸のとこから、一生懸命、水を運んだわけや。それで、お寺の水甕に水を入れて、また運んでくる。親父が言うには、ケガをしとる異人たちに〝オーター、オーター〟って言われて、何の意味かわからんかったって。それは、〝ウォーター〟のことで、お寺で彼らが〝水くれ、水くれ〟って言うとったということを、あとで意味を知ったわけや。とにかく、お風呂のために、お寺へ水を運んでくるねんやけども、すぐに飲んでまうねや。喉が渇いたるしな。それでまた、何度も何度も水を汲みに行った、と」

小さな身体で、一生懸命、水を運び、火を焚く少年の姿が想像される。この時のさまざまなエピソードを昭和は聞かされている。

「まあ、水を運んできたら、今度は薪をどんどんくべて、な。醸造酒をつくる時に使う、大きい仕込み樽のようなものにお湯を入れていったらしい。これはのうよ、臍風呂とゆうんや。向こうの人は、風呂の入り方も日本人と違ってるから、びっくりしたとゆうてました。比較的元気な人は、せっかくのお湯を、かい出してしまうねんて。中に入ってぬくもるんじゃなくて、かい出すという。それで、難儀(なんぎ)した、と。とにかく、身体をあったためる、治療する。一晩中治療して、殺菌消毒や。まあ、親父も十二歳といっても、〝一人前の仕事〟をさせられたわけや」

　しかし、圧倒的に不足したのは、衣類や布団(ふとん)だった。

「向こうの人は身体が大きいから、浴衣(ゆかた)が膝(ひざ)までなんやて。つんつるてんやな。それに、布団が足らんから、一枚の布団へ三人も四人も五人も入らしてな。せやから、身体がどうしても、ぬくもらへんな。それで、背中を温めたらしい。横になってる人を、背中から人肌で温めた、と」

　しかし、身体の大きさがまるで違うから、それは大木にとまっている蝉(せみ)のような姿だったかもしれない。

　食糧でも、村人たちは苦労した。突然の遭難事件だっただけに、村には大した食べ物がなかった。

「もちろん、食糧も大変やったわね。コメは、それぞれが正月用のものを持ち寄って、それを、いっぱい炊(た)いたんやて。それで、お茶碗とお箸(はし)を出したが、なぜかキョトンとしとる。ああ、食べ方がわからんのやな、ということで握り飯にしてな。これを〝もろぶた〟に並べて、出したの。ほしたら元気な人は、よう食べるのやって。われわれやったら一つずつ食べて、あと残ったら、また分けて、ってするけども、もう両手にもって、いくつもいくつも食べたって」

当時、この地方では、サツマイモが主食だった。土の中に四角く掘り込み、そこに稲のもみ殻を敷いた「芋つんぼ」と呼ばれる穴に、サツマイモを入れて保存していた。どこの家にも、だいたい「芋つんぼ」はあったという。

「そこから出して、サツマイモをふかして食べてもろうたようや。しかし、芋の収穫は十一月やから、遭難の時分の九月半ばは、もう、ほとんど芋は残ってない頃やね。でも、残っとった芋は全部、提供してね。だから、(村人のほうは)食うや食わずや。それに、めったに食べることがでけん鶏をツブしたんやな。毛をむしって焼いて、醬油やとか、そんなもんで味つけて出したら、喜んで食べてもうたらしいですわ。まあ、治療と食事、できることは何でもやったらしいわ」

自分たちがとってあった食糧をすべて拠出(きょしゅつ)して、樫野の人々の懸命の救命活動は続いた。それは、まさに村人総出の「介抱(かいほう)」だった。

しかし、樫野では、村人の数も少なく、十分な治療も施(ほどこ)せない。そこで、紀伊大島で一番大きな集落である大島地区の臨済宗寺院「蓮生寺(れんしょうじ)」に負傷者たちは運ばれることになる。

そこでも、樫野の村人と同じく、必死の介抱が続けられた。その結果、計六十九名の人々が命を取りとめたのである。

明治天皇の指示と「親日国」の誕生

大島村の沖周村長は、エルトゥールル号が向かっていた神戸に、ただちに、ことの次第を伝えている。台風を避けて大島港に入港していた汽船「防長丸」に、生存者の中でも比較的元気だった「二名」を乗船させてもらって、神戸に向かわせたのだ。

そして、急報を受けた神戸からは、すぐに、ドイツ軍艦の「ウォルフ号」が大島に向かった。

九月二十一日には、生存者はそのウォルフ号で神戸に搬送され、病院に収容されている。連絡の手段もかぎられている中、見事な連携と言えた。

一方、エルトゥールル号の遭難者の捜索は、大島の漁民だけでなく、紀伊半島沿岸の人々も加わって大規模に展開された。しかし、残り五百八十余名は、死亡、または行方不明となる。

使節の団長、オスマン・パシャの遺体は、結局、見つからなかった。

遺体を発見した者には、特別の褒賞を出すことまで公示されたが、それでも発見はできなかったのである。

沖周が記した『土耳其軍艦アルトグラー號難事取扱ニ係ル日記』の一八九〇（明治二十三）年九月十九日付には、こう記述されている。

〈皇族ヲスマンパシャ殿下ノ容貌ヲ　詳知セシヲ以テ　特ニ新宮町以南西牟婁郡潮岬村ニ至ル沿海諸村ヘ通知シ　該遺骸ト認ムルモノハ　埋葬ニ先チ急報セラレン事ヲ　報告スルト同時ニ　出役ノ人夫ニ対シ殿下ノ遺骸ヲ認メ　之ヲ引渡シタルモノニハ　特別ノ賞与ヲ為ス旨ヲ公示シ　以テ皇族殿下ノ遺骸ヲ　速知スル事ニ勉メタリ〉

救出、治療だけでなく、遺体捜索まで、懸命におこなったさまが窺える。なお、日記には「皇族ヲスマンパシャ殿下」とあるが、実際には、オスマン・パシャ司令官は皇族ではない。混乱の中で誤って伝えられたものだろう。そして、この四日後の九月二十三日付の日記に、沖周は、こう書いている。

〈午前第九時　秋山書記官ノ一行　及赤城郡長牧野雇員等　夫々帰在ノ為メ串本ニ航右出発ニ際シ　特ニ書記官ヨリ　将来ノ処置振等左ノ通リ命令セラル（略）皇族ヲスマンパシャ殿下ノ御遺骸ハ　仮令数十里ノ外ニ現出スルモ　可成本墓地ニ取寄セ埋葬スベシ〉

沖周の日記の巻末には、「死体埋葬調」が添付されている。九月十七日から十月七日までの、日付順の埋葬の記録である。詳細な記述からは、見ず知らずの異国人のいたましい亡きがらを、一人ひとりおろそかにすることなく弔っていった日々が伝わってくる。

全力で、そして丹念に、紀伊大島にとどまらず、この地方全体が、エルトゥールル号遭難を哀しみ、事に処したのだ。ノルマントン号事件があった当の紀伊大島で、これほどのことがおこなわれた事実は、やはり特筆に値するだろう。

エルトゥールル号遭難の報を受けて最も悲しんだのは、明治天皇その人だったかもしれない。

自分への勲章を届けるためにやってきた使節、そして実際に謁見したオスマン・パシャが、帰途、そんな災いに遭ったのである。

明治天皇の指示もまた素早かった。ただちに政府に対して、可能なかぎりの援助をおこない、生存者は日本の手で安全に帰国してもらい、亡くなった方々を手厚く葬るように指示が出されたのである。

天皇自身を深く哀しませる出来事に国民は衝撃を受けた。新聞は、連日、エルトゥールル号遭難について報道したため、国民から多額の義援金が寄せられることになった。

そのことは、神戸で治療を受けているエルトゥールル号の生存者たちを驚かせ、同時に感激させた。遭難事故を起こした自分たちを、現場の大島住民だけでなく、国民すべてが心配し、あらゆる便宜をはかってくれたからである。

軍艦「比叡」と「金剛」が、治療を受けていた生存者たちを神戸で乗船させるために品川を出港したのは、遭難事故が発生して十九日後の一八九〇（明治二十三）年十月五日のことだった。

天皇の号令一下、国を挙げてのエルトゥールル号への献身的行為は、生存者の心に深く記憶されることになった。

オスマン帝国の首都・イスタンブールに「比叡」と「金剛」が到着したのは、翌年一月二日のことだ。オスマン帝国の国民は、傷ついた同胞をはるばる送り届けてくれた日本からの一行を熱狂で迎えた。そして、この出来事は、国民の胸に長く刻まれることになった。

日本への感謝の念は、十四年後、日露戦争において、日本が大国・ロシアを打ち破ったことで、さらに強固なものとなった。

トルコの人々は、オスマン帝国時代にかぎらず、ロシアの南下政策によって、歴史上、さまざまな痛手を負ってきた。繰り返された露土戦争で、トルコは何度も苦汁を舐めており、ロシアへの憎悪は、根強いものがあった。

しかし、その大国をアジアの国・日本が打ち負かしたのだから、トルコの人々が感激したのも無理はなかった。

エルトゥールル号遭難事件と日露戦争での勝利――それは、トルコの人々に日本への尊敬と感謝の気持ちを長く抱かせる大きな契機となったのである。

その後、時代を経て、トルコ共和国の小学校五年生の教科書には、このエルトゥールル号遭難事件のことが、〈われらの世界〉という項目で、次のように紹介されている。

〈一八八九年、イスタンブールから一隻の船が日本に向けて出港しました。エルトゥールル号は、十一か月をかけて、日本の横浜港に着きました。三か月の訪問期間を終えて、エルトゥールル号は横浜を出港しました。そして、串本沖で台風に遭いました。五百八十人のトルコ人の船員が、亡くなりました。島の人たちは、救助された六十四～六十五人に対して、懸命の援助をおこないました。そして、日本では、亡くなったトルコ人たちのために援助キャンペーンがおこなわれました。集められた援助金は、当時の君主に届けられました。島の人々は、この事件のことを決して忘れることがありませんでした。

トルコとトルコ人をとても愛してくれているこの島には、事故で亡くなった人々を偲んで、のちに慰霊碑が建てられました。串本にはいま、私たちの博物館であるトルコ記念館もあります。日本は、トルコから飛行機で十一時間（イスタンブール～東京間）もかかる場所にあります。

日本と昔からこのような友好関係にあることが、今日の文化的・経済的交流を促進しています。そのため、この遠い国とは、トルコ航空や国内外の海運会社の船で、いまも結ばれているのです〉

このページには、富士山を背景に新幹線が走っている写真が添えられており、キャプションには、こう書かれている。

〈日本は、大小数千の島々から成る国です。日本で一番高い山が、富士山です。これは、日本に七十七ある火山の一つです。同時に富士山は、日本人の信仰の中で、神聖なものとみなされています〉


日本にとっては、実にありがたい「親日」の国の教科書である。

いずれにせよ、東洋の国・日本の存在が、トルコの人々にとって、これほど「記憶すべきもの」となっていたことが、それから九十年余も経ってから「大きな出来事」につながっていくとは、誰も想像できなかったに違いない。

紀伊大島・樫野の語り部、濵野昭和に、私は最後にエルトゥールル号遭難がノルマントン号事件の起きたあとに起こった意味について尋ねてみた。すると、昭和は、そのことに直接触れずに、こう応えた。

「海に生きる人間は、困った時はお互いさまや。もともと樫野の人たちは〝漁師〟なわけやから、遭難した時のつらさというものを、誰もがわかっとるわけやね。助けあうというのは、漁師にとっては、暗黙の了解的なことや。海で難儀した時に、海で生きる人間が互いに助けあうというのは、もう、本当に、当たり前やということです」

海の男が「難儀」した時に助けあうというのは、当たり前のこと――そう昭和は繰り返した。

「ここの人らは、本当に当たり前のことしかしてへんからね。ほんで、(トルコの人たちが)無事に自分の国に帰ったかなあ、ということが、一番の心配やったらしいね。無事に帰って、すごく感謝をしてくれてるということを樫野の人たちが知るのは、そらもう、ずっとずっと、のちのことやね。昭和十二(一九三七)年に、いまのでっかい塔(註:トルコ軍艦遭難慰霊碑のこと)が建ったでしょ。あれは、私が、ちょうど小学校の三年生の時にできたのや。その時は、トルコからいろんな人が、ここにやってきましたよ。小っさかったのに、この私が覚えているぐらいやからね。ああ、本当に感謝されてんのやな、と、その時、やっと樫野の人たちもわかったわけやね」

昭和が「昭和十二年に、いまのでっかい塔が建った」と語った慰霊碑は、トルコ共和国の建国の指導者、ムスタファ・ケマル・アタチュルクが建立したものである。

きっかけは、一九二九(昭和四)年六月三日に昭和天皇が紀州に行幸された折、地元の人々によってつくられていたエルトゥールル号遭難者墓地と慰霊碑を訪れ、追悼されたことにあった。

一九二三年にオスマン帝国は滅んでおり、革命を指導したアタチュルクがトルコ共和国を樹立し、大統領となっていた。トルコの近代化を進めようと考えていたアタチュルクは、いち早く近代化を果たし、日露戦争でロシアを打ち破った日本に尊敬のまなざしを向けていた。

その日本の天皇が、遭難事故から四十年近く経ってもなお、エルトゥールル号の将兵に思いをかけてくれていることに感激したアタチュルクは、トルコの手で墓地を大改修し、慰霊碑を建立することを決めたのである。

工事費はトルコ政府が、樫野埼灯台に程近い墓地の用地は大島村が、それぞれ拠出した。また、各所の墓地に埋葬されていたトルコ海軍将兵の遺骨がひとまとめにされ、慰霊碑の真下の棺に納められた。

慰霊碑の除幕式は、昭和十二年六月三日だった。そしてこの折に、三年後におこなわれる予定だった「エルトゥールル号遭難五十周年追悼祭」も繰り上げて開催された。

この時、トルコ大使館、日本政府の関係者、近隣の人々など約五千人にのぼる人々が参列したという。それは、小学三年生だった昭和の脳裡に今も残るほど、盛大な追悼式典となったのだ。実に、エルトゥールル号遭難から「四十七年後」のことである。

事故の時、十二歳だった昭和の父・淺次郎は、すでに五十九歳になっていた。それは、必死の救命活動をおこなった当事者の多くが、幽明境を異にしてからのことだった。

しかし、変わらぬ魂を抱く樫野の子孫は、トルコからの感謝を確かに受けとめた。彼らはまた、トルコへの思いを脈々と受け継ぎ、以来、紀伊大島・樫野地区の人々はトルコが建てた慰霊碑を大切に守ってきた。

そしてトルコ共和国も、そんな樫野に絶えず心を配り、新任の駐日大使や駐在武官は就任早々に、この地を訪れるのが習わしとなったのである。

第二章　テヘラン空爆

イラク軍による空襲で破壊されたイランの首都テヘランの住宅（1985年3月14日）。無差別都市攻撃は人々を恐怖のどん底に叩き込んだ

着弾したロケット弾

天地を揺るがすような大音響だった。

ドォーンという聞いたこともない凄まじい音とともに、身体がベッドから浮き上がり、かけていた布団は撥（は）ねとばされてしまった。

「キャー！」

隣のベッドで寝ていた妻の声に、

「大丈夫か！」

という自分の声が暗い部屋の中で重なった。

エルトゥールル号遭難事件から実に「九十五年後」の一九八五（昭和六十）年三月十二日午前二時三十五分のことである。

日本経済新聞のイラン・テヘラン支局長、栩木（とちぎ）誠（三八）は、深い眠りから「現実」に引き戻された時、

（ついに来たっ）

と、思った。

もう一度、栩木が、「大丈夫か」と聞くと、妻は、今度は「大丈夫」と答えた。

（子供は大丈夫か……）

栩木は、イランの首都・テヘラン市の北東部に位置するナフト地区に住んでいた。妻と、日本人学校に通う五年生の長男と四年生の次男の四人家族だ。

ナフト地区は、テヘランの在留邦人のおよそ三分の二が住む有数の住宅地である。日本人学校をはじめ、日本の企業関係の建物も多い。

夫妻は、息子二人が一緒に寝ている部屋に行った。

（よかった……無事だ）

二人の息子は、驚いた表情で茫然としていた。

その時、外は大変な事態になっていた。

鳴り響く空襲警報と連動するかのごとく、あちこちの高射砲が火を噴き始めたのだ。

標高千二百メートルを超える地にあるテヘランは、周囲をさらに高い山で囲まれた盆地にある。町を取り囲む山や丘に設えられた高射砲から、ドンドンと対空砲火がおこなわれていた。

静かだった漆黒の闇は、閃光が飛び交い、にわかに花火が打ち上がるお祭りの夜のように変わってしまった。その光景を、栩木は家族と一緒に見つめていた。

イラン・イラク戦争は五年前に始まっていたが、前年（一九八四年）に「都市攻撃停止合意」が結ばれていた。それが破棄され、ふたたび互いの都市を攻撃しあう泥沼に陥ったのは、この三月に入ってからのことである。

八日前の三月四日、イラク空軍機二機が、イラン南西部の主要都市アフワズをロケット弾で攻撃すると、翌五日には、今度はイラン軍がイラクの主要都市バスラを長距離砲で砲撃。国境線近くのつばぜり合いが基本だったイラン・イラク戦争は、互いの市民を殺傷しあう仁義なき都市攻撃戦へと戻っていった。

そして、この日（三月十一日）の昼間、ついにイラン空軍機がイラクの首都バグダッドを攻撃するという、初めての事態に発展していた。

（とうとう、バグダッドを攻撃してしまった。次は、こっちがやられる）

それは、テヘランに住む在留邦人にとって、共通の思いだっただろう。

栩木は、三階建てのイラン人の家の一階に住んでいる。二階に大家が住み、三階は栩木が支局として借りていた。一階は、日本風にいえば3LDKで、日本の家に比べて、かなり、ゆったりとしていた。

イラン空軍機がイラクの首都バグダッドを攻撃したというニュースが入った時、栩木は、イラクからの反撃に対する準備を家族全員でおこなっている。

〝目張り〟である。

「家族と一緒に窓ガラスにガムテープをバッテンに張ったんです。ガラスが爆風で飛び散らないようにするためです。家族全員でやりましたよ。そのうえで、カーテンをきちんと閉めて寝ました」

果たして、深い眠りに落ちていた夜中二時半頃になって、恐れていたイラクによる爆撃が〝現実のもの〟となってしまったのである。

着弾地点は、栩木のマンションから距離にして、わずか数百メートルだった。ベッドから浮き上がるような衝撃を受けても〝準備〟が功を奏したのか、幸いに窓ガラスが割れることはなかった。

突然変貌した日常生活

テヘランに駐在していた住友銀行（現「三井住友銀行」）の田中新三（四一）の妻・玲子（三四）は、その瞬間、

（あっ、来た）

と、思った。突然の爆撃を、ある意味、予想していたのかもしれない。

ドッカーンという音が、たて続けに「三発」聞こえた。一発一発が、腹にズーンと響き渡る、重く、激しいものだった。

田中夫妻は、九歳、六歳、三歳の子供たちと五人でナフト地区の西に隣接するジョルダン地区に住んでいる。着弾地点から直線距離にして、ほんの二、三百メートルしか離れていなかった。下に医者が大家として住む大きな家の二階が一家の住まいだ。

衝撃は、広いガラス窓をビリビリビリッと震えさせた。

（窓ガラスが割れるのか）

夫の田中新三は、身に迫る爆撃の威力に圧倒された。

「敵が攻めてくるのは、軍事施設だとばかり思っていました。あるいは、製鉄所や空港だろうと……。そうだとしたら、少なくとも家からは、十五キロか二十キロぐらい離れているはずです。だから、〝近代兵器というのはすごいなあ、十五キロぐらい離れていても、これだけの衝撃があるのか〟と思いました。あとになって、二、三百メートルしか離れていないところに着弾したことがわかり、本当に驚きました」

飛び起きた夫妻の前に、子供部屋から上の娘ふたりが怯えたようすで駆け込んできた。まだ三歳の一番下の男の子は、そのまま寝ている。

「怖がらせたらいけないと思って、下の子は寝かせておいたんです。でも、その後の対空砲火に上の子二人の恐怖心が増してしまいました……」

玲子は、そう語る。

イラク軍機に向かっての対空砲火は凄まじいものだった。シュシュシュシュシュという音が、不気味だった。

「四方八方に光の軌跡が見えました。夜中ですから、それが赤く見えるんです。暗闇に光だけが見えるのが怖いんですよ。シュシュシュシュという音と一緒に、赤が〝走る〟感じで……。戦争の現場にいるんだと心底、実感させられました」

子供たちも、息を呑んで見つめていた。対空砲火は、十分か二十分、続いただろうか。

田中は、子供たちの恐怖心をやわらげるために、

「花火みたいだね」

と語りかけ、何が起こっているのかを説明した。

「すごく怖がっていましたからね。〝あれは何？〟と聞くので、〝対空砲火だよ。イラクからの敵機を撃ち落としたり、追い払ったりするものだよ〟と説明しました。でも、どれだけ対空砲火に意味があるんだろうか、と思いましたね。敵機はもう逃げ去っているようだし、たとえ残っていても、とても届くようには思えませんでしたから」

田中は、十日にイラン第二の都市イスファハンがやられ、翌日、バグダッドをイランが報復攻撃したことによって、「テヘラン空爆」があることを、ある程度、予測していた。

十一日の午前中には、イラン政府からラジオを通じて、

「空襲警報があれば、各自ビルディングの地下に避難せよ」

とのレッドシグナルが出されていた。日本大使館からも、日本人会ルートで「警戒情報」が届いていた。いよいよ危ない、という意識は、その情報に触れた人間には、共通のものとなっていた。

「正直いうと、バグダッドをやってしまったので、今度はテヘランが報復される、という気持ちはありました。標的がだんだん大きな都市になっていましたからね。私も、イランが戦争中であることの認識はしていましたが、実際には、その実感が湧いていなかったかもしれません。でも、やっぱり〝来てしまった〟のです」

家族の中で最も怖がったのは、幼稚園に通っていた六歳の次女である。

「次女がものすごく怖がっていました。この九か月後に、スペインに旅行した際にトレ

ドという町に行きました。トレドはフランコ政権の時の内戦の跡が残っています。壊れた壁や弾丸の痕なども、生々しくありました。それを見て、次女がテヘランのことを思い出したようで、〝怖い〟と言って震えていました。それほど強烈な印象だったんでしょう」

玲子は、空爆の前日に次女がいた場所が、着弾地点のすぐ近くだったことに背筋が寒くなった。

「爆弾が落ちたのが、昼間に次女が遊びに行っていた三井物産の方のおうちの裏の家だったんです。そこに落ちたのは、幸いに〝不発弾〟でしたが、それでも、そのお宅の壁が壊れ、ガラスも割れたそうですし、直撃された家屋では、住民のイラン人が何人も亡くなったと聞きました。爆撃が日中だったらどうなっていたか、と怖くなりました……」

玲子は、昼間、大使館の書記官の家に行っていた。そこで交わした会話を記憶している。

「爆弾が落ちる前日までは、私たちは普通の生活をしていたんですね。その日も大使館の書記官のお宅でトランプのブリッジをしていました。そしたら、その大使館員の方の家に爆撃の危険を伝える電話が入ったんです」

それでも、戦争、あるいは爆撃に対する危機感は、夫人たちには希薄だったかもしれない。

「テヘランは交通事情がメチャクチャで、どの車もわれ先に行こうとするから、とても危ないんです。だから、爆弾を落とされても、交通事故で死ぬ確率より、だいぶ低いわねって、その時、話をしたばかりでした。テヘランはイラクとの国境から六百キロぐらいあって遠いので、敵機も燃料の関係で爆弾を数個しか積めない、だから落とされても、よほど運が悪くなければ当たらないわ、という話をしていたんです」

そんなのんびりした話をしながら、玲子は、ふと、家族が〝別々にいる〟ことに気づいた。

「その時、うちはみんながバラバラだったんです。主人は会社、子供は、一番上が日本人学校の三年生ですから学校にいて、二人目は三井物産の方のお宅に遊びに行っていました。自分と一緒だったのは一番下のまだ幼稚園にも行っていない子だけだったんです。それを話したら、〝あら、バラバラのほうがリスクが分散できていいんじゃない？〟なんて、冗談めかして言われたんです」

たとえ爆撃があっても大丈夫——夫人たちは、そうタカをくくっていたのである。しかし、実際に経験したその夜の爆撃は、そんな甘いものではなかった。

夫妻は、怯える子供たちを夫妻の寝室に入れ、その夜は、家族で固まって寝た。

「本社の担当部次長に事態を電話報告したあと、ベッドを窓からできるだけ離して、五人そろって寝たんです。すごく大きいベッドだったので、そこに五人全員が横になりました」

少しでも隙間（すきま）をあけたら危険が忍び込んでくるような恐怖を、田中は感じていた。そして、空襲警報を聞き逃すまいと、耳元にラジオを置いて神経を集中させ、まんじりともすることなく朝を迎えることになった。

伊藤忠商事テヘラン支店

(な、なんだ!)

凄まじい衝撃だった。深い眠りに落ちていた伊藤忠商事テヘラン支店(正確には現地法人の「伊藤忠イラン会社」)の高木純夫(三五)は、カミナリがすぐ近くに落ちたような音で、叩き起こされた。

それは、建物全体を揺るがすような轟音(ごうおん)であり、同時に、目の前でガラス瓶を叩きつけて、ガシャーンと割るようなシャープな音でもあった。

一九七三(昭和四十八)年に神戸大学から伊藤忠に入社した高木は、間もなく十三年目を迎える第一線の商社マンだった。中国でプラント関係のビジネスをおこなっていたが、一年半ほど前からテヘラン支店で機械部の担当となっていた。

高木には、妻と五歳になる娘がいた。しかも、妻は妊娠三か月だった。

「マンションの二階に住んでいたんですが、妻と娘は、私の部屋から一つおいた部屋で寝ていたんです。なんだっ! と思って飛び起きましたよ」

妻も、娘を抱いて飛び出してきた。

「いったい何？」

「空爆か……」

夫婦の間で、そんな会話が交わされた。窓の外に目をやると、樹木の間から、真っ赤になった空がかろうじて見えた。

「二階から見ると、外には樹々があって、その葉っぱで視界があまりよくないんです。しかし、葉っぱの間から、向こうが赤くなっているのが見えました。初めての〝戦争体験〟でした」

いまは、六十六歳となり、髪の毛に白いものが多くなった高木は、三十年前の光景をそう回想する。

マンションは四階建てで、ここには、伊藤忠テヘラン支店の駐在員が二家族六人住んでいる。事務所へは、車に分乗して、一緒に行く。

また、近所には、高木の四つ先輩の影林忠司とその家族が住んでいた。影林は三十八歳で、エネルギー畑のベテランだ。

エネルギー、すなわち「原油」は、ちょっとした動勢で値段が上がったり下がったりする。そのため、エネルギー畑の人間は情報網を張りめぐらせており、さまざまな事情に精通している。

日頃から、誰も入手できないような情報や分析を聞かせてくれる影林のことを、伊藤忠テヘラン支店の面々は、〝ドクターK〟と呼んでいた。

「おはようございます。影林さん、昨日のは何ですか？」

高木は、事務所に出るべく影林を迎えに行くと、さっそくそう訊いた。

「ああ、あれはナフトにイラク機のロケット弾が〝着弾〟した音だよ」

案の定、影林は、すでに情報を収集していた。影林には新聞記者の知り合いも多い。多彩な人脈から、いちはやく情報をとっていたのだ。

「着弾ですか」

「ああ、戦闘機が侵入してきて撃ち込んだみたいだ」

影林はそう言うと、「あとで着弾したところを見てくるよ」と、つけ加えた。さすがドクターKだ、と高木は妙に感心してしまった。着弾地点が自分たちの住むマンションからそれほど離れていなかったことに、高木はあらためて驚かされた。

イランは、北部の高原から山岳地帯に至る地域と、南部の砂漠地帯とは、気候も風土もまるで違う。山岳地帯は積雪も多く、南部の砂漠で砂嵐を経験した人間には、それが「同じ国」とはとても思えないだろう。

テヘランは、北部の高原地帯に位置しており、年間の平均気温は摂氏十七度ほどの、涼しく住みやすい地である。その大都市テヘランの中でも、外国人が比較的多く住む高級住宅街は北部にあり、イランの最高指導者、ホメイニ師も、ナフト地区よりやや北のジャマラン地区に住んでいた。

「おそらく、イラク軍はホメイニ師を狙ったに違いない」

ナフト地区に住む日本人は、そう囁(ささや)きあった。

しかし、それから一週間後に、テヘランに住む外国人たちをさらなる大パニックに陥(おとしい)れる事態に突き進んでいくことまでは、誰も予想していなかっただろう。

着弾地点のすぐ近くにいた大使館員

日本大使館の二等書記官、松山美憲(よしのり)（三七）と妻・靖美(やすみ)（二八）が住むアパートは、〝爆心地〟から、わずか百メートルほどのナフト十二丁目にあった。テヘランの日本人学校の道を隔(へだ)てた向かいである。

カミナリがすぐそこに落ちたかのような衝撃と音によって、松山は、気がついたらベッドの下に落ちていた。いきなりの〝激震〟だった。

しかし、隣のベッドで寝ていた靖美は、ベッドの下に落ちてはいなかった。

「近いわね」

「うん、行ってくる」

熟睡状態のまま、ベッドから落とされるほどの衝撃だったにもかかわらず、夫妻はまったく動じずに、そんな会話を交わしている。

それは、松山の日本での仕事が影響している。松山は、もともと富山県警の警察官であり、この時、警察庁から選抜されて、在外公館の「安全対策」の企画・立案をおこなうために出向していた書記官だったのだ。

富山県警で数々の修羅場を経験してきた警察官であった松山は、しかも、あと数か月で赴任して「三年」が経つという大使館の古株だった。これまでもイラク軍の爆撃を何度も経験していたのである。

「いつだったか、テヘランの下町に爆撃があった時にも、主人は現場を見に行っていました。そういうことが、たびたびあったんです。だから、私が〝近いわね〟と言った瞬間に〝行ってくる〟という反応をしたのは、当然だったと思います」

靖美もどこか肝がすわっている。

夫妻は、いつも寝る時に、音こそ絞るものの、ラジオをつけっぱなしにする。空襲警報が出る時は、どんなに音を絞っていようと、大きなサイレン音のようなものが、突然、ラジオから鳴り始めるからだ。空襲警報が鳴った時は、夫妻が住んでいたアパートの住人たちは、みんな〝地下〟に避難するのである。

松山は、こう語る。

「私たちは、ナフト地区にある四階建てぐらいのアパートの一階に住んでいたんです。アパートには、地下に駐車場があり、空襲警報が鳴ると、住人はそこに避難することになっていました。部屋を出るのが遅れていると、誰かがドアをトントンと叩いてくれて、先に行ってるよ、と声をかけてくれるんです。しかし、その空襲警報も、しばらく聞いていませんでしたね」

松山が赴任してから三年近くの間に、突然の空襲警報は何度もあった。だが近頃は、それもほとんどなくなっていた。夫妻にとって久しぶりの空爆は、空襲警報も鳴らないままの、いきなりの「衝撃」だったのである。

「これは、ミサイルではないのか、と咄嗟に思いました。イラク機が飛んできて、爆弾を落とすなら、空襲警報が鳴りますよね。それがなくて、いきなりの着弾ですから、ひょっとして、ミサイルなのか、と考えたんです」

松山は、靖美と短く会話を交わすと、着替えを始めた。着弾地点が「近く」なら、すぐに行く必要がある。

もともと、〝事件〟が起これば、現場に駆けつけるのが、警察官の習性だ。松山にとって、それは「日本」であろうと、「イラン」であろうと、変わりはなかった。しかも、近くに着弾したのなら、日本人の安否が心配だ。とにかく現場に行かなければならなかった。

アパートを出て左に行くと、すぐ右に曲がる道がある。あらかじめ音で、着弾した場所に見当をつけていた松山の目に、まもなく異様な光景が飛び込んできた。

何台もの自動車のヘッドライトによって照らし出されている〝現場〟がそこにあったのである。松山のアパートから、直線距離にしたら百メートルも離れていないだろう。

無惨にも崩れ落ちた建物の残骸（ざんがい）である。

イランの住居は、日干（ひぼ）しレンガを積み上げてつくられている。何階建てのアパートでも、鉄筋を通していたとしても、「地震大国」の日本のようながっちりとした鉄筋が張りめぐらされているわけではない。そのため、激震によって崩された時は、無惨な姿となる。

松山の目の前では、瓦礫と化した〝石〟の間を人々が右往左往していた。われを失って嘆く人、無駄とは知りながら、必死で石をかき分けようとしている人、茫然とそれを見つめている人……現場を照らし出そうとライトをつけた自動車だけでなく、周囲の建物の窓にも灯かりがともり、そこだけが煌々とした光の中にあった。

この時、対空砲火が夜空を染めていたはずなのだが、松山は、その夜の「空」について、記憶がない。それほど凄まじい現場の姿だったのである。

泣き叫ぶ人々

日経新聞テヘラン支局長、栩木は、テヘラン空爆という世界的ニュースをこう書き送った。

〈テヘラン十二日　栩木特派員　イラク空軍機の爆撃を受けたテヘラン北東部ザファール地区は、隣のナフト、ジョルダン地区とともにテヘラン有数の住宅地。ここには日本人学校をはじめ日本経済新聞支局、在留日本人住宅などが集まっている。テヘランの在留日本人約四百五十人のうち三分の二近くがこの地域に住むが、この地区の二十戸近くのアパート、住宅がメチャメチャに壊れ、形を残さない住宅もあった。突然家を奪われて泣きくずれる住民たち。わかっただけで死傷者は七十人以上にのぼるという〉（一九八五年三月十二日　日本経済新聞夕刊）

〝七十人以上〟という死傷者数に驚かされる。

「イランは、集合住宅が多いですからね。イランの家というのは、日干しレンガを積み合わせて、それを固めるだけですから、地震や衝撃に非常に弱いわけです。だから、爆撃で粉々というか、ガシャンと壊れてしまっていました。しかも、結構、大人数で生活しているので、被害が一気に増えてしまったんです」

栩木は、着弾現場のようすを見に行っている。

「翌朝、白みがかってきたら、まず子供たちが現場を見に、先に行ったんですよね。現場のようすを子供たちが教えてくれました。その後、とりあえず最初の記事を送ってから、すぐ私も現場に行きました。歩いてすぐの距離ですからね」

現場には、大きな「穴」が空いていた。

「落とされたロケット弾は二発です。爆弾の跡には、ものすごい穴が空いていました。円錐形で、直径は、十メートルほどあったのではないでしょうか。大きく見えましたね。まわりの日干しレンガの建物が、完全に崩れていました。日本人学校がナフト地区の一番外れのザファール地区との境にありますが、その近くでした」

犠牲者はすでに、どこかに運ばれていた。

「そこで亡くなった方とか、ケガをした人は、もう運ばれていたんです。残されたイラン人たちの中に、泣いている人がいっぱいいました。家を失って泣いている人、あるいは身内に死傷者が出て、泣き叫んでいるというか……。私が行った時は、数百人は集まっていたような気がします。一発はそこで、もう一つもすぐ近くだったと思います」

泣いている人もいれば、絶望的な表情の人、また、怒っている人もいた。イラクによる首都爆撃で、イラン人それぞれが見せた表情が、新聞記者・栩木誠の脳裡に強く残った。

第三章
出張者たちの混乱

イラク軍の空襲を避けるべく、日産自動車の出張者たちはラマティアホテルの地下の部屋に避難した（右から2人目が沼田準一氏。1985年3月17日撮影）

巻き込まれた「日産自動車」技術者たち

栩木の家族がいた住居のすぐ前にあったのが、ニチメン（現「双日」）の社宅である。当時、自動車分野をはじめ、イランに大きな商権を持っていたのが中堅商社のニチメンだ。そのニチメンのイラン支社で自動車部門のトップが、まだ三十五歳の村山茂だった。

村山は、家族を日本に残してテヘランに駐在していた。

慶應義塾大学商学部を出て一九七二（昭和四十七）年にニチメンに入社した村山には、「動乱」がついてまわった。

最初に赴任したナイジェリアでは、一九七六年に大統領が暗殺されてクーデターが起こった。また、フィリピンに駐在中の一九八三年には、アメリカに亡命していた野党勢力の中心人物、ベニグノ・アキノがマニラ国際空港で暗殺されて、やがて革命へと動いていく。そして、今度は、イラン駐在の途中で、イラン・イラク戦争が激化するというありさまである。

この〝動乱を呼ぶ男〟が、イランで日産自動車を担いで、現地生産や販売のアテンドやサポートをおこなっていた。

「イランは、商社では、トーメン（現「豊田通商」）とニチメンが当時強かったですね。

トーメンには、石油で手腕を振るった有名な人がいましてね。この人は、のちに常務ぐらいになったと思います。伊藤忠はイランの自動車の国産化で、トヨタ自動車を担いでコンペに挑んできましたね。うちは、もちろん日産自動車を担いでやりましたよ」

　商社の世界は、仁義なき世界だ。たとえば、コンペともなれば、相手のテレックスを傍受するなどというのは当たり前で、相手が雇っている現地のイラン人を買収して、ライバル企業の〝入札金額〟を探り出すのも、日常茶飯の世界だった。

　テレックスというのは、デジタル通信方式の一つで、タイプライターのようにキーを打ち、紙のリボンに鑽孔機（さんこうき）で孔（あな）を開けたものを機械に読み取らせて電話回線で送ると、通信相手が受信し、それをリーダーにかけて読んでいく。これは〝盗聴〟が可能なため、テレックスを通じた連絡は、商社では、主に暗号によっておこなわれていた。

　そんな激しい商権争いに奮闘する商社マンが、ビジネスだけでなく、予期せぬ戦争の渦（うず）に巻き込まれていくのである。

「（爆撃があった時）ビックリして何が起きたのかわからなくて……。ベッドから転げ落ちるって言ったらオーバーかもしれないけど、身体がボーンと浮き上がるような感じになって、飛び起きましたよ」

　その時のことを村山はこう述懐する。

　ベッドルームが五つも六つもある大きな一軒家を、ニチメンは社宅として借り上げていた。テヘラン支社の自動車部でこの家を活用していたニチメンは、日本からやって来た出張者を、空いている部屋に泊まらせていた。この時、現地の技術指導のために来ていた日産自動車の技術者たちも、同じ社宅に泊まっていた。

「各々の部屋から、何事だ！　とリビングルームに集まってきました。それぞれがパジャマの格好だったと思います。電気も点かなかったですね。停電はしょっちゅうですから驚きもしないですが、それぞれがライターかマッチで火をつけて集まってきたように思います」

リビングに置いてあった飾りが倒れ、キッチンにある食器棚の戸が開いていた。外からは対空砲火の激しい音が響いてきた。

深い眠りから現実に引き戻された面々は、「これは空爆だ……」と、やっと事態を呑み込んだ。

「都市攻撃がエスカレートしていたから、いずれ〝来るよ、来るよ〟って、みんなで言っていたんですよ。正気に戻ったら、これは空爆だと気づきますが、寝ている時はわかんないじゃないですか。いきなり、身体が浮き上がるような衝撃でしたから、何事か！と思いましたね」

別の社宅には、村山の部下で、まだ二十七歳の柿沼秀雄がいた。彼はこの日、「イラクによる空爆」をはっきり〝予期〟していた。それは昼間、車に乗っていた時に、ラジオからあるニュースが流れてきたからである。

ニチメンにかぎらず、テヘランで活動する日本企業は、イラン人の現地スタッフを雇い、車にも、それぞれ専属のドライバーがついている。

部門ごとに車を使用している企業もあれば、駐在員一人ひとりに車とドライバーがついている企業もあった。ニチメンは、部門ごとに車を所有しており、その日、柿沼は、日本から出張して来ていた日産自動車の技術者たちと一緒に車に乗っていた。

つけっぱなしのラジオから、なにやら重大そうなニュースが流れてきた。

柿沼には、ペルシャ語のイランのニュースがわからない。しかし、ドライバーが、柿沼に静かにするようにジェスチャーをしたうえで、じっと聴き入っている。なにか重要な情報が流れているようだ。

ドライバーは英語ができる。柿沼との会話は、いつも英語でおこなっていた。

「ミスター柿沼、これは危険だ」

ニュースを聴き終わったドライバーは、柿沼に英語で語りかけた。ただごとではない。

柿沼は直感した。

ドライバーはこう続けた。

「いまニュースで、イランの空軍機がバグダッドの中央銀行にミサイルを撃ち込んだ、と言っていました。死者も出ているようです」

イランがイラクの首都バグダッドにミサイルを撃ち込んだ？　それも、中央銀行に。

しかも、「死者が出ている」って？

（これは、やばいぞ）

柿沼は、心の中で呟いた。

互いの都市間攻撃が始まって、すでに十日近く経っている。攻撃目標が、首都テヘランに近づいてきていたのは事実だ。危機感は持っていた。

しかし、敵の首都に、こっちが先にミサイルをぶち込んだとなると、報復が次にどこに来るかは目に見えている。一挙に、自分たちの「生命」そのものに危険がおよぶ可能性が高まったのである。

車内は、言いようのない緊張に包まれた。

「事務所に戻って、村山さんに報告したと思います。村山さんは、〝それはやばい。ひょっとすると、今晩か明日、報復があるぞ〟と言いましたね」

今晩、なにかあるかもしれない。それは、ニチメンと日産自動車の技術者たちの、共通の認識となっていた。

社宅には、食事をつくってくれる賄いの人が通ってくる。年配の韓国人の女性が、朝食と夕食の準備をしてくれるのである。

イランはイスラム圏であり、飲酒は許されない。しかし、どこの国の駐在員も、独自のルートで酒を入手したり、自分たちでパンのイースト菌を使って葡萄酒をつくったりして、〝屋内〟で酒を飲んでいた。

日本からの出張者をもてなすために、ニチメンもそうしていた。

「その夜は、いくぶん緊張しながら飲んでいた記憶があります。どうなるんだろう、という感じでした。いろいろ話していましたけど、夜が更けてきて、結局、(今晩は)なさそうだね、という話になって、じゃあみんな寝ようか、と言って寝たんですよ。そしたら、いきなり、ドカーンって、ものすごい衝撃が来たんです」

それは、いままで聞いたことがない大きな音だった。いや、音だけではない。地響きが「鳴った」と、柿沼は感じた。

「とにかくすごかったです。あっ、来た！　という感じでした。すぐに、対空砲火が始まりました。花火みたいな感じでね、上に向けてバンバンやっていました。空が明るくなったので、イラク軍の飛行機も見えました。まるで昼間みたいに明るくなっちゃったわけです。日産の人たちも起きてきましてね。誰もが空襲は初めての経験ですから、声を失っていたと思います」

イランを知る男

ニチメンの村山や柿沼たちに全面支援を受けて、イランでの技術指導をおこなっていた日産自動車の沼田準一は、イラン・イラク戦争時の貴重な証言者だ。

この時、四十二歳だった沼田は、日産からの出張者と共に、テヘランに三か月の長期滞在をする予定だった。

沼田がほかの出張者と異なっていたのは、過去に四度もイラン滞在を経験し、この国のことに精通していた点だ。沼田は、ホメイニ革命が起こる前のパーレビ国王の時代も知る、ベテランのエンジニアだった。

沼田は、一九四二（昭和十七）年五月に青森県の津軽・蟹田に生まれた。県立青森工業高校の機械科を一九六一（昭和三十六）年三月に卒業し、プリンス自動車工業に入社。モータリゼーションが頭をもたげてきたこの時代、各社が工業系の人材を大量採用して、増産への足がかりを模索していた。

高度成長の波に乗らんとする日本経済の担い手として上京してきた沼田は、同社の生産技術課の金型設計係の一員となったのだ。

「津軽の蟹田から上京するのは、夜行列車を使うのが通常で、だいたい十六時間ぐらいかかりました。その年、青森工業高校の機械科からプリンスに入ったのは私一人だけなんです。自動車の外の形、たとえば、ボンネットとかルーフ（屋根）とか、いろいろありますが、そのプレス金型の設計係に配属されたんです。当時、技術、文系も含めて会社全体で二百数十人が採用されて、その中で、金型設計に高卒が二十人ぐらい入りました」

自動車の外側を構成するパーツのプレス金型の技術者として、沼田は成長していく。しかし、プリンス自動車工業は五年後に日産自動車に吸収合併され、沼田はそのまま日産自動車の技術者としての道を歩むのである。

やがて、世界的なモータリゼーションの潮流は、日本の大手自動車メーカーに「海外展開」でも鎬を削らせていく。現地生産の体制をいちはやく確立し、その国でのシェアを確保していくのだ。

発展途上国では、自国に産業を根づかせるためにも、各国の大手自動車メーカーの進出を心待ちにしていた。日産自動車も、海外進出に積極的に取り組み、イランで現地企業と技術援助契約を結び、自動車の生産を始めた。パーレビ国王の時代、イランが繁栄を謳歌していた頃のことである。

沼田が二人の技術者を連れ、金型設計の専門家として初めてイランにやって来たのは、一九七八（昭和五十三）年のことだ。翌年の「ホメイニ革命」の徴候が、すでに表れていた時期である。

「この年の三月に初めてテヘランに来た時は、ヨーロッパと変わらないような生活様式だったんです。レストランでお酒も飲めるし、女の人も、ヘジャブとかチャドルとかもなく、何もかも普通でした。ほとんどヨーロッパ風の格好をしていましたね。ヘジャブというのはかぶるだけのもので、チャドルというのは長い、足までのやつです。町は平穏そのもので、週末にはドンチャン騒ぎをしていました。ヨーロッパに旅行に来たような感じで楽しかったんです。いい時代の最後ですね」

それがだんだん不穏になっていくのは、沼田のイラン滞在が三か月ほどになった頃である。

「徐々に町の中で、どうもホメイニ師がパリからイランに帰ってくるかもしれないという話が出始めたんです。夏を過ぎた頃になったら、パーレビ政権に対して不満のある人々が、映画館とかそういうところでテロをやりかねないぞ、という情報が入り始めました。だんだん町の中が騒がしくなっていきましたね」

一九七八年の八月ぐらいから、映画館など、人が多く集まるところには行かないように、と言われるようになっていたのである。

沼田は、現地で日産の自動車を製造する会社を技術指導するためにイランに来ている。仕事は、ボディの金型そのものを変えるという重要なもので、それを全部終わらせなければ、帰国できなかった。

「途中で帰ってしまったら、現地で車をつくることができないわけですから、なんとしても完成させないといけません。それで、不穏な空気にはなっていましたが、予定の九月中旬までやろう、と頑張ったのです。しかし、まわりが騒々しくなってきて、いよいよ危ない、となっていきました」

町のようすが、それまでとはまったく違ったものになっていった。そのことが、海外からの滞在者である沼田たちにも、目に見えてわかった。

「私のまわりにいる人というのは、あまり大きく変わったという気はしませんでした。しかし、町のようすが変わっていったんです。たとえば、空港に行ったら、空港の敷地内の芝生の上にテントを張って、人々が寝泊まりするようになっていました。ホメイニ師は、きっと飛行機で来るだろうから、そこで歓迎をしよう、ということなんです。いつ来るかわからないホメイニ師を、アテもなく待っているんです。そこでは、ほとんどの女性が、ヘジャブやチャドルといった黒い格好をして、男の人も髭を生やしていました。さすがに私も、これは……と思いました」

できるだけ早く仕事を終わらせないと大変なことになる。そう思った沼田たちは、現地工場の金型のメンテナンスと修正を猛然とおこなった。その結果、わずか一週間とはいえ、期間を短縮して九月上旬に日本へ帰国することができた。

「私たちも最後のほうは、レストランとか公共の場にも、できるだけ行かないようにして、宿舎の中で食事するようにしていました。バザールみたいなところで、爆弾がしかけられてイラン人が亡くなったというのを聞いたのも、その頃です」

ホメイニ革命が起こったのは、翌一九七九年の二月である。

「革命後は、かなり混乱していましたので、われわれも現地に行くことができなかったんです。現地の工場は稼動していましたが、しばらくは、ようすを見ていました。やはり、工場は動いていても、どんどん生産ができるという状況じゃなかったと思います。それで、次に私が渡航したのは、五年後の一九八三年でした」

沼田は、その間に日産本社の技術協力部に転属になった。技術協力部は、海外の「ノックダウン工場」を技術指導する部門である。ノックダウン工場というのは、現地で国産化部品を少しつくり、そこで車を生産していく工場のことだ。

さすがに車のエンジンや、プレスが必要な主要な外まわり部品は、現地ではつくれない。それは、日本から輸出して賄ったのである。当時、イランには、ノックダウン工場が十ほどあった。

「まだイランでは、その頃、月八百台ぐらいの生産規模だったんですが、それをなんとか二千台ぐらいに伸ばしたいという目標があって、技術指導のために一九八三年に二回目のイラン行きになったんです」

五年ぶりにテヘランのメヘラバード空港に降り立った沼田は、衝撃を受けた。あまりにも以前のイランとは異なっていたからである。

「空港に着いたら、もう匂いが前の時と全然違うんですよ。香辛料なんでしょうね。ちょっと酸っぱい系の、腐った感じの匂いでした。以前はそんな匂いもなく、ヨーロッパそのものでしたから、ここまで変わるのかと、驚いてしまいました。この時も技術者を二人、連れて行ったんですが、その匂いにやられてしまって、食べ物が喉を通らなくなってしまいました。二回目の時は、最初から驚かされました」

しかし、町に出て、驚きは、さらに増していくことになる。

「とにかく町が、〝黒〟になっていたんです。全体的に黒というか、町中が黒という感じなんです。そもそも、女性が町をあまり歩いていないし、歩いていてもチャドルですっぽり身体を隠して歩いている。パーレビ時代は、ヨーロッパの色、黄色かピンクに近い明るい感じのイメージでした。それが一転、黒のイメージになっていました」

レストランも、明るかった五年前とは、まるで変貌していた。

「女性が働くことができませんから、ウェイトレスもいなくなっていました。普通のブレザーを着たような髭の男がウェイターをやっているんです。もちろんアルコールもダメになっていますから、コカ・コーラとか、麦でできたノンアルコールのビールみたいな飲み物がありました。その後、日本で飲まれるようになるノンアルコールビールとは、まるで違いますよ。とてもじゃないけど、飲めるような代物じゃなかったですね」

食べ物も、まったく変わっていた。

「パーレビ時代は、ヨーロッパと同じですから、なんでもありました。でも二回目の時、牛肉のメニューは、なくなってしまっていました。もともと、イスラムの世界ですから豚肉はないんですが、牛肉もなくなって、ほとんどが羊の肉でした。裕福な人は家の中で牛肉も食べていたんだと思いますけど、レストランではなかったですね。炒めたようなご飯の上にラムの串焼きをのせて、その上にバターをのせて食べるんですよ。これは結構いけるんで、日本人でも食べられました。そのほかのスープとかは、いろんな香辛料をいっぱい使っていて、日本人が食べられる匂いとか味ではないんですね」

治安の面でも不安があった。

「工場には、すべて警備員が立っていて、その警備員が自動小銃を持っているんですよ。そして、工場内に入る時には、こちらの身分をちゃんと確認するんですが、それを毎回やられました。前の時は、そんなことはまったくなくて、〝やあ!〟という感じで入っていました。おそらく治安が悪くなったんだと思います。なにからなにまで以前と変わっていたので、驚きの連続でした」

沼田は、その後も一九八四年の二月、そして同年九月にイランへ出張し、そのたびに長期滞在をこなしていた。

そして、五回目のイラン出張が一九八五年二月から始まっていたのである。


「日本に帰さなければ……」


イラク空軍機によってテヘランが空爆された三月十二日未明、沼田はニチメンから準備されていた住宅ではなく、もっとテヘランの中心地に近いところにある「ホマホテル」に滞在していた。

「ほかのメンバーは、ニチメンさんが駐在するために借りている家に間借りさせてもらったんです。部屋が五つか六つあるような大きな住宅を借りていました。そのうちの二部屋か三部屋をシェアさせてもらって、出張者は生活していました。ご飯は、ニチメンの人たちが賄いの女性を雇っていたので、日産の出張者たちも一緒に食べさせてもらっていたわけです」

空爆の音を沼田はホテルで聞いている。距離はあるものの、かなりの衝撃だった。

「〝あっ〟という衝撃というか、音でした。ニチメンが借り上げてくれているハウスはナフト地区なので、かなり大きかったようです。翌朝、ニチメンの事務所に全員が集まり、今後のことを話しあいました」

ニチメンは、村山以下三人、日産側は沼田を含めて七人で、計十人がニチメンのイラン支社自動車部のフロアに顔をそろえたのである。

「うちからの出張者の一人は、夜中にベッドで寝ていたら、気がつくと床に転がっていたらしいんですよ。おそらく、衝撃でバーンとベッドから撥ねとばされたんじゃないか、と思います。その人は、朝が来ても、まだ顔面が蒼白でしたね」

もはや仕事どころでなくなったことは確かだった。首都まで攻撃を受けるようになれば、自動車製造の技術指導をそのまま続けられるはずがなかった。

日産自動車からの出張者のうち、四名は、沼田自身が直接連れてきた技術者である。少なくともその四名については、安全の確保も含めて沼田自身にすべての「責任」がある。

（なんとしても彼らを無事、日本に帰さなければならない）

沼田は、そう思っていた。

「三月に入ってから、両国の都市間攻撃が始まりましたから、外国の人はできるだけ早く国外に出よう、ということにだんだん、なってきていました。それで、いろんな航空会社のチケットを買っていましたね。われわれも、オープンの航空チケットを三冊ぐらい持っていました。乗せてもらえる航空会社があれば、とにかく出張者たちを日本に帰国させようと思いました」

十人は、これからの行動について、話しあった。ニチメン、日産自動車合同の「緊急会議」のようなものである。

会議をリードしたのは、ニチメンの自動車部トップの村山だ。

「ここには地下室もありません。もしミサイルの直撃を受けたら、ひとたまりもありません。この際、どこか地下室のあるところを探して避難しようと思います。皆さん、いかがですか」

テヘラン滞在歴二年の村山の提案に反対する人間など、いるはずがなかった。

「そうですね。よろしくお願いします」

沼田が頷（うなず）くと、一同は村山に頭を下げた。

「ラマティアホテルというところには、地下の部屋がある」

そんな情報が入ってきたのは、間もなくのことだった。

ナフト地区よりも少し下町のほうにあるホテルだが、距離もそれほど離れてはいない。せいぜい数キロだろう。

ミサイルの直撃を受けたら、地下であろうと被害を免れるのは無理に違いない。そんなことは誰でもわかっていた。それでも、「地下」ならば、少しは気休めになる。

「とにかく、そこに逃げ込みましょう」

ニチメンからの提案で、日産自動車の出張者たちは、その日の夕方には、ラマティアホテルにチェックインしたのである。

沼田も、ホマホテルをキャンセルして、その日からラマティアホテルに移った。シャワーつきで、ツインのベッドがある地下の部屋が、それぞれに割り当てられた。

「チケットはありません」

沼田と共にこの時、日産自動車から車両整備の技術指導に来ていた二十七歳の高星輝次も、ラマティアホテルにチェックインした一人だ。

「もう工場に行けなくなってきました。車の工場って大きいですから、ドーンとやられたら、どっちに逃げたらいいのかもわからなくなって、パニックになってしまいます。爆撃のあったその日から、沼田さんたちは工場へ行って仕事するのをあきらめざるをえませんでした。本社との連絡は、基本的にニチメンのテレックスを使わせてもらうんですが、沼田さんがこっちの状況を本社に報告したと思います。もう、帰ります、というよりも、帰るしかないですからね。本社からの指示は、〝現地の判断に任せる〟というものだったと記憶しています」

やがて高星は、ニチメンと協力して、航空チケット入手のために奔走（ほんそう）することになる。

昼間は何事もなかったのだが、日が暮れるとまた空爆が始まった。いきなり空襲警報が鳴ったと思ったら、対空砲火が始まるのだ。イラクの爆撃も怖かったが、味方の対空砲火も危なかった。対空砲火の破片で、死者や負傷者が続出したのである。

日経新聞特派員の栩木は、こう語る。

「問題になったのは、対空砲火で落ちてくる破片です。なにしろイランの対空砲火は、一番旧式のやつでしたからね。これを眺めていたテヘランの市民が破片の直撃を受けて、死傷者が出たんです。イラクの空軍機は高いところを飛んでいるので、対空砲火が届いていないのが、わかるわけですよ。言ってみれば絶望的な状況です。なのに、撃ち上げられた弾は、途中で爆発して、破片が落ちてくるわけですからね。中には、そのまま不発で落ちてくるものもあるわけです。この対空砲火の被害が、結構、ありました」

イラン人に多数の死傷者が出ている。この事実に、テヘランに滞在する外国人の不安は、日が経つごとに増していった。だが、一度パニックに陥った都市から「脱出」することは容易なことではなかった。

「私たちも、航空チケットを探したんです。しかし、もう全然、われわれに売ってくれるチケットはなくてですね。ニチメンの車で、柿沼さんと一緒に航空会社をまわりました」

高星が柿沼と共に最初に向かったのは、イラン航空だった。

それには、理由があった。日本航空（JAL）は、イラン・イラク戦争が始まった五年前から定期運航を取りやめていた。しかし、成田に乗り入れるイラン航空が、成田空港での離発着にかかわる業務を日航に委託するという密接な関係にあったからである。

「イラン航空と日航は、てっきり共同運航で成田便を飛ばしていると私は思っていました。まず日本の航空会社と多少なりとも関係のあるイラン航空に、と思ったんです。とりあえず行ってみたら、オフィスには、ＪＡＬの看板とイラン航空の看板が両方、掲げられていました。しかし、看板があるだけで、日本人スタッフは誰もいませんでした」

高星は、なぜ日本人スタッフがいないのか、と不思議に思った。

「日本航空は日本人のために飛行機を飛ばしてくれないのか」

イラン人のスタッフにそう尋ねて、返ってきた答えに高星は驚いた。

「それは、あなたたち日本人の問題です。ここには、日本人スタッフはいません」

定期運航を取りやめていた日航は、当然、もうテヘランには日本人職員を置いていなかった。

「日本人を助けるために、ＪＡＬが飛ぶか、飛ばないか、というのは、あなたたち日本人の問題ではないか、俺たちイラン人は知らないよ、という感じでしたね」

そんな冷淡な対応を受けたのである。

高星は、それから各国の航空会社を軒並みまわることになる。ドイツのルフトハンザ航空、スイス航空、イタリアのアリタリア航空……高星と柿沼は、航空会社を片っ端からあたっていった。しかし、窓口で返ってくる答えは、同じものだった。

「申し訳ありませんが、日本人に分けられるシートはありません」

高星は、それぞれの口調が脳裡に焼きついている。

「ヨーロッパ系のエアラインでも、窓口で応対するのは、だいたいイラン人なんですよ。

そのイラン人が〝申し訳ないけど、自分の国の人、それから次はヨーロッパの人たちが優先なんで、日本人に譲ってあげられるシートはないんです〟と言うのです。やはり、どこも自国優先ですもんね。それは当然だと思います。何社かまわってみて、全部、同じ答えだったんですよ。柿沼さんと〝これはもう、ちょっと(来るのが)遅れたんじゃないか〟と話しあいました。もう手がないぞっていう感じですよね。これだけまわってもダメなんですからね。その時、オープンチケットなど持っていても無駄だと思いました」

首都テヘランへの攻撃で、駐在していた外国人は、いっせいに国外脱出を始めていた。ニチメンと日産自動車もそうした波の中に放り込まれたが、もはや「身動きがとれなかった」のである。

ニチメンの村山茂も、あちこち駆けずりまわった。しかし、やはり航空チケット入手は、困難だった。

「一番可能性のあるのは、エールフランス航空とルフトハンザ航空だな、と思っていました。というのは、日本人が使うことが多かったのは両社だからです。それで、エールフランスとルフトハンザには私自身が行きました。しかし、〝ノー・チャンス〟のひと言で終わりなんです」

それが、いざという時に日本人が直面する「厳しい現実」だった。

「イランっていうのは、ヨーロッパとのつながりが深いじゃないですか。だから、フランスにしろ、ドイツにしろ、イランとの商売は、大きかったですからね。まあ、地理的なものもあるかと思いますが、テヘランには、日本人以上に在住していたと思いますよ。やっぱり、自国民を救い出すのを優先するというのは、その国の航空会社にとっては、ごく当たり前の話ですよね。私たちは、手分けして、ともかく一席でもいいから確保できたら買ってこい、ということで動きましたが、とても無理でした」

いつの間にか、日産自動車の出張者たちがテヘランを脱出する望みは、ほとんどなくなっていた。

第四章
緊急事態の大使館

ホメイニ革命ののちイランは大変貌を遂げ、テヘランの様子も一変した。イラン・イラク戦争も激化し、日本大使館は危機対応を余儀なくされていく

型破りな公使

テヘラン空爆の際に、大使館に陣取って指揮を執ることになる幹部の一人、高橋雅二がテヘランに赴任してきたのは、一九八三（昭和五十八）年五月三日のことである。まだ四十五歳だった。

二年にわたり駐イラン大使館の公使を務める高橋は、赴任当日から戦争の洗礼を浴びている。スイスのジュネーブにあった日本の軍縮代表部次席から転任してきた高橋は、妻と、中学二年、小学五年、そして小学校に上がる前の幼稚園の子供を伴っていた。五人家族全員でテヘランにやってきた日に、イラク軍機による爆撃に遭遇したのである。

「あれは、着いたその日でした。早朝六時頃にジュネーブから着いた私たちは、とりあえず大使館に歩いても行ける距離にある小さなホテルにチェックインしました。ひと休みをしていた時ですので、午後一時か、二時頃だったでしょうか。いきなり、ドンドンドンッと、鳴り始めたんです」

イラクの爆撃機に対する対空砲火が突然、始まったのである。ここが前任地のジュネーブとはまるで違う「戦時下の都市」であることを認識させられる体験だった。

東大法学部を卒業して一九六一（昭和三十六）年に外務省に入った高橋にとって、テヘランは、イギリス、フィリピン、オーストラリア、スイスに続いて、五番目の任地だった。

この新しい勤務地が、ある種の「覚悟」を必要とするところであったことは確かだろう。

「今はイラク機が来たので、ちょっと対空砲火がありましたけれども、しょっちゅうあることじゃないですから、どうかご安心ください」

間もなく大使館からホテルにいる高橋のもとに、そんな電話がかかってきた。

「対空砲火は、二、三十分、続いたでしょうか。爆弾をどこに落としたかはわからなかったんですけれども、耳に響く対空砲火の音が、ドンドンッと凄かったんです。イランが戦争中であることはわかっていましたが、印象としては、とても遠くの西のほうでやっている、という感じを持っていました。家族も、そんなもんかな、と思っていたんじゃないでしょうか。しかし、いきなり、テヘランに来たその日に、そうではないということを教えられることになりましたね」

強烈なこの体験は、高橋に貴重な心構えをもたらしてくれた。

公使は、大使館のナンバー2である。言うまでもなく、大使がトップであり、それに次ぐ地位にある。

テヘランに赴任してくる商社やメーカーといった各企業の幹部たちは、公使たる高橋のもとに最初にやって来るのが通例となっていた。着任の挨拶である。

その時、高橋は、こんな示唆を与えるのを常とした。

「この戦争は終わりませんから、毎日、緊張していると、くたびれますよ。それでは、とても続きませんので、とにかく普通の生活をしましょう」

まず、そう言ってから、高橋はこうつけ加えるのだ。

「（国境付近の）六百キロ先で戦争をやっていますから、いま、一見、平和に思えますが、いずれ日本人の引き揚げということが起こるでしょう。起きてほしくはありませんが、必ず日本人の引き揚げということになると思います。その時になって、私がこういうことを言ったら、皆さんは、ものすごく怒るでしょうから、いま言わせてもらいます。それは、いざという時になると、〝日本政府は頼りにならない〟ということです。非常に言いにくいけれども、あえて言わせてもらいます」

日本政府は頼りにならない――日本大使館のナンバー2に面と向かってそう言われたら、普通の人なら面食らうだろう。

しかし高橋は、真顔（まがお）だ。そして、真意をこう説明するのである。

「それは、日本政府というのは何もできない、日本国からは飛行機は飛んで来ない、ということです。いざという時、ほかの国からは救援機が来るけれども、日本からは来ません。いや、来られません。私たちは一生懸命やるけれども、そういう態勢になっていないんです。だから、救援機をアテにしないで、普段から、自分でいざという時の努力をお願いします」

形式的なことではなく、本音で率直にモノを言うという点において、高橋は〝型破りな外交官〟と言えるだろう。

　前述のように、高橋はテヘランが五か所目の赴任地だ。しかし、日本という国に、邦人を救出するために、「救援機を出す」という発想もなければ、システムもないことを、外交官としてキャリアを積むうちに高橋は熟知していた。

「長年、外交官をやってきて、日本にはそれが欠けていることがわかっていますから、私は、イランに赴任中は、必ず、これを言っていたんです。日本は、ほかの国とは、その点でまったく違うということをお伝えしていたんです」

　高橋は、日本と外国との違いをこう指摘した。

「たとえば、ほかの国では、エマージェンシー（緊急事態）になったら、やって来るパイロットは皆、軍人なんですよ。通常のフライトはキャンセルされて、全部、特別便にして軍人が操縦してくるんです。決して、民間のパイロットではありません。しかし、日本の場合は、自衛隊の人が海外に出ちゃいけない、ということがあり、そういうことがまったくできないんです。だから、救援機といっても、終わったあとの平和な時に出すことはあるかもしれませんけれども、戦争の時に出すなんてことはないし、そもそも、発想がないですよ。そのことを、私はテヘランに赴任してきた商社やメーカーの方々にお伝えしていたんです」

　それは、日本という国の特殊で、厳しい「現実」と言うしかない。

「もちろん、われわれ大使館員には、在留邦人を助ける、という意識があります。それが仕事ですからね。つまり、日本政府はやりたいけれども、法的システムもないし、そのための飛行機も、実際になかったわけです。日本航空はありますが、これはあくまで民間の会社です。民間にそんなことをやれというのは、無理な話です。だから、われわれがやれることは、まず〝皆さん、常に準備をしておいてください〟と注意を喚起しておくことなんです」

具体策として、高橋は、それぞれに飛行機のチケットを買っておくことを勧めていた。これは、少々、説明を要する。

「チケットを買って、それをキャンセルするんですよ。パリ行きとか、チューリッヒ行きとか、フランクフルト行きとか、いろいろなチケットがありますよね。どこか当時の西側の航空会社、まあ、ソ連のアエロフロート機でもいいですけれども、そのチケットを家族分買って、一度、キャンセルするんです。そうすると、チケットは一年間有効ですから、その状態で持っていればいいんですよ。何かが起きた時に、いまでもそうだろうと思いますけれども、空港にはチケットがないと入れないんです。エマージェンシーになったら、なおさらです。チケットなしでは空港に入れるはずがない。さまざまな意味で、チケットを買っておくことが必要なんです」

それとともに、現金準備の大切さについても、高橋は必ず伝えた。

「もう一つは、何かあるとすぐに銀行が閉まるので、現金をある程度、手元に置いておくように勧めていました。そして、何かあったら、すぐ飛び出せるように、荷物も日頃からまとめておいたほうがいい、とも話していました。情けない話ですけれども、いざという時に、日本政府から救援機は来ませんから、そういう準備と心構えは、日頃からしておいてください、というわけです。もちろん、私たちも一生懸命やりますが、なかなか制度上の制約があって、できないことが多いですから、とつけ加えましてね」

実際にエマージェンシーになったら、事前に入手していた航空チケットも役に立たなくなるが、少なくとも、心構えと事前準備の重要性については、駐在員たちに伝わっただろう。

高橋は、ほかの国の人間は、必ず「自分の国の飛行機が救出に来る」と信じていた、と語る。

「たとえば、アメリカ人は、どんな場合でも、マリーン（海兵隊）が来て、自分たちを助けてくれると思っているんですよ。イランでアメリカ大使館人質事件があった時（一九七九〜八〇年）にも、実際、海兵隊が出動しましたよね。輸送機とヘリコプターとの接触事故があって作戦は失敗したものの、やっぱり来たじゃないですか。あの時は、海兵隊員が随分、死んでいるでしょう。アメリカ人は、それだけ信頼しているんですよ。ほかの国の人たちも、いざとなったら、必ず自国の救援機が来ると思っているんです」

日本以外の普通の国では、それが常識なのである。しかし、その常識が通じない日本では、外交官が、日頃から、ほかの国の外交官に、ある「お願い」をしているのだという。

「いざという時に日本人を助けてください、ということです。野村（豊）大使も私も、そして大使館の人間は全員、横のつながりで、〝何かあったら、お願いします〟と、ほかの国の外交官に頼んでいるわけです。いざとなれば、飛行機か船か、何かはわかりませんが、他国は必ず何かが来ます。その自国民の中に邦人も入れてもらえるようにお願いするのです。それをやるために、日頃から、ほかの国の外交官と関係を深めておりました」

日本の外交官によるこうしたお願いには、各国とも、戸惑いを覚えたに違いない。なにしろ日本は当時、世界第二位の経済大国である。とくにイランの人たちは、不思議に思っていた。

「日本は、イランにとって、すごいお客さんです。ペルシャ湾には、世界のどの国よりも日本のタンカーが数多く来ている。それなのに、なぜ、誰も日本人を助けに来ないいんですか？」

彼らは必ず、そんな疑問を口にするのである。

日本ほどの経済大国が、なぜ、そんなこともできないのか。それは、確かに素朴な疑問だっただろう。

「日本にはできないんですよ。日本には、自国民救出の態勢もなければ、飛行機もない。システムがなっていないんですよ」

それに対して、高橋たちは必ず、そう説明しなければならなかったのである。

日本に、「自国民を救出する方法がない」とは、どういうことか。

当時、国際線の定期便を持つ航空会社は、日本航空だけだった。全日空が国際線定期便の運航を開始するのは、一九八六（昭和六十一）年三月からのことだ。

そして、日本政府は当時、「政府専用機」も持っていなかった。

そのうえ、自衛隊機が海外に出ることには、法律の壁があるだけでなく、世論の反発が予想された。「戦争」そして「軍隊」への国民のアレルギーは拭いがたく、自衛隊は、国民に理解を得るまでに、まだ長い期間と努力が必要だったのだ。

そのため、最も大切な国民の「命」を救い出すことすら、日本はその方法が極めて「限定されていた」のである。

現実的にいえば、「戦時下」にあったテヘランから邦人を脱出させるには、ほかの国に「お願いする」以外に方法はなかった。

それは、独立国家として、実にお粗末な実態というほかなかった。

外交官同士のお願い

高橋の上司、野村豊・駐イラン大使（五八）もまた、あらゆる機会に、「何か起こった時は、日本人を頼みます」と、各国の大使に頭を下げていた。

常にそのことを念頭に〝テヘラン外交〟が展開されていた、といっても過言ではないだろう。しかし、やはり高橋と同じく、野村も各国の大使にこんなことを囁かれた。

「なんでそんなことで、日本の大使が頭を下げなければいけないのですか。何かあれば、日本も自分の国で救援機を出すのが当たり前でしょう。なんなら、軍用機も出せばいいではないですか」

国際舞台で活動する外交官には、当然の反応と言える。しかし、その国際常識が、日本にだけは通用しなかった。

「日本の自衛隊機は、海外には行くことができないんです」

やはり野村も、まず、そこから説明しなければならなかったのである。

国家にとって、国民の命よりも大切なものがほかにあるのか——どんなに説明したところで、各国の外交官の疑問を消し去ることはできなかっただろう。

その野村が、最も親しかったのが、テヘランへの着任が「同じ日」だったトルコのイスメット・ビルセル大使である。

一九八三年、偶然、野村とビルセルは、同じ日に着任し、同じ日にイラン政府に本国からの「信任状」を捧呈している。国際儀礼においては、信任状捧呈の順番が、そのまま各国大使の「序列」となるのが通例だ。

大使が集まる公式行事などでは、必ずこの序列に従って並ぶことになる。そのため、いつも、野村とビルセルは隣同士だった。

二人は意気投合し、なんでも相談しあう関係になる。お互いの夫人同士も親交を結んだ。エルトゥールル号遭難事件以来の日本に対するトルコ人の思いも、それをあと押ししたに違いない。

　野村は、イギリス、フランス、ドイツ、オーストリア、スイス、イタリア、ソ連などの各大使、そしてこのトルコのビルセル大使と交流した。

　外交官たちが、お互いに親交を深めるのは、パーティーだ。毎日のように、どこかでパーティーがある。それも、ホームパーティーである。

　それが交流を広めるために重要なことであり、即、情報入手にもつながる。大使は大使同士、公使は公使同士で、強固な信頼関係を築いていた。

　公使の高橋が住む家は、大使館や大使公邸があるブカレスト・アベニュー地区より、やや南にあった。

　四階建ての豪邸で、そこの一、二、四階を高橋たちが使い、三階には、スイスの外交官が住んでいた。

　邸宅には、パーティー用の大きな広間があり、百人ほどのパーティーも開くことができた。外交官同士、互いにパーティーに招いたり、招かれたりしていたのである。

　しかし、イラン人との会合には、外交官といえども、気を遣わなければならなかった。イラン人には、集会の自由が許されていなかったからだ。

「イラン人が何人か集まると、革命防衛隊がすぐに来るんですよ。さすがに外交官の家には入って来ませんが、イラン人が、われわれの家に訪ねてくると、彼らは必ず〝何をやっていたか？〃ということを、そのイラン人に言わせるんです。だから、イラン人とのおつきあいは、ものすごく難しいんです。イラン人の中でも、来るのは、お医者さんが多かったですね。お医者さんというのは、革命後も必要な人たちです。戦争をやっていますから、迫害されないし、革命防衛隊に嫌がらせをされないのです。彼らは教養もあるし、英語もフランス語もできますから、外国人とつきあうんです。ですから、そういう人たちは来てくれますが、イラン人自身はパーティーなんかできないんですよ。だから、訪ねてくるイラン人は遠くに車を停めて、歩いてくる。外国人の家の前にイラン人の車があると、すぐに調べられて、いろいろ聞かれるからでしょうね。外交官同士は、しょっちゅうパーティーをやって情報交換をするんですが、イランの方は難しかったですね」

一九八五年三月十二日午前二時半、テヘランを襲ったイラク軍機の爆撃と、それを狙ったイランの対空砲火は、高橋一家の生活も一変させた。

数日前にヨーロッパ出張からテヘランに帰っていた高橋は、「何かが変わった」という思いに捉われていた。

「出張から帰ってきた時に、雰囲気が変わっていたんです。外交官の人たちと会うと、みんな〝非常に危ない。戦況が悪くなってきている〟と話すんです。ヨーロッパへの出張は四日間ぐらいだったと思いますが、その間に危機が迫っていたんです」

イラク空軍機がテヘランを空爆した時、高橋は自宅にいた。

「三月十二日の未明のことですが、私は寝ていました。家族も寝ていました。爆心地からは、一キロか二キロはありましたが、それでもすごい音がして、グラグラッと揺れたんです」

爆撃は突然だったが、高橋一家はそれまでずっと、非常事態に対して「備え」をしていた。

「実は、私がその家に初めて入居した時、壁に突き刺さっている窓ガラスの破片を見たんです。それは、私が入る前に、爆発で家のガラスが割れ、壁に突き刺さったものでした。怖いのは、窓ガラスなんですね。それで、子供たちも全部、窓からずっと離れたところにベッドを置いて、窓の外の戸を閉めたうえに、内側もカーテンをギュッと閉じて、爆風でガラスが飛ばないようにしていたんです。寝る時は、〝今晩も爆撃がありませんように〟と言って、その準備をするのを習慣にしていました。だから、十二日の時は、〝ついに来たな〟という感じでした」

日本大使館にとって、本格的な〝エマージェンシー〟が、この時、いよいよ始まったのである。

第五章 脱出は不可能なのか

危機のテヘランから辛うじて脱出し、1985年3月19日に帰国を果たした田中玲子さんと子供たち。成田空港で報道陣に取り囲まれた

疎開した「伊藤忠」の焦燥

「支店長、大変ですよ。ほかの会社は知らないけれども、これは駐在員家族と出張者全員が避難したほうがいいんじゃないでしょうか」

伊藤忠のテヘラン支店長、児島保次（伊藤忠イラン会社社長）が、部下二人にそう持ちかけられたのは、三月十四日のことである。

「もし、ミサイル弾が近くで炸裂したら大変なことになります」

児島支店長の前には、影林忠司と高木純夫が立っていた。児島は単身赴任しているが、影林と高木は、家族でテヘランに駐在している。

自分はともかく、空爆が続くテヘランで、妻子の身が案じられた。影林には妻と九歳の息子、七歳の娘がいる。高木は、妻と五歳の娘、しかも妻は妊娠三か月だ。

情報通の〝ドクターK〟こと影林は、爆撃よりも、イラクによる毒ガス攻撃を恐れていた。妻子をテヘランに置いておくことの危険性を誰よりも感じていた。

「このままだとちょっとマズいので、どこかに避難しませんか」

二人は、児島にそう提案したのである。一瞬考えた児島が口を開いた。

「そやな、避難しよう」

即断だった。あまりの決断の速さに、意見具申した当の影林と高木のほうが拍子抜けしたほどである。

児島はどっしりと構えていて、物事に動じない支店長だ。逆に、少々、イラク軍機の攻撃があっても、「それがどうした」というタイプだった。

しかし、家族持ちの部下たちが〝疎開(そかい)〟を提案したら、それをすぐに受け入れる柔軟さも併(あわ)せ持っていた。

イラク軍機の爆撃は、夜間にある。ならば、夜はテヘランから離れて、昼間に戻って仕事をすればいいではないか——。

それは、理に適(かな)った考え方だった。

「避難先の確保はできていなかったんですが、では、行こう、ということになったんですよ。提案した日の午後四時には、もう〝疎開〟に出発しました」

と高木。これで今夜は爆撃に怯えずにすむ、と思った。

「いきなり決まったので、まず家に電話をしました。必要最小限の荷物をまとめろ、と家内に言いました。伊藤忠テヘランの社員と家族が、いっせいにダマバンド山、これはイラクと反対側の山で、テヘランから七十キロぐらい離れているところにありますが、そこへ逃げようということになったのです」

すでに、ほかの日本企業が山のほうに逃げ込んでいる、という噂もちらほら立っていた。

「ダマバンド山に行くには、かなり山道を通っていきます。でも、そこは別荘地のようなところなので、行けばなんとかなるだろう、ということで出発したんですよ。どこかを確保して出たわけではなく、とりあえず出発しようということで、疎開したわけです」

「夜間だけ」テヘランから疎開するという大胆な発想である。伊藤忠は、ほぼ社員一人に一台ずつ、車とドライバーが割り当てられていたので、全員がこれに分乗して、「山」を目指すことになったのである。

「セダンの乗用車が十台ほどありました。それを全部使って、社員とその家族、総勢三十四名が、山のほうに向かったんです。もちろん、トランクぐらいは持っていきましたが、あとは着の身着のままです。子供たちは、急ではありましたが、あまり怖さは感じてなかったんじゃないですかね。大人は、心の中では怖がっていたと思います。だから、逃げよう、ということに反対した人は誰もいなかったですね。本音では、みんな逃げたかったんだと思いますが、なんか泣き言をいうようなことは嫌だったから、それまで誰も言わなかったんです。しかし、僕が〝逃げたほうがいいんじゃないですか?〟と聞いたら、だいたいみんな〝俺も、そう思っていた〟みたいな感じでしたよ」

一行は、ひたすら山道を走った。二、三時間走って、あるレストランの前で車は停まった。

「山荘ではなかったですが、イランのチェロカバブのレストランがありましてね。そこに寝泊まりできるところがあるよ、ということだったので、泊まらせてもらうことにしたんです」

チェロとは、ご飯のことで、カバブとは、羊や鶏をアラブ風に炭焼きしたものだ。肉汁のしみこんだご飯の上にこれを置いたものが、イランでは人気のメニューである。そのレストランがあったのだ。

「レストランの別棟に、三十畳ほどのスペースがありましてね。土間みたいなイメージでしょうか。そこを貸してくれるよう交渉したわけです。幸い承諾してくれたので、そこを借りて、しばらく緊急避難しよう、ということになったんです。山あいのレストランで、遥か向こうにテヘランの夜景がちらっと見える、そんな感じのところでした。そこに入ることができたのは、もう夜の八時とか九時ぐらいになっていたように思います」

疎開先のあてもなく決めた退避だったが、首都の夜景から遠く離れたのを感じて、高木はいくらか安堵した。

影林の妻、久美子は当時、三十五歳で、九歳の息子、七歳の娘と一緒に来ていた。

「最初に山に行った時は、結構、遠い山奥に入ったな、と思いました。イメージとしては、二、三時間かかった感じでしょうか。主人のドライバーさんの運転で、家族が全員乗ったんです。うちもそうですが、それぞれの家族のお子さんたちも、別に不安な感じではなかったですよ。普段と違うピクニックに行くみたいな感じですからね。着いた時はもう、真っ暗になっていましたね」

しかし、最初の一夜は、身体にこたえた。床はコンクリートで、そこにそのまま雑魚寝になったからである。家族を入れて総勢三十四人が、一つのフロアで寝ることになったのだ。

「山は、雪景色でしたね。でも、三月ですから、ちょっとずつ暖かくはなっていたと思うんです。子供たちにしたら、みんなと一緒ですし、勉強をしなくてもいいし、トランプやサイコロはやり放題だし、楽しかったようです。息子も娘も、楽しかったと言っていました。しかし、床はコンクリートですからね。厚い洋服を着て、そのまま身体を横たえて、寝ました。ストーブを置いてくれていたんですけれど、怖くて使えなかったんですよ。ボンベもそこにありました。でも爆発でもしたら怖いので、使えませんでした。一つの部屋に三十人ほどいるので、そんなに寒いという感じはしなかったんですが、寝ていると床の冷たさを感じましたね」

床がコンクリートだと、どうしても、寝ているうちに身体の芯が冷えてくる。翌日には、テヘランから絨毯を運んでくることで解消されるが、そんな初めての夜の記憶が久美子には残っている。

トイレは一つだけあった。しかし、みんなが紙を流すと「詰まるのではないか」ということで、紙は流さず、ビニールの袋に入れていくことにした。洋式ではなく、いわゆる和式のトイレだった。

食事は、そのままレストランでとることもあれば、夫と一緒に昼間、テヘランに戻った時にとったり、いろいろだった。

風呂は、昼間にテヘランの家に帰った時に、入ることにした。空爆のある夜だけの

「疎開」であり、昼間、女・子供を山に残していく時は、何かあった時のために、若い社員が何人か残ることにしたという。

　子供たちは学校も、宿題もないし、友だちも一緒だから、楽しくやっていた。一方、夫人たちには、不安はなかったのだろうか。

「あの時、ソ連の人たちもテヘランにたくさん駐在していましたから、テヘランを壊滅させようとか、あるいは、本格的に叩こうと思ってやってはいないのではないか、という希望的な観測もありましたね。ソ連の人たちもいるということは、フセインだって、そんなに好き勝手にテヘラン攻撃ができないいんじゃないか、というわけです。気休めにしかなりませんが、そんな話をしていましたね」

　久美子はそう述懐する。この疎開生活は「五日間」続く。男たちはその間、三十四人全員の国外脱出の方法を探っていた。

　高木は、毎日、昼間は事務所に出て、人事総務担当者中心の検討会に参加した。

「朝早くに疎開先を出て、二時間ぐらいかけて事務所に来ていました。仕事は、やはり、本社とやりとりしないといけないですからね。こちらの安全情報とか、さらに事態が深刻化したら、どうテヘランを脱出するか、ということも相談しなければなりませんでした」

　最大の案件は、いざとなったら、「どういうルートで逃げるか」ということだった。

「皆で、一つひとつルートを検討しました。ここから、こう逃げるとイラクに近くなるので、陸路はやめよう、これは愚の骨頂だ、とかね。土漠なんかは、エンストしたらどうするんだ、とか、さまざまな意見が出ましたよ。テヘランから北に向かい、四、五千メートルの山を越えるとカスピ海です。海に出て港で船に乗ろう、というのは真剣に考えましたね。乗ってしまえば、当時のソ連の領土ですからね。それで、いわゆる〝難民リスト〟をつくったんです。うちのモスクワ支店長に、〝もし、われわれがソ連に向かう時は、ビザをよろしくお願いします〟と、事前に連絡もしましたね。難民リストは、伊藤忠商事駐在員十名プラス家族の名前と年齢を記したものです。これをテレックスで打ってね。あらゆる事態に備えていたんです。みんなで集まって、戦況分析や、いろんなことを相談していたことを思い出します」

しかし、有効な手段は、なかなか考えつかなかった。

「日産自動車」の〝山越え〟の脱出案

絶望的な状態に陥っていた日産自動車の面々に、思いがけないスジから、予想もしない「テヘラン脱出」の話が持ち込まれたのは、三月十六日のことである。

イランの北西に連なる山脈を突破して、トルコ方面に脱出するという作戦だ。

「飛行機のチケットは連日、ああ、今日もダメだったのか……今日もダメか、という日が続いていました。沼田さんには、ありのままに言うしかないですが、ただ、ほかの出張者には無用な不安は与えないように、私と沼田さんとだけが話しているみたいなかたちになっていました。そんな時に、急に山越えの脱出の話が出てきたんです」

高星輝次は、そう振り返る。

多彩な人脈を駆使していたニチメンの村山からの情報だった。

「スウェーデンのボルボの人たちが、バスをチャーターして、国境を越えて逃げると言っている。同じ自動車会社のよしみで、日産自動車の人を乗せてもいいと言ってきています」

村山は、皆にそう説明した。しかし、それは、伊藤忠が考えていたカスピ海へのルートではなく、トルコへとつながる危険な山道だった。

村山自身、これは、リスクが大きすぎる話だと感じていたという。

「そこは、山越えのど真ん中に山賊がいるかもしれないような危険なルートでした。もし、彼らと遭遇すれば、通行料を取られるし、通行料だけならいいけど、身ぐるみはがされたという話も聞いたことがありました。最初、ザムヤッド社にいるボルボの人たちから聞いたような気がします。私は、沼田さんたちにも、これはかなりリスクがありますよ、と伝えたうえで話をさせてもらったと思います。ニチメン本社からは、やめておいたほうがいいという連絡が来ましたね」

だが、航空チケットが、昨日もダメ、今日もダメ、という中でのことである。簡単には断念できなかった。

沼田準一にとっても、ボルボからの申し出は捨て去りがたいものだった。

「イランには、もともと日産のトラックをつくっていたザムヤッド社があるんですが、ボルボがその後、そこと提携したんです。しかし、以前からの関係で、私たちとも行き来がありました。そのためにボルボから、〝もし乗っていくならどうか〟という話をしてもらった記憶があります」

事は、急を要していた。仮に出発するなら、翌日だった。

「国境をバスで越えるわけですから、ゲリラがいるのか、ギャングがいるのかわからない。そんな危険なところを通っていく計画なので、皆にも集まってもらって、意見を聞くことになったんですよ」

高星はそう語る。飛行機のチケットは、まったくメドが立たない。日産の七人が、どうするかを話し合った。

航空券を入手してテヘランから脱出するのは、もはや不可能に近かった。ここはもう「現実」を見るよりほかになかった。

さすがに、沈黙が支配した。本当に山越えで脱出できるのか。山賊に遭うリスクはどのくらいなのか。これしか方法はないのか——。

それぞれの頭に、さまざまな思いが交錯(こうさく)した。

その時、日産ディーゼルから来ていた一番年長だった人が、

「航空券の入手がもう無理なら……ここにいてもしょうがないから、それに賭けようよ」

そう言った。

　高星が全員の気持ちをこう解説する。

「その言葉がきっかけで、みんな、そっちへ、ドッと流れたんですね。〝じゃあ、それにすがろう〟ということになったのです。なにしろ、三月十二日から、夜になると、テヘランは空襲警報が鳴って、高射砲がボンボン、ボンボン、花火のように撃ち上がっていました。私たちは、ホテルの地下室に軟禁状態になっていたわけですが、上の階へ行って窓から外を見ると、西の方角ですごい音とともに対空砲火がおこなわれているんです。かぎりなく打ち上げ花火に近いですよ。色は白っぽい感じですね。毎晩のように、シュシュドーン、シュシュドーンと来るわけです。そんな夜が続いていましたから、山越えの案に気持ちが流れたのは、仕方なかったと思います」

　皆が追い詰められていた。対空砲火をかいくぐった敵機による爆弾が、自分たちのところに落とされれば、すべては、それで終わりなのである。

「このままいると当たってしまうかもしれない……。時々、一人になった時に、次の瞬間死ぬかもしれない、と思いましたね。それなのに、なんで俺、こんなに冷静なのかなと、よく思いました。なんというか、自分で自分を不思議がっていたんですよ。いつ死んでもおかしくないような環境にさらされているのに、なにか意外と平気でいるな、みたいに思っていました」

　高星はこの時、日本へ持って帰りたい物を取りに、一度、ニチメンの社宅に戻っていある。

る。今後、どうなるのかわからないので、荷物の整理だけはやっておこうと思ったので

いつも使っている現地スタッフのドライバーに運転させた高星は、社宅に向かった。その時、いきなり近くから高射砲が撃ち上げられ始めた。まだ暗くなる前の夕方の五時頃である。

「かなり近くで高射砲がバンバン鳴り始めたんです。普通は、夜が多いんですが、明るいうちにも、対空砲火がおこなわれることもあったんですよ。本当にすごく近くで高射砲を撃っていたんです。すごい圧力で、自動車の前のウィンドーが内側に歪むというか、たわむような感じになったんですね。するとドライバーが〝もういやだ〟と言うんです。ウィンドーが内側に歪むほどの圧力ですから無理もないですが、うしろからドライバーの頭を叩きながら、〝いいから、行けー!〟と言って、走り抜けました。こんな近くに高射砲基地があったのか、と驚きましたね」

落ちてくる破片や不発弾でテヘラン市民に死傷者が出ていたのも当然だろう。冗談ではなく、それは、「当たったら運が悪かった」という世界だった。

翌三月十七日、ボルボの山越えの脱出行に連れていってもらうため、日産自動車の面々は、ラマティアホテルのロビーに集まった。

ボルボのバスが待っているのは、市内のある交差点だ。そこまで、車に分乗して向かった。高星は一台目に乗った。

ほどなく、決められていた交差点に到着する。しかし、ここで高星は衝撃を受けた。

「あなたたちは、事前の（出国の）手続きが終わっていないから、国境を越えられない」

当のボルボの人間から、そう告げられたのだ。

山越えとはいえ、イランを出国するには手続きが必要だ。そのための手続きを事前にテヘランで終えたうえで、ボルボの人々はテヘランを出発することが、その時になってわかったのである。

「えっ？」

寝耳に水だった。

「そうか……事前の手続きが必要だったのか」

そうと知っても、あとの祭りである。彼らの望みは、無惨に砕かれてしまった。

「あれが一番のショックでした」

追い詰められていた高星にとって打撃は大きかった。

「ニチメンの人に連れていってもらったんですが、バスが約束の場所に、確かに二台ほど停まっていたんです。日本にやっと帰ることができると思って行ったわけです。しかし、向こうが、急に〝あなたたちは乗せられない〟と、言い出しました。それで、よくよく聞いてみると、事前の手続きが必要だということがわかったんです」

ボルボの人間は手続きを済ませていたが、突然、話を聞いた高星たちには、やる時間も、余裕もなかったのである。

「誘ってはみたものの、私たちを連れていっても国境は越えられないということに、彼らは途中で気がついたんでしょうね。しかし、こっちは、いざバスに乗せてもらうところで、いきなり聞いたんで、ショックを受けてしまいました。でも、みんなは、意外と冷静に受け止めたかもしれません。ああ、そうですか、これもダメですか、と。ずっと断られ続けていますから、少なくとも、うろたえることはなかったような気がします。いま考えたら、国境まで行って、そこで出国できずに捨てていかれるよりは、マシだったと思います」

一同は、また元のホテルの地下に戻らなければならなかった。もはや、彼らのテヘランからの脱出は不可能になりつつあった。

失望する出張者たちを励ますために、高星はさまざまなことをおこなった。日本のそれぞれの家に電話をかけてあげたのも、その一つだ。

「あれは、何日だったのかな、とりあえず、出張で来てる人たちの家族に、現時点では大丈夫だよ、という声を聞かせてあげようと思って、使わせてもらっているニチメンの事務所で、私が朝八時過ぎから夕方の六時ぐらいまで、ひたすら、日本へダイヤルをまわし続けたことを覚えています」

まだ、リダイヤルなどのシステムがない頃のことだ。高星は一日中、ガリガリとダイヤルをまわし続けた。

「イランの電話のダイヤルが、また重たいんですよ。一日まわしていたら、爪が内出血して、真っ黒になっちゃいましてね。でも、出張者全員の家族に連絡がついたんです。電話が一個しかないですから、私が全部ダイヤルしたんですよ。呼び出し音が鳴ったら、あなたの家族につながるから、おいで、おいでと言って、それで、家族と一応、話はしてもらったんです。国際電話ですから、みんな大声で話していましたよ。やっぱり家族を心配させないように、何でもないから大丈夫だよ、心配するなよ、みたいなことを言ってましたね。空襲がどうのこうのとか、夜な夜な空襲警報が鳴って対空砲火があるみたいな、家族が不安になるような話をする人はいなかったと思います。すべての連絡が終わるのに、八、九時間かかったと思います」

家族に心配させまいとするそれぞれの気持ちとは裏腹に、状況はまったく絶望的なものとなっていた。

「住友銀行」家族脱出への道

住友銀行の田中一家は、明暗を分けることになる「三月十七日」の航空チケットを持っていた。

テヘランが爆撃を受けた「三月十二日」以降のチケット入手が困難になったのは、前述のとおりだ。しかし、学校の春休みと、「ノールーズ」というイラン暦新年の休暇を利用して国外に出るために、事前に購入してあった航空チケットで脱出をはかった家族は少なくなかった。

田中家もその一つだ。

田中新三・住友銀行テヘラン事務所長が、「三月十七日のルフトハンザ」を予約したのは、一か月前の二月のことだった。家族全員のチケットである。

しかし、三月十二日のテヘラン空爆で状況は一変した。それからの連夜の爆撃、対空砲火によって、外国人の「テヘラン脱出」が始まった。

新たなチケット入手は困難だった。田中は、手元にある「三月十七日」のチケットに賭けるしかなかった。

しかし、三月十六日の朝に来た一本のテレックス情報に田中は蒼（あお）ざめた。

〈確認できないが、明日の臨時便をもって、ルフトハンザがサービスを中止するとの噂あり〉

本社からそんな情報が入ってきたのである。いまのような電子メールで簡単に連絡がつく時代とは異なり、当時の国際間の主な連絡手段は、テレックスだった。

航空便の「サービス中止」という予想もしていなかった情報に、田中はすぐにアクションを起こした。ただちにテヘラン市内のルフトハンザの事務所に駆けつけたのだ。

〈まさか、チケットのリコンファーム〈予約再確認〉も終えているのに、それさえキャンセルするのか〉

田中の不安は小さくなかった。アルメニア人の女性秘書を伴ってやって来たルフトハンザの事務所は、ごった返していた。

人をかき分けてカウンターに辿り着いた田中は、驚くべき言葉を耳にした。

「この便は、キャンセルされました」

まさに、恐れていた一言だった。

二月に入手し、リコンファームまで終えていたルフトハンザのチケットは、その「便」自体が「消えてしまった」のである。

「ま、待ってくれ」

田中は引き下がらない。しかし、

「あなたがお持ちのルフトハンザのコマーシャル・フライト（通常便）は、キャンセルになったんです。飛行機は飛んで来ますが、それは、ドイツの国としての救援機なのです。したがって、あなたのコマーシャル・フライトの予約は、無効です」

その一点張りである。

それでも本来の便のチケットを持っているのだから、救援機に優先して乗せてくれ、と食い下がった。田中は必死だった。

まだ三歳の幼児（おさなご）を含めて、三人も子供がいるのである。空襲下のテヘランに家族を置いておくわけにはいかなかった。

交渉相手はルフトハンザの職員だが、イラン人だ。田中は、英語で交渉をおこなった。

時折、アルメニア人の女性秘書が交渉に加わってくれるものの、ほとんど田中本人が直接、話した。日本人ならではの粘り強い交渉だった。

「とにかく、ドイツ人を優先します。座席が余るようでしたら、ほかのヨーロッパの国の人を優先します。さらに座席が余った場合は、イラン人と日本人も収容できるかもしれません」

カウンターのルフトハンザ職員は、そう繰り返すだけだった。

ドイツ人が優先、そして次はほかのヨーロッパの人々。考えてみれば、当たり前だろう。「命」がかかわることになった途端、コマーシャルベースの話は一切なくなり、「助けなければならない人」に序列がついたのだ。それが、国際社会の厳しい現実だった。

田中は、その厳しさを前に、やはり〝日本〟のことを考えざるをえなかった。

「それが、現実なんです。しかも、ほかのヨーロッパの国の人をドイツ人の次に優先します、というわけですから、日本という国は、ドイツから見てもその程度の扱いなんだ、とわかりました。それとともに、やっぱりJALが来てほしいなと思いましたね。だって、ほかの国は、はっきりと〝国として救援機を出すんだ〟と言っているわけですからね。日本はなぜ来てくれないのか、と正直、思いました」

ルフトハンザの事務所には、終日、出国希望者が殺到していた。田中は、なかなか交渉で成果が得られなかった。

「優先する人がまだ来るかもしれないから、あなたは待ってください」

何度カウンターに行っても、その繰り返しなのである。

断続的に交渉を続けていた田中に、やっと〝朗報〟がもたらされたのは、もう夕方遅くになってからである。

翌日の便に、ようやく「条件つき」の予約をくれたのだ。田中は、ルフトハンザの職員からこう聞いた。

「あなた方の明日の予約を入れます。ただし、明朝、空港に新たに駆けつけるドイツ人、ヨーロッパの人がいたら、そちらを優先します。だから、絶対に乗れるという確約はできません。そういう条件つきの予約であるということを、あらかじめ承知しておいてください」

カウンターでそう念を押されたうえで、やっと翌日の「予約」ができたのである。すべての座席が「埋まらなかった場合だけ」に、日本人に座席の予約が「許された」のだ。

田中は、この時は知らなかったが、英国航空、スイス航空、イタリアのアリタリア航空など、ほかの欧州の航空会社も同じ方針だった。

妻の玲子は、夫から事情を聞いた時、暗澹たる思いになった。

「ほかの国はそうやって自国の国民を一生懸命、助けようとするけど、日本は自国民を助けてくれない、と切実に感じました」

まだ、どうなるかわからないものの、テヘランから脱出できるかもしれない。三月十七日、田中家は家族全員で空港に向かった。そこで見たのは、空港に押し寄せている凄まじい人の波だった。

「朝早かったと思いますよ。子供を起こしましてね。朝の七時には、空港に着いていたと思います。それでも、空港はもう、いっぱい人が並んでいました。空港の外まで、人が溢れてましてね。まず建物の外で、だいぶ待って、やっと入ることができました」

小さな子供を抱えているだけに、玲子の準備は、大変だった。

朝早くから飲み物とおにぎりを用意して空港に行きました、と玲子は言う。

「用意したのは、朝と昼に、空港で食べるためのおにぎりです。どれだけ空港にいることになるかわからないので、二食分のおにぎりを握りました。それで、空港に行って、建物の中に入ることができたあとは、床に座って待ってたんです。みんな座っていましたね。イランの人も、みんなそうです。列が動かないというか、もう進まないんです。だから、ずうーっと長い間、待ってました」

チケットを持っているのに、それでもなかなか一家はチェックインできなかった。もし駆けつけてくるドイツ人がいたら、一家の予約はキャンセルされる。不安を抱えながら、田中家は、ひたすら待った。

「その間も、本当に乗れるかどうかは、まだわからないんです。正直、地方から、ドイツ人やヨーロッパの人たちが大勢、駆けつけてくるかもしれないわけです。だから、ずっと〝乗れないかもしれない〟という不安に苛まれていました」

田中はそう語る。普段は楽観的な玲子も、最悪の覚悟をしたうえで待っていた。

「主人はチケットを持って、カウンターに張りついたり、全体の状況を見るために、あちこちに行っていました。私と子供たちは、床やスーツケースに座って、ずっと待っていました。子供たちは、わりとおとなしく待っていましたね。うちは上が娘ですからね。ぐずらないで待ってました。ダメだったら帰ることになる、という思いでした。運がよければ乗れる、と考えていたように思います」

この時、田中は、自分はともかく、家族だけは、どうしても乗せたいと思っていた。カウンターには、何回も「大丈夫か、大丈夫か」と尋ねに行った。しかし、答えは、何度行っても「わかりません」だった。

もう昼近くになっていた。しつこくカウンターに聞きに行った時、ルフトハンザの職員が、

「もう（ドイツ人は）来ないでしょうから、いいでしょう」

と言ってくれたのである。

（助かった……）

その瞬間、昨日からの疲れが、どっと田中の身体を襲った。力が抜けそうになったのである。田中本人も含めて、家族全員の座席が〝確保〟できた瞬間だった。

しかし、まだ気を緩めるわけにはいかなかった。

「イランは、平常時でも、実際に搭乗するまで三時間くらいはかかりますしね。出国の審査の時に何かがあったら、おしまいなんです。荷物チェックは厳しいですよ。たとえば赤ん坊がいて、粉ミルクを持っているとすると、ミルクの中に何かないかと確かめる

んです。おそらく宝石の持ち出しとかを見るんでしょうね。だから、まだ安心はできなかったんです」

田中の緊張は続いた。

一家は、出国のために、新たな列に並んだ。やがて一家の出国の手続き、そして荷物チェックとなった。

玲子は、アルミホイルで包んだおにぎりを荷物に入れたまま、並んでいた。

「おにぎりを見て〝これは何だ?〟と荷物検査の係員に聞かれました。私は、〝ライスボール〟と言ったと思います。向こうはペルシャ語だったので、意味が通じなかったかもしれません。それで、海苔を巻いたおにぎりを開けて、中身まで調べられたんです。おにぎりの具は何か入れていたと思いますが、そこまで調べられました。汚い手で開けるから、そのおにぎりは食べられなかったです。一個だけで終わりましたが……」

身体検査も厳重だった。

「身体のチェックも厳しかったですね。脱ぐのは上着ぐらいでしたが、女性の職員と一緒にカーテンのある別室に行って、何か隠してないかということで、身体じゅうを触られました。子供にも、やっていましたね」

一つひとつのチェックが緊張の連続だった。平常なら、時間がかかっても気持ちに余裕がある。しかし、この時ばかりはそうはいかなかった。この便を逃したら、脱出の可能性がなくなるのである。

そして、一家は、やっとイミグレーション（出国手続き）を通過することができた。無事、搭乗待合室に入ることができたのである。一家が乗るルフトハンザ機は、まだ、「そこ」にいてくれた。

「これで大丈夫だ、となった時は、本当に目眩がしました。フラフラとなってしまったんです。まだ搭乗はしていないですけれど、チェックインが完全に終わって、搭乗待合室に入れた時のことは忘れられないですね。そもそも、こんな戦争中の国に家族を連れてきたのは、僕の判断ミスだ、という自責の念がありましたからね。自分はともかく、家族だけは、なんとしても助けなくては、という気持ちがありましたから、搭乗待合室に入った時は、心底ホッとしました」

　表現しがたい安堵感を、田中はそう語った。

「離陸した瞬間は、ひたすら嬉しかったですよ。でも、まだイラン領だから、ひょっとしたらサダム・フセインの戦闘機が来るかもしれません。それから三十分ほどして、〝イラン上空をいま、出ました〟というアナウンスがありました。〝カスピ海方面のソ連領空に入った〟というものです。その時、機内に拍手が起こりましたよ。離陸してからは、これで九割九分、助かったという気持ちはあったと思いますし、私は、まだフラフラのまま、ホワーッという感じだったので、家内とも会話らしい会話はできてなかったと思うんです。それが、もう大丈夫となったわけですからね。いま思えば、ほとんど放心状態でしたね。それから、（機内サービスで）赤ワインを頼み、それで家内と乾杯しました。でも、もう、ちょっと飲んだだけで、神経が、ダーッと緩んで、あっけなく酔ってしまいました。フランクフルトに着陸した時には、機内に大歓声が巻き起こりました」

四十一歳のバンカーとその家族は、こうしてテヘランを脱出できたのである。翌日、田中は、業務があるので日本には帰らず、フランクフルトからロンドンに行き、玲子と子供たちの計四人は、フランクフルトから別のルフトハンザ便で日本に戻った。

成田空港には、マスコミが詰めかけていた。九歳を筆頭に三人の子供を連れた若い母親が、空襲下のテヘランを脱出してきたことに、マスコミは飛びついたのだ。

〈ギリギリ脱出　イラン邦人
「欧州ぅ回」やっと空席　成田で母子らホッと〉
（一九八五年三月二十日　読売新聞朝刊）

新聞はそんな大見出しで母子四人のことを写真つきで報じた。

この時、実家が兵庫にある玲子は、成田経由伊丹行きだったそのルフトハンザ機を降りずに座っていた。すると、

「報道の方が集まって、ちょっとお話を聞きたい、と待っておられます。出ていただけないでしょうか？」

そうスチュワーデスに頼まれた。

「それで、荷物もなしで出ていったんです。スチュワーデスさんから言われた時は、まあ、こういう状況で帰ってきたから、というのはわかっていました。でも、出てみたら、報道の方々の人数が多かったのでビックリしてしまって……。そんな状態だなんて思いもしませんでしたから、大勢に囲まれて、その中に座って、質問にお答えしました。最初はちょっと、声も上ずっていたかもしれません」

玲子は、懸命に取材に答えた。

「爆弾が落ちた時のこととかを聞かれて、いろいろお話をしたんですけれど、ある記者が、〝テヘランには、もう二度と行きたくありませんか？〟と聞くんですね。私たちは（状況が）収まったら、また行くつもりでいたので、〝（状況が）収まらないかぎりは、行けないですね〟とお答えしました。そうしたら、翌日のある新聞には、私の話として、〝もう二度と行きたくありません〟と書いてあったんです。そんなこと思ってもいないし、言ってもいないので、驚きました。報道って、誘導尋問で、こういう書き方するんだ、と、その時、初めて知りました」

その報道のことを知った田中も、少し気になった。

「銀行は、そんな危険なところに社員を派遣しているのかと、世間から叩かれかねない要素がありますから、記事には、ちょっと心配しました。でも、会社は、仮に報道どおりのご発言でも正直なお気持ちでしょうから、全然問題ないですよ、と言ってくれました。思い出したのは、ジャカルタに駐在している時に、田中角栄首相が来て、反日暴動が起こったのですが、その時に日本から届いた新聞を読むと、〝ジャカルタ中、火の海〟という感じで報道されているわけです。でも、現地にいる感覚としては、確かに、トヨタの工場が焼き打ちに遭ったり、市街にちょっと火の手が上がったところもありましたが、全面火の海なんて状況ではまったくなかったので、驚いてしまいました。報道というのは、そのまま受け取っちゃいかんのだな、ということをその時、知ったんです。いろいろな勉強になりましたね」

悪戦苦闘の末に、そして、執念に幸運が重なって、無事、田中は家族の安全を「確保できた」のである。

第六章
フセインの衝撃宣言

「今から48時間以後、イラン全土上空を『戦争空域』に指定する」というフセインの警告が、テヘラン在住の外国人をパニックに陥れた

日本人会からの要望と「救援要請」

「日本からは、何も来ないのですか？」

「どこの国も、（救出の）飛行機が来ていますよ」

「救援機をお願いしたい」

日本人会との協議を連日のように持っていたのは、公使の高橋雅二である。

テヘランへの空爆が始まって以降、各国の大使に、在留邦人の席を「五席でも」「十席でも」と頭を下げていた日本大使館だが、テヘランに在住する日本人のほとんどが出国を希望する事態となっていた。

そんな中で、大使館の会議室に日本人会の幹部が集まり、公使との協議が持たれていたのである。日を追うごとに不安が広がっていた日本人会では、次第に日本からの救援機の要望へと傾いていった。

日本人会からの要望を受け、日本大使館が「救援機」を出すよう本国に正式要請する決定をおこなったのは、三月十六日のことである。

外務省と在外公館との重要なやりとりは、言うまでもないが、すべて「公電」でおこなわれる。まず担当者が「起案」し、幹部がチェックし、公使、そして大使が「決裁」して、大使名で電信官によって打電されるのである。

事態の簡潔な説明と、日本人会との協議の結果、救援機の要請をすることを内容とする「公電」は、この日、本省に伝えられた。

公電は、解読されないように「暗号」で打たれる。そして、本省で暗号解読機を通して正式の文章となる。

〈十六日、サタデー。特別救援便派遣要請。各国の救援機派遣〉

この日の高橋公使のメモには、短くそう記述されている。

「すでに各国からは、救援機が来ていましたからね。メモにもそう書いています。特別救援便派遣要請は、電信官によって夜、打たれたのではないか、と思います」

高橋はそう語る。それとともに、大使館はこんなことまでやったという。

「NHKに頼んで、短波放送で放送してもらったんです。内容は、いま、救援機の派遣を要請しているので、救援機に乗って日本に帰りたい方は、大使館に連絡してください、というものです。海外に住んでいる人は、日本の短波放送を聴いている人が多いので、結構、連絡手段としては無視できないんです。実際に、それを聴いてやって来た人もいましたからね」

高橋は、救援機について、「公電」だけでなく、外務省に直接、国際電話を入れて話もしている。

「私が東京と電話で話しました。外務省には、中近東アフリカ局に中近東第二課があります。そのイラン担当者と話しました。しかし、反応としては、〝非常に難しい〟という感じでした。救援機を出してほしいと、はっきり言いましたよ。しかし、システム的に自衛隊は出せないわけで、そうすると、長距離を飛ぶ飛行機を持っているのは日本航空だけですよね。当時は、ANAもやっていませんしね。日本航空が来るのは、なかなか難しいという印象を持ちましたね」

世界を駆けめぐった表明

脱出方法になんの見込みも立たない中で、三月十七日夜、事態を急変させる出来事が起こった。聞く者を唖然とさせ、同時に在留邦人たちの肌を一瞬で粟立たせるほどの恐怖をもたらすものである。

「イラク軍は、今から四十八時間後より、イラン全土上空を『戦争空域』に指定する。すべての民間機が攻撃を受ける可能性がある。国際線航空会社は、イラン上空を通過することがないよう警告する」

イラク空軍司令部が、同日午後八時、そう発表したのである。

民間機も攻撃を受ける、しかも、いまからわずか四十八時間後から――驚天動地の警告だった。

つまり、イラン上空を飛ぶ航空機は、軍用、民間を問わず、三月十九日午後八時以降、無差別に攻撃される、という意味である。

「フセインは、イランの空を飛ぶ〝鳥〟以外は、すべて撃ち落とすらしい」

そんな情報があっという間に世界を駆けめぐった。いかにもサダム・フセイン大統領らしい、挑戦的であり、衝撃的な、そして常識はずれの、恐怖の宣言だった。

テヘランに在住する外国人の衝撃は大きかった。それまでイラク軍は、イランの原油積み出し基地のカーグ島の周辺八十キロを「戦争海域」に指定し、実際に戦争勃発以降、タンカーや商船など、百隻近い船が攻撃され、死傷者も多数出ていた。

そのイラクがイランの領空をすべて「戦争空域」に指定したなら、単なる脅しで済むはずがなかったのである。

それは「パニック」という表現がふさわしいだろう。

三月十九日の午後八時以降は、「航空機による脱出」は不可能になるのである。事態は、いよいよ最悪の局面に入ったのだ。

〈イラン・イラク戦争は双方の首都を含む無差別の都市攻撃や、イラン軍の地上攻勢による激戦で総力戦の様相を深め、一九八〇年九月の開戦以来最も緊迫した局面を迎えた〉

（一九八五年三月十八日　日本経済新聞朝刊）

日経新聞の栩木誠は、地上戦闘で苦戦が伝えられるイラク側が、イラン全土上空を「戦争空域」に指定することにより、戦争を国際化し、「停戦圧力」を強めようとしていると分析したうえで、こんな記事を日本に書き送った。

〈イラクが日本時間二十日午前二時以降、イラン上空全域を戦争空域とし、民間航空機を攻撃の的にする、と発表したことで、英国航空、エジプト航空に続き、アリタリア、ルフトハンザ、オーストリアの各航空会社もつぎつぎテヘラン便の運航を中止した。

イラクが国際航空史上でも前例のない行動に出たのは、イランを停戦交渉の場に引きずり込もうとの狙いから、とみられる。イラクはこれまで、ペルシャ湾の船舶攻撃などを通じ何度かイランを停戦の場にひきずり出そうと狙ったが、成功しなかった。そこで大国からの兵器援助、湾岸諸国からの経済援助をテコにして昨年十二月からタンカー攻撃や都市攻撃を再開、強化してきた。

特に、イラクとしてはこの機会にイランを停戦に踏み切らせなければサダム・フセイン大統領の威信が大きく揺らぎ、前線兵士や国民の間に広がりつつあるえん戦気分、士気の低下がさらに広がる恐れがあるため、一挙に攻勢に転じたもの、とみられる〉

（一九八五年三月十九日　日本経済新聞朝刊）

フセインの意図が、国際的な「停戦圧力」を呼び起こすためだったかどうかはともかく、この宣言が予想以上の衝撃をもたらしたことは、栩木の記事からも窺える。各航空会社が、テヘラン便の運航をすべて中止したのである。

そして、代わってやって来たのが、それぞれの国の「救援機」だった。自国民の生命を守るために、各国は、取りやめた定期便の代わりに、「救援機」を飛ばしてきたのだ。

しかし、イラン国内に自国民が「大量に滞在している」にもかかわらず、そこに救援機が来なかった先進主要国が、一つだけあった。

日本である。

「ＪＡＬは来ない」

高橋を驚かせたのは、翌日、外務省本省から入ってきた一本の公電だった。

そこには、「イランとイラク両国から、日本の航空機に対する安全保証を取りつけよ」という指示が記されていたのである。

安全保証を取りつける――？

そんなバカな。それが日本からの救援機がテヘランへ飛んで来る「条件」なのか。

これは、断るための方便なのか。

きっと日本政府は、日航と話したんだろう。そのうえで、これを条件に出してきたのか。

少なくとも、飛んで来ているほかの国の救援機が、そんなものを条件にしているとは聞いたことがない。さまざまなことが頭を駆けめぐった。

イランはともかく、イラクからそんなものを取りつけることなど、無理だろう。

公電を見た時、高橋は唸(うな)ってしまった。

「おそらく、日本の政府は、日本航空といろいろ話したんじゃないでしょうか。そして、行くための条件を出され、本省はすぐに、こちらに〝イランとイラクの両方から、安全の保証を取りつけよ〟という指示を送ってきたのだと思います」

その時、野村大使が、高橋に向かって口を開いた。

「俺が行く」

野村が直接、イラン外務省に交渉に行く、という意味である。

中東の国々は、どこもトップダウンの世界だ。地位が高いものでなければ判断は下せない。日本大使館で、最も地位の高いイラン政府の人間と面識があるのは、当然、大使である。

自分が交渉に行くしかない。そう野村自身が決断したのである。

「あの時、大使ご自身が、ほかの人間に任せないで、自分でその安全保証を取りつけるために、イランの外務省に行かれました。野村大使は、ものすごく責任感が強い方なんです。ご立派だったと思います」

野村は、イラン外務省に駆けつけ、さっそく交渉にあたった。

イランの政府高官は、こんな反応を見せたという。

「われわれは日本を尊敬している。日本はアメリカと戦って、原爆を落とされても、見事に立ち上がった。その日本人が、サダム・フセインがちょっとミサイルで（飛行機を）落とすぞ、と言ったら、逃げ出すんですか」

戦時下での安全保証という〝奇想天外〟な要求をしてきた日本に対する当然の反応だっただろう。

毎日新聞の三月十八日朝刊は、〈爆撃下のテヘラン　日航特別機の派遣も要請〉という見出しで、この時のようすをこう報じている。

〈在イラン日本人会は十六日、日本大使館との話し合いで今後、事態の変化に備え、日本航空の特別救援機を要請するよう申し入れたが、大使館も、外務省、運輸省と連絡を取り日航機のテヘラン派遣が可能かどうかの打診を始めた。

これまでのところ、日本航空は「安全確認ができない限り、テヘランへの日航機派遣はむずかしい」との立場を取っていると言われ、大使館はイラン外務省に対し、イランがどの程度安全を保障（ママ）できるかどうか打診を始めた〉

しかし、駐イラン大使館の野村豊大使からは、三月十八日午後六時三十五分、本省の外務大臣宛に〈大至急〉と記された悲壮な公電（第４５２号）が打たれている。そこには、こんな文言が書かれていた。

〈第1条件たる「安全の確認」がイランによる所要の措置だけでなく、イラクによる何らかの安全保証も要するものとすれば、前記警告が発出された現在その実現可能性はかい無に等しく、そもそも日航特別機の検討を断念せざるを得ないと思われる〉

イランはもちろん、イラクからも安全保証をとりつけることは、公電にあるとおり、不可能だった。それは、駐イラン大使館のみならず、バグダッドの日本大使館の絶望的な叫びでもあっただろう。日本航空がイラン、イラク双方の「安全保証」を条件とした段階で、日本からの救援機の可能性は「消えた」のである。

朝日新聞の三月十九日朝刊は、短くこう報じている。

〈イラン在留日本人の国外脱出のため外務省から救援機派遣の検討を依頼された日本航空は、十八日夜までに「帰る際の安全が保障（ママ）されない」として、乗り入れは断念する方針を固めた〉

安全の保証がなければ、飛ばない——その条件は、各国が派遣している「救援機」とは、そもそも発想がまるで違っていたことを物語っている。

やはり、日本には自国民を守るために「救援機を出す」という発想がないんです、と高橋は言う。

「ほかの国はみんな通常のフライトをキャンセルして、全部、特別便にして軍人が操縦してくるわけですからね。日本の場合は自衛隊の人が海外に出ちゃいけないとしているんですから、そもそもそういうことは、考えられないわけです。発想自体がないんですよ」

ただし、と高橋はこう続けた。

「私は日本航空の責任にするのは、酷だと思うんですよ。これは、やはり、政府がきっとやるべき問題なんです。私は赴任以来、いざという時、日本から救援機は来ないですよ、と言い続けていましたから、それが日本の姿だったんです。情けない話ですが、日本というのは、あの時、世界第二位の経済大国で、タンカーが常にペルシャ湾に十何隻もいて、いつも自慢していたわけです。しかし、こと救援という話になったら、全然、頼りないのが日本なんです」

テヘランの在留邦人は、こうして事実上、脱出が不可能になったのである。

第七章 首相を動かした男

トゥルグット・オザル夫妻と会食する森永堯氏（右端）。経済官庁、民間企業勤務を経てトルコ共和国首相（のちに大統領）になったオザル氏と森永氏は、友情の絆で結ばれていた

伊藤忠イスタンブール事務所

「なんとかトルコ政府を動かして、イラン在留邦人のために、トルコ航空に救援機を出してもらってくれ」

そんな緊急電話が、東京の伊藤忠本社からイスタンブールにかかってきた。受けたのは、同社のイスタンブール事務所長、森永堯（四三）である。

在留邦人のために、トルコ航空に救援機のお願いをせよ、という途方もない依頼だった。しかも、ほかの業務をおいて、最優先で取り組んでほしいという指示である。

電話を受けた森永は、あまりの責任の重大さに、胸が押しつぶされそうになった。

森永には、それとともにある疑問が湧き起こってきた。

（いま起こっている問題は、日本人の問題だ。しかも、イランを舞台にした非常事態である。それなのに、なぜ、関係のない第三国であるトルコを巻き込まなければならないのか）

それは、まさに〝根本的な〟疑問と言えた。

森永は、同時にテヘランにたくさんいるトルコ人のことを考えた。トルコは国境をイランと接しており、多くの国民がイランで働いている。その数は、遠く離れた東洋の国・日本とは比較にならない。圧倒的な差があるだろう。

テヘランで日本人がパニックに陥っていて、出国がままならないというのなら、それはイランに在留しているトルコ人も同じだ。トルコ政府にとっては、なによりもまず、そのトルコ人を助けるのが急務のはずである。そこに「日本人を助けてくれ」などという虫のいい要請をすることなど、そもそも人として許されるのか。

疑問が、森永の心を占めた。

しかし、東京の本社から、藁にもすがる思いで緊急電話が入ってきた理由も、森永には理解できた。

テヘランには、伊藤忠の社員十人、語学研修生三人が駐在している。家族を含めると三十人以上はいるだろう。

自動車部門の担当として、自分自身も、よくテヘランには出張した経験がある。駐在の影林忠司とは、とくに親しいし、高木純夫のこともよく知っている。二人は、家族連れで駐在していたはずだ。また、ほかにも多くの日本企業の駐在員がいる。彼らにも妻子がいるはずだ。

家族を抱えたまま、彼らがどれほどの窮状に陥っているかは、容易に想像がついた。これほどの依頼をしてくるということは、それだけ自分のことを本社が信頼してくれているということだろう。そのことは、森永にとっては、嬉しいことだった。

だが、トルコ政府にお願いをするにしても、「なぜ、トルコ政府が日本人のために動かなければならないのか」、そして「どうして、トルコ航空なのか」と質問された場合に、きちんと答えなければならない。

しかし、答えを探しても、なかなか明快な「理由」が思い浮かばなかった。

この時から四半世紀を経た二〇一〇（平成二十二）年、森永は明成社という出版社から出した『トルコ　世界一の親日国』という本の中で、その際の悩みをこう記述している。

〈良い考えが浮かばないまま、いたずらに時間が過ぎていく。

一方で、テヘランの在留邦人の窮状を思うと、もはや思案している場合ではなく、一刻も早く行動を起こさねばならない。

けれど、しっかりした回答案を考えないまま行動に移すと、説得どころか、かえって逆効果になりかねない。トルコの役人にいったん反対意見を出されると、それをくつがえすのは至難の業（わざ）なのだ。

何としても回答案を考え出さねばならない。しかも説得力のあるしっかりした回答案でなければならない。

しかし、いくら考えても妙案は浮かばなかった。焦燥感と責任感で、もう心臓がつぶれそうであった。

「これは自分にしか出来ない仕事だ」

「多くの人の命がかかっているので絶対に失敗は出来ない」
「何としても成功させる糸口を見つけ出すのだ」
やむをえず私は意を決した〉
森永が〝意を決して〟電話を入れたのは、トルコのオザル首相だったのである。

農工大学出身の変わり種

一商社マンが、一国の首相に電話を入れる。そんなあり得ないことがなぜ起こったのか。

それは、「森永堯」という一人の人間を理解しなければ、到底、信じることはできないだろう。

森永は、一九四二（昭和十七）年一月に旧満洲で生まれた。商社マンとしては珍しい東京農工大学の出身である。

東京農工大学は本部を都下の府中市に置く国立大学だ。森永が出たのは、同大学の化学工学科である。一学科がわずか六十人という「少数精鋭」を基本とする東京農工大学は、ある意味、就職に関して言えば「貴族」だった。

ほかの大学が不況で就職先に困っている時も、農工大学の卒業生は、教官のネットワークと理系の専門知識を前面に押し出して、いわば〝不況知らず〟として知られていた。ただし、その就職先は、主にメーカーである。

商社に就職する農工大出身者は極めて少なかった。しかし、森永は、東京オリンピックに沸く一九六四（昭和三十九）年に就職活動を展開し、人気商社「伊藤忠商事」の内定を勝ち取った。

理系の森永に、いわば〝畑違い〟の商社マンの道を選ばせたのは、井原西鶴の『日本永代蔵』の影響だった。小・中学校時代に早くもこの本に出合った森永は、これを座右の書としてきた。

〈この本はそれまで金銭をさげすむ風潮があった中で、反対に堂々と金銭感覚の重要性を教える初めての本だったので、新鮮であった。日本の経済小説の原点だったので印象が深かったのではと思う〉

森永は、商社マンを選んだ理由を後年、自らそう記している。江戸時代の町人の生活と、金銭に対する率直な思いを軽妙に描いたこの西鶴の名作が、世界を股にかけて活躍する商社マンを生む原点となったことは興味深い。

理系の大学に通いながら、小・中学校時代に感銘を受けた「商人」という存在へのこだわりを忘れなかった森永が、伊藤忠入社後、水を得た魚のごとく翔いていったのは、ある意味、必然だっただろう。

同じ農工大出身で、九年後輩として伊藤忠に入社した市村泰男（一九七四年入社）は、〝先輩・森永堯〟のことをこう語る。

「最初にお会いしたのは、昭和四十八（一九七三）年に内定が出たあと、農工大の先輩としてご馳走（ちそう）してもらった時です。森永さんは、細身で、ソフトな方でした。三十歳か三十一歳ぐらいで、僕もあんな人間になれるのかなあ、と思うほどレベルの高い人に見えましたね。商社マンって、やっぱり学生から見たら、大学の先生のように、専門的なことは強いけど世間知らずというのとは全然、違いますからね。その差に驚いた記憶があります」

レベルの違いに圧倒される市村に、森永はこんな言葉をかけた。

「市村君、心配ない。まじめにやっていれば、必ず大丈夫だ」

「語学は、とにかく努力することだ。だけど、これを心配し過ぎる必要もない」

森永は、後輩の市村をそう励ましてくれた。

「自信に溢れた姿を見て、商社って、すごい人が集まっているところなんだなあ、と思いましたね。その後、森永さんは、人生をトルコに捧げていきますが、お互い海外に赴任しているので、なかなかお会いすることがなかったんです。あれは、森永さんが三十九歳か四十歳の課長間近の頃、ばったり社内でお会いしたことがあります。〝おお、市村君！〟って、声をかけてもらいましてね。一度目のトルコから帰ってこられて、企画統括課長代行をやっている時ではなかったかと思います。ものすごく自信に溢れていて、声も、トーンが高いし、ハリがありました。ああ、森永さんは、やっぱり違うなあ、という印象を持ったことを覚えています」

森永は入社後、まず化学機械第一部に配属されて商社マンとしてのスタートを切っている。森永が生涯を通じてかかわっていくことになるトルコのアンカラ事務所に赴任したのは、入社十年後の一九七五（昭和五十）年のことだ。

商社マンとして脂が乗り切った時代、しかも、三十そこそこという若さで、生涯の友「トルコ」とかかわることができた森永は、幸運だったと言えるだろう。

この時期、トルコは、悪化する財政状態と不況に喘いでいた。

当時のトルコは、なんといっても「農業」が最大の産業だった。国を立て直すためには、何をおいても、まず農業を立て直さなければならなかった。

その時、日本の農業技術に大きな関心を示していた人物と森永は知りあった。それが、経済官庁での勤務を経て、いくつかの民間企業の顧問を務めていたトゥルグット・オザルである。

親日家であり知日家だったオザルは、日本の経済発展の秘密に大きな興味を抱いていた。日本が資源小国でありながら、資源を「輸入」して独自の技術力を駆使して商品化し、付加価値をつけて質の高い製品を世界に向かって「輸出」していることに注目したのだ。

敗戦から立ち上がり、世界に例をみない経済発展を遂げた日本のパワーにオザルは深い関心を寄せ、日本と日本人を「尊敬」していたのである。

当時、四十九歳だった日本贔屓（びいき）のオザルと、トルコの魅力に惹（ひ）かれていた森永が意気投合するのに時間はかからなかった。

駐在二年目の一九七六年にオザルと知りあった森永は、日本から技術導入をはかって農業用トラクターの製造をおこなおうとしていた彼に、全面協力をするようになる。

だが、国家自体が財政破綻の様相を呈し始めたトルコに投資する日本企業は現われなかった。

少ない外貨でトラクター部品を日本から輸入し、組み立てから始める事業をオザルは推進し、森永はそれを必死で支援した。それは、「細々と」という言葉でしか表現できないものだっただろう。

二年後の一九七八年、トルコは世界初の「リスケジューリング国」となった。リスケジューリングとは、債務の返済時期の繰り延べ、あるいは減額交渉が必要な事態に陥ることだ。すなわち国家の場合は、「国家財政の破綻」を意味する。トルコは、国家として事実上、〝倒産〟してしまったのである。

それまで森永がオザルに協力して、たとえ少量であっても、なんとか日本から部品を輸入して続けていたトラクター製造事業も、ついに風前の灯（ともしび）となったのである。

二人にとって最大の苦難の時期だった。前掲の『トルコ　世界一の親日国』に、森永はこう書いている。
〈困窮の時期を乗り切るべく、オザルさんも私も共に奮闘に奮闘を重ねた。2人とも筆舌に尽くし難い辛酸を舐めたが、諦めず、お互いに共通の目標の基に、全力を尽くし、この困難に対峙していたので、仲間意識が強まり、信頼関係が醸成され、親しくなっていった〉

二人は苦しい時期を一緒に乗り越えた、まさに「戦友」だったのである。

その後、オザルは、スュレイマン・デミレル首相に見込まれて、総理府長官兼国家計画庁長官代理として抜擢される。トルコ経済を立て直す使命を負った「政治家」の誕生だった。

もともと日本経済を参考にしたい、という信念を持っていたオザルは、若き商社マンで、戦友でもある森永を、「日本の経済運営を参考にしたい」という理由をつけて、よく長官室に呼んだ。

オザルは、森永を「親友モリナーガさん」と呼び、森永は、オザルをファーストネームのトゥルグットに尊称のベイをつけて、「トゥルグット・ベイ」と呼んだ。オザルは、さまざまな人間を、この信頼できる日本の商社マンに紹介した。

一九八〇年九月、トルコで無血クーデターが勃発し、ケナン・エヴレン参謀総長が権力を掌握して大統領となった。次々と既存の政治家が追放されたが、オザルだけは要職に留まった。

もともと、オザルは政治家ではなかったうえに、経済のエキスパートであることが、軍事政権に尊重されたのである。

こうして、政権の変転にもかかわらず、オザルは着々と力を伸ばしていった。次第に激務となっていくオザルは、それでも森永との親交は欠かさなかった。

「パジャマ友だち」

森永には、商社マンとして、いつも心がけたことがある。

「その国に生活させてもらっている」「その国に仕事させてもらっている」という気持ちを「忘れない」ことだ。

そのため、「debate（議論）」はするが、相手のプライドは傷つけないことを常に心がけた。現地スタッフに対しても、仕事は「厳しく」、しかし、仕事以外は「友人として温かく」をモットーにした。

森永は、そんな商社マンとしてのモットーをメモとして手書きしていた。

そのメモに大きく書かれているのが、「駐在地の言葉を覚えること」である。森永は、「仕事が広がり、その生活の質が高まる」と、理由を簡潔に記している。

実際、森永は、トルコ語を必死で習得し、誰にも負けない語学力を身につけた。それが、オザルとの深い関係の根本となったのは言うまでもない。

それとともに、森永は、「家庭での接待」を基本とした。

〈人はレストランでご馳走になっても忘れがちであるが、家に呼ばれたことは忘れない。だからこれほど幅広い人脈ができたのは家内のお蔭であると、感謝している〉

森永は、財団法人貿易保険機構が発行していた『貿易保険』（一九九八年四月号）の中で、そう語っている。

オザルも森永の家で、和食を何度もご馳走になったトルコ人の一人だった。

「和食は何でも好き」

親日家のオザルは、そう言って、夫人同伴で、森永夫人が腕を振るった和食をご馳走になりに行ったのである。お互いの夫人を加えた両家の交流は、ある意味、同じ国同士の人間よりも「深かった」と言えるだろう。

森永がイスタンブール事務所の所長時代の部下だった小泉智治（一九八一年入社）は、こう語る。

「森永さんは、ご夫妻が二人三脚で仕事をやられていた、という感じがします。奥様はもうスーパー駐在員レディですね。和食でもなんでも、手づくりの美味(おい)しい料理を出してくれますからね。僕も、自分が担当していたトルコの大企業グループ『エンカ』の総帥、タラ会長を森永さんが自宅で接待する時に〝君も来なさい〟と呼ばれてご相伴にあずかったことがあります。お料理もお酒も素晴らしかったですよ。タラ会長も、すっかりくつろいでおられましたが、日本トルコ合同経済委員会のトルコ側の委員長でもあり、トルコ財界を代表する方でもあるタラ会長と森永さんは、本当に親友という感じでした。オザルさんにかぎらず、政界にも財界にも、森永さんは、あらゆる人脈を持っていたような気がします」

上司に大きな人脈があれば、何かあった時に助けてもらえる。その意味で、部下としてはこのうえなく心強かった。

「ある案件の時に、〝あと少し〟という段階で、森永さんに直々に出てもらったら、あっという間に商談がまとまったという話を聞いたことがあります。部下としては、やはり、いざという時に頼れるのは、ありがたいですね」

小泉は、こんなエピソードを聞いたこともある。

「製鉄所の建設の案件を、メーカーさんと組んで取ったことがありました。メーカーさんの方々がトルコの地方に入って、建設業務をやられているわけですね。そこへ、森永さんがたまに陣中見舞いに行くのです。その時、奥さんは朝早く起きて、おにぎりを四十個、五十個と握って、おかずもつくって、森永さんの車に積んでいかせていたそうです。トルコの地方で、食べるものといったらトルコ飯しかない。毎日同じようなものを食べている現場の人たちに、森永さんが白米のおにぎりを持ってきてくれる、ということで、大喜びされたそうです」

そんな〝心配り〟こそ、「商社マン森永堯」の真骨頂だったのである。

森永より八年先輩で車両本部時代に上司だった小笠原啓峰（一九五七年入社）も、森永の人柄を印象深く覚えている。

「森永君は、非常に粘り強いですね。一回、食らいついたら離さない、最後まであきらめない、そういうタイプでした。車両本部では部下でしたが、トルコで商売ができるのは、伊藤忠の中で彼以外にはいないということで、イスタンブールの事務所長に引き抜かれちゃったんですよ。外国で頭角を現わすには、緻密で我慢強く、かつ好奇心と順応性、そのうえ精神的にタフじゃないといけません。そして、やっぱり現地の人と仲よくやらないといかんです。要するに、違った文化をきちんと受け止める度量の広さも必要なんですね。彼は、そういう要素をすべて兼ね備えていたんだと思います」

小笠原は、森永がトルコを大好きになり、そこに「恩返し」をしようとしていたことをなにより評価する。

「最初のアンカラ駐在で、森永君はトルコ語を完全にマスターしたんですね。トルコは当時、経済状態がよくなくて、貨幣価値がどんどん下がってるから、投資しても、そのお金がすぐ水に溶けてどこかに行っちゃうような感じでした。だから、どの日本企業も思い切った投資ができなかったんです。だけど彼は、トヨタとか、ほかの会社に先駆けて、トルコで第一号の『いすゞ』との合弁企業をつくったんです。これはすごいことですね。日本で初めてですからね。森永君のトルコへの貢献というか、恩返しでもあるわけですね。彼が最初にアンカラ事務所にいた時に、その後、首相になったオザルさんとつながりができたそうですが、緻密で我慢強く、かつトルコが大好きだった森永君だからこそ、できたんだと思うんですよ」

伊藤忠の海外市場部長と兼任で「日本・トルコ協会」の事務局長も務めた大川博通（一九六〇年入社）も、上司として森永をこう見ていた。

「私が海外市場部長になって、日本・トルコ協会の役職も引き受けることになった時、それまでトルコは見たこともなかったんですよ。私は欧米派でしたからね。そこで初めて、トルコに行ったんですが、その時、森永さんがイスタンブールに、わが社のトルコ代表でいたんです。その時の印象は、まさに商社マン。本当の商社マン。つくづく思いましたよ。ひと言でいうなら、誠実なんですよ。気配り、手配り、目配り、三つの配りがすべてある。森永さんが現地でいろいろ連れていってくれましたが、行く場所も、アポも、すべて完璧。それに森永さんの奥さんにも感動しました。朝、ホテルに手づくりの日本食まで差し入れしてくれました。それも完璧な日本食でした」

大川には、森永が商社マンとは何か、というものを体現した存在のように見えたのである。

「私は入社した時、上司に〝君ね、人の心の痛みのわかる人になりなさい〟と最初に言われたんですよ。商社というのは、〝儲けろ〟と言ったらおかしいけれども、そういうことばっかりを考えるのかなと思っていたら、最初に言われた言葉が、その言葉だった。当時、われわれは、〝商社は国益を考えながらやる〟ということを常に教育されたものです。だから、最後の段階で国益に反することはやらない。それが、われわれの拠って立っている軸なんですね。いろんな社会全体を相手にして仕事をしているわけだから、われわれが大事にするべきことは国益である、と刷り込まれているんです。それぞれの商社で、社風もあれば、育て方も違いますが、森永さんは、いろんな意味で本当の商社マンだったと思いますね」

トルコを愛し、トルコに尽くし、日本の国益にも沿ったビジネスをやろうとしたのが森永だった。その森永が、数多い人脈の中で、最も「気心が知れている」のが、ほかならぬオザルだったのだ。

やがて副首相となったオザルは、国会対応など「公務」に忙殺されるようになる。森永も、さすがに昼間に大臣室で会うことが難しくなった。

しかし、それでも、オザルが自宅にいる早朝か夜に、森永は彼の家に出かけてミーティングをおこなっている。新聞記者も真っ青の「夜討ち朝駆け」である。

森永が早朝に訪問すると、まだ寝起きの夫妻は、パジャマにガウンをひっかけただけの姿で対応してくれた。いつも夫妻がパジャマを着ている朝か夜に森永が来訪するので、いつの間にか夫人は森永のことを〝パジャマ友だち〟と呼ぶようになった。

森永が、六年間におよんだアンカラの駐在生活を終え、日本に帰国したのは、一九八一（昭和五十六）年十二月である。

その森永が、イスタンブール事務所長として、二度目のトルコ駐在を命じられたのは、それからおよそ三年が経った一九八五年一月のことだった。四十三歳となっていた森永は、当時の米倉功社長直々の〝抜擢〟を受けたのだ。

「森永君、トルコは君に任せたよ」

辞令を米倉から渡された時、森永はそう告げられている。森永にとって、やる気を奮い立たせてくれる大きなひと言だった。

この時、〝パジャマ友だち〟であるオザルは、トルコの首相に上り詰めていた。知りあった時には、政治家でもなく、また国家財政が破綻していた時期に、共に辛酸を舐めた〝戦友〟が、ついに「首相」にまでなっていたのである。

トップダウンの国であるトルコで、親友が「首相となった」ことは、伊藤忠にとっても大きな意味を持っていただろう。

トルコは君に任せた、という言葉の中には、森永が築いてきた類いまれなるトルコ人脈への大きな期待があったに違いない。

森永がイスタンブール事務所長の辞令を受け取ったのは、本社から「なんとかトルコ政府を動かして、イラン在留邦人のために、トルコ航空に救援機を出してもらってくれ」という緊急電話がかかってくる、わずか「二か月前」のことだった。

「助けてください！」

いくら親友であろうと、相手は一国の首相である。しかも、依頼の内容が内容だ。気持ちをゆっくり落ち着けて、森永は受話器に手を伸ばした。

「トゥルグット・ベイ。助けてください！」

森永は、いつものようにファーストネームの「トゥルグット」に尊称のベイをつけて、オザルに呼びかけた。

しかし、いきなり「助けてください！」というのは、これまでにない言い方だ。森永は、切羽詰まっていた。

「どうした、親友モリナーガさん」

電話口の向こうから、人なつっこいオザルの声が届いてきた。だが、森永のようすに怪訝そうだ。

こういう時に、言葉を飾っても仕方がない。受話器に向かって、森永は、単刀直入にこう切り出した。

「トゥルグット・ベイ、トルコから救援機を派遣して、テヘランにいる日本人を助け出してください」

いままで聞いたことがない、尋常ではない口調に、オザルがすぐさま問い返してきた。

「テヘランにいる日本人がどうしたというのだ？　親友モリナーガさん」

それは、素朴な質問だった。

「実は」

と、森永は続けた。

「これはイランにいる日本人が困っている話なので、イランと日本の問題であり、本来、トルコには何の関係もないです。日本の航空機かイランの航空機が救援すべきなのです。けれど日本は救援機を出そうにも遠すぎて、サダム・フセインの出した警告の時間に間に合わない可能性があります。また、イラン航空にしても戦争中なので便数に余裕がありません。それにイラン航空ではイラク機に撃墜される危険性もあります。いま、日本にとって頼れる国はトルコしかないのです」

オザルは仰天（ぎょうてん）したに違いない。もちろん、サダム・フセインが出した撃墜警告については、世界的ニュースだからオザルも承知している。しかし、そのことで困った日本が、まさかトルコを頼ってくるとは想像もしていなかっただろう。

しかも、こともあろうに、「親友モリナーガさん」がそれを頼んできたのである。

ひと呼吸おいた森永は、一気にこう語った。

「イランに大勢のトルコの方々が滞在しているのは知っています。トゥルグット・ベイ、あなたはトルコの首相なので、まずはトルコ人を救出したいと考えておられるのは当然です。しかし、日本人をトルコ人と同じように平等に扱って救出していただきたいのです。トルコ人を救出する飛行機のほかに、さらに日本人を救出する飛行機を出していただきたいのです。しかも即断即決を要します。事情が事情ですから、私にとってこんなことをお願いできるトルコの友人は、トゥルグット・ベイ、あなたのほかにいません。トゥルグット・ベイ、どうか、助けてください」

オザルは、黙って森永の話を聞いていた。

だが、沈黙のままだった。さすがに、すぐに返答ができるようなことではなかった。

しかし、森永は、「日本人を助けてください」とお願いしているものの、「トルコ人ではなく」「日本人を」と頼んでいるわけではなかった。

考えに考えた末に、「日本人をトルコ人と同等に扱ってください」と、森永は頼み込んだのである。

いくら気心が知れているといっても「日本人だけを」と頼むことなど、人間として許されるはずがなかった。

「トルコ人を救出する飛行機のほかに、さらに日本人を救出する飛行機を出していただきたいのです」

これこそ、森永の乾坤一擲（けんこんいってき）の「言葉」だった。これならば「人」としても許されるし、また、相手の立場からも動くことが「可能な」ぎりぎりの依頼だと考えたのである。

祈るような気持ちで、森永はオザルの言葉を待った。

だが、オザルの沈黙は続いた。

長いつきあいの中でも、こんなことは、もちろん初めてのことだった。森永には、沈黙が果てしなく続くように思われた。

どのくらい経っただろうか。森永の耳に、やっとオザルの言葉が届いてきた。

「わかった。心配するな。親友モリナーガさん」

オザルは、そう言った。そして、こうつけ加えた。

「あとで連絡する」

森永に感激がこみ上げた。ことの成就こそわからないものの、森永の破天荒なお願いを、親友オザルが「受け止めてくれた」ことだけは確かだった。

身体が硬直するほどの緊張感が、すーっと解けていくのを森永は感じていた。

この時のことを森永は、前掲の『トルコ　世界一の親日国』にこう記述している。

〈オザル首相は私の話を黙って聞いていた。

いつもならすぐに返事をするのに、その時は私の話を聞き終わっても珍しく何も言わずに沈黙を続けていた。勿論、電話はつながっている。

私は固唾を呑んで彼の言葉を待っていた。「YES」とも「NO」とも言わない。私にはこの沈黙の時間がものすごく長く感じられた。その間、「断られたらどうしよう」とか色んなことが頭をよぎる。でも彼は電話の向こうで沈黙を続けたままである。

やがてオザル首相は口を開いた。

「わかった。心配するな。親友モリナーガさん。

あとで連絡する」

これを聞いて、私はしばし呆然としてしまった。「質問されると返事に困るな」と怖れていたことはおろか、何の質問もないのである。それどころか、いきなり「心配するな」と言ってくれたのである。

私は小躍りしたくなるほど嬉しかったが、胸が詰まってしまい、「大変ありがとうございます。トゥルグット・ベイ」と言うのが精一杯であった。

こうして電話は終わった〉

伝えられた朗報

森永にとって、それからの時間も長かった。いくらトップダウンの国で、しかも、親友でもある首相が「心配するな」と言ってくれていても、日本人を救出する救援機を出すことには、多くの困難が立ちはだかるに違いない。

そもそも肝心のトルコ航空が「危険性」を理由にフライトを拒否してきたら、元も子もない。いや、普通の感覚なら、その可能性のほうが高いだろう。

森永の頭には、さまざまなことが浮かんでは消えた。

トルコ人は、温かい国民性を持っている。困っている人がいたら、まず、こう言ってくれる国民だ。

「あなたを一人にはしないよ（セニ・ヤルヌズ・ブラクマム）」

もしかしたら、オザルが森永に長い沈黙の末に言った「心配するな」という言葉は、トルコの国民性が言わせたものかもしれないのである。もちろん、オザルが必死で動いてくれることは、森永にはわかっている。

しかし、それが成就するかどうかは、予断を許さないのだ。

長い時間が経った。トルコ政府からも、何の連絡もなかった。

森永には、それがどれほどの時間だったのか、記憶がない。ただ、いても立ってもいられない気持ちだったことだけは、覚えている。

やがて、電話が鳴った。受話器に飛びついた森永に、オザルの言葉が届いた。

「すべてアレンジしたよ。親友モリナーガさん」

森永にとって、天にも昇るひと言だった。待ちに待った朗報である。

「日本人救援のために、トルコ航空はテヘランに特別機を出します。詳細はトルコ航空と連絡を取ったらいいですよ」

オザルは、噛(か)んで含めるように、そう続けた。

「ありがとうございます」「ありがとうございます」

森永は、何度も繰り返した。

オザルは、最後にこう言った。

「日本人の皆さんに、よろしく」

森永は、オザルのすごさを思い知った。

それは、トルコ国家を代表して、日本という国と日本人に対する尊敬を込めた、凛とした「メッセージだ」と森永は感じたのである。

国家の領袖としての強い意志とパワーとはどんなものなのかを、森永は知った。

第八章　緊迫のテヘラン空港

フセインが宣言した刻限ぎりぎりに、トルコ航空機は邦人を乗せてメヘラバード空港を離陸した。機長の「ウェルカム・トゥ・ターキー」の声に機中は歓喜の渦となった

夜のテヘランへ

日本大使館に、トルコ航空による救援機派遣の報が入ったのは、三月十八日夜のことだった。

野村豊大使のもとに、ビルセル大使から直接、連絡があったのだ。焦燥を深めていた大使館に、やっと〝朗報〟がもたらされたのである。

野村大使が救援機を依頼していたビルセル大使からの連絡だったことが、野村には嬉しかった。野村もまた、ビルセルに、トルコ航空に救援機を出してもらえないかと相談していたからである。

野村は「それが実った」と思ったのだ。

「皆さん、手分けして邦人全員に連絡してください」

野村大使は、大使館員にそう告げた。

いっせいに、それぞれが電話に飛びついた。だが、せっかくの朗報は行き場を失った。

誰にも「連絡がつかない」のである。

「まったくダメです。一人も連絡がつきません」

領事の小林勝二は、会議でそんな報告をせざるをえなかった。

考えてみれば、当然だ。

在留邦人は、イラク軍機の空襲を避けるべく、それぞれが自宅を出て疎開生活をしている。伊藤忠のように山のほうまで避難している会社こそ少なかったものの、なんらかの方法で、自分なりの安全策を講じており、夜間に自宅にいる邦人はいなかったのである。

一人も連絡がつきません――それでは、せっかく明日、来てくれるトルコ航空の救援機に、頼んだ側の日本人が「誰も乗らない」という大失態となる。

あってはならないことだった。逆に、日本側の「信義」が問われる事態と言えた。そして、この貴重なチャンスを逃したら、日本人が脱出できなくなることは確実だった。

（弱った……打つ手がない）

重くるしい空気が広がっていた。その時、一人の館員が口を開いた。警察庁から出向してきている松山美憲・二等書記官である。

「もしかしたら、皆さんは、ホテルのほうに行っているんじゃないでしょうか」

松山は、そう言った。

「どうしてそう思うかね？」

野村が、松山に向かって問うた。

「以前、私が建設関係の人たちから聞いたことなんですが……」

松山は、そう前置きして、野村大使だけでなく、館員全員に向かって説明を始めた。

「テヘランで、何かの時に逃げ込めるのは、〝ホテル〟しかないそうです。それも、インターコンチネンタルとか、そういう外資がつくったホテル、つまり、お金に糸目をつけずにつくった鉄筋コンクリートのホテルしか衝撃に耐えうるものはない、ということを聞いたことがあります。要するに、日干しレンガでつくった建物以外に、日本人は夜間いるのではないか、と思います」

それは、ホテルをまわっていけば、在留邦人にかなり「連絡をつけられる」という意味である。

「私は、以前から建築関係の人たちに、そういうことを聞いています」

もう一度、松山は言った。間もなくテヘラン駐在が丸三年におよぶ松山ならではの意見だった。松山は、イラン全土で仕事をしている建築関係の日本人たちとも、赴任以来、つきあいを持っていたのである。

「そうか。そうかもしれんな」

野村大使が呟いた。

しかし、会議はそこで静まりかえった。夜のテヘランのホテルを一つひとつまわって、そこにいるかもしれない日本人たちに連絡をつけていく——それが危険極まりないことであるのは、全員が承知していたからである。

テヘランの夜は、戦争が進むにつれ、危険が増していた。空爆以来、夜は灯火管制で真っ暗闇だ。そのため、自動車もライトさえ点けずに走らざるをえなかった。しかし、そんなことよりも、「危険」という意味では、革命防衛隊による検問が、〝少年たちによって〝おこなわれていることのほうが大きかった。

大人の男たちは、戦場の最前線で戦っている。後方、とくに治安を担当する人間の年齢が日を経るごとにどんどん「低く」なっていたのである。

そのため、さまざまなトラブル情報が外交官の間で飛び交っていた。検問で、外交官が革命防衛隊の少年に「発砲された」、あるいは、「殴られた」といった類いの話は、枚挙に暇がなかった。

とくに、西ドイツの女性外交官の事例は、各国の外交官を震え上がらせた。

ある夜、その女性外交官が隣にイラン人の女性スタッフを乗せて外交官ナンバーの車を走らせていた。その時、検問に引っかかった。

イラン人は革命防衛隊が怖いから、きちんとヘジャブをかぶり、髪の毛を完全に隠していた。しかし、女性外交官は、髪の毛を半分ほど出したかぶり方をしていた。

「髪が見え過ぎだ。ちゃんとかぶりなさい」

そう言われた時に、

「してるじゃないの。私は外交官よ」

と、反発した。外交官の特権、言いかえれば、国際ルールが頭を離れなかったのだろう。しかし、イランではそんなことは通じない。

イランでは、なにものにも増して、革命防衛隊の宗教の論理が最優先される。

「なにい！」

その瞬間、年端もいかない革命防衛隊員が女性外交官を引きずり出し、殴り倒したのである。その場で逮捕された女性外交官は、政治犯を収容する悪名高い「エヴィン刑務所」に放り込まれた。

西ドイツの正式な抗議にもかかわらず、彼女はなかなか解放されなかった。命だけは無事だったが、相当なダメージを受けて、およそ一週間後にボロボロになって解放されたというのである。

この出来事は、イランに駐在する外交官の間に、またたく間に広まった。「夜のテヘラン」は、それほど危険に満ちていたのである。

そのことを知っているだけに、真っ暗闇の中、テヘランのホテルをまわっていくことに、躊躇するのは当然だった。

「私が、行きます」

口を開いたのは、当の松山だった。

松山は、もともと警察庁からの出向である。「危険があるから行かない」という選択肢は、松山にはない。

松山にはこの時、ある思いがあった。富山県警の同僚たちに見送られてテヘランに赴任してくる時、松山は、〝あるもの〟を記念として贈られていた。

日の丸である。

それも、身体を包み込むことができるぐらい大きな日の丸だった。

「それをもらった時に、何かがあった時には、この日の丸に包まれて日本に帰るんだな、という思いになりました。いつも、その覚悟を持って過ごしてきました」

だから松山は、最初から自分が行くつもりだった。

自分が行って、一人でも多くの邦人に明日のトルコ機のことを伝える。そして、できるだけ多くの邦人にトルコ機に乗ってもらう。松山は、そう思っていた。

「私も行きます」

その時、声を上げたのは、三等書記官の松浦利行だった。英語が得意の若手大使館員だ。

「松浦君は独身で、ノンキャリの英語の専門官です。まだ三十前後でしたが、非常に優秀で、正義感が強かったですね。だから、即座に、行きます、と声を上げてくれたんだと思います」

語学に長けている松浦がついてきてくれたら、これほど心強いことはない。松山は、若い松浦の心意気が嬉しかった。

「よし、行こう」

二人は、頷きあった。

「大丈夫か？」

野村大使は、そう気遣ってくれた。松山は即座に、

「大丈夫です。行ってきます」

と、応えた。

大使館の警備を担当してくれている現地スタッフの責任者は、パーレビ時代に警察官だったイラン人で、松山とは気心が知れていた。彼が、ただちにドライバーを手配してくれた。

松山と松浦の二人がイラン人ドライバーの運転で、真っ暗闇のテヘランの町に出て行ったのは、松山の記憶では、午後八時台のことである。

ホテルロビーで伝えられた朗報

「町には、灯かり一つ点いてないですよ、真っ暗ですね。あえて言えば、月明かりか、星明かりでしょうか。もし、月が出ていれば、少しは見えていたかもしれないが、とにかく真っ暗闇です。私たちは、外資系のホテルをターゲットにして出発したんです。車は、ライトも点けません。点けたら撃たれちゃうんですよ。空爆の対象になってしまうじゃないか、ということで撃たれることもありますし、要するに、外出禁止という命令を聞かない不届きなやつ、ということでも撃たれるんです。車は大使館ナンバーですから、いきなり撃つかどうかはわかりませんけれども、危険性はあったと思います」

もちろん、ホテルの看板にもネオンは灯っていない。真っ暗だ。しかし、外資系の有名なホテルの場所は、ドライバーの頭に入っている。そこを軒並みまわるのである。

「日本人は宿泊していますか。もし、いるなら全員をロビーに集めてください」

松山と松浦は、それぞれのホテルで、そう従業員に聞いていった。会話は英語だ。

松山の勘は当たった。外資系のホテルで、鉄筋ががっちり入って「建設」されているホテルに、日本人はやはり逃げ込んでいた。

爆弾やミサイルの直撃を受けたら、もちろん、ひとたまりもないことに変わりはない。しかし、日干しレンガの建物に比べれば、至近距離に落ちた場合には、大きな違いがある。気休めかもしれないが、在留邦人は、ホテルに宿泊していた。

ロビーに集まった邦人を前に、

「日本大使館の松山です」

と名乗ったうえで、こう話し始めた。

「皆さん、実は、野村大使がトルコの大使にかねて依頼をしていたんですが、幸いなことに明日、トルコ航空が救援機を出してくれることになりました。明日の午後、皆さんは空港に来てください。そして、それに乗ってください」

理由もわからず集められた人々がまとっていた不安な空気が、途端にゆらめいた。その瞬間のことを松山は、忘れられない。

「えっ、本当ですか？」

松山の報告は、絶望の中にいた在留邦人にとって、まさに希望の光だった。真っ暗闇のテヘランの夜に身を置いていた彼らの中には、そう言ったまま絶句する人もいた。

「なかには、お腹の大きい奥さんもおられましたしね。私の話を聞いて、言葉にならない方もいました。子供連れの方もいましたよ。やはり、四十八時間と期限を区切られていた最後の日でしたから、特別の思いを持たれたのではないでしょうか」

涙ぐむ邦人もいた。家族だけでも守りたい。そう思うのは、誰しも同じだ。

「しかし」

と、松山は続けた。

「私が伝えた内容は、嬉しいのは嬉しかったと思います。嬉しくないわけがありません。助かるかもしれない、ということになったんですからね。しかし、それでもまだ、手放しで喜べる状態でも、なかったと思うんです。だから、皆さんも〝バンザーイ〟とか、〝本当ですか！〟と、私の腕を取って大喜びするとか、そういう反応ではありませんでした。事態は、それほど甘くはなかったのです」

松山には、一人でも多くの邦人に連絡をつける責務があった。ロビーに集まってくれた邦人たちに、松山はこんなお願いもしている。

「皆さん、お願いがあります。申し訳ありませんが、このことを知っているかぎりの人に連絡してほしいんです。〝二重〟になっても、〝三重〟になっても、〝四重〟になっても構いませんから、知っているところには、全部、どんどん連絡してください。お願いします」

たとえ〝四重〟になっても構いません。お願いします——それは、一人残らず明日の救援機に乗ってもらいたいという、必死の思いから出た言葉だった。

「わかりました。すぐ連絡します」

海外で暮らす人間には、独特の仲間意識がある。まして、戦争による被害が迫っている時の連帯感はとてつもなく大きい。できるだけ多くの人が助かってほしい、という思いは共通のものだ。松山の依頼を受けた邦人たちは、さっそく自分の知り合いへ連絡をとり始めてくれた。

（ありがたい。これでなんとかなる）

松山と松浦は、それを確認すると、「次」のホテルへと向かった。

こうして二人は、外資系ホテルを三つ、四つ、五つ……とまわっていった。それぞれのホテルで、邦人はロビーに出てきて耳を傾けてくれた。二人が直接伝えた邦人の数だけでも、百七十人ほどに達した。

あとは、その邦人たちが横のつながりでどれだけ伝えてくれるか、である。

（かなりの数の人に伝えられたはずだ）

松山が大使館に帰ってきたのは、おそらく日付が変わろうかという時刻だったと思われる。真夜中だった。松山と松浦は、夜のテヘランを三時間以上も走りまわっていたことになる。

「ありがとう。本当にご苦労さまでした」

野村大使のねぎらいの言葉が、松山の胸に染みわたった。

この日の高橋公使の日記には、簡潔にこんな短い文章が綴られている。

〈一八日、マンデー。日本人会理事会。商業便での帰国を勧めた。夜、トルコ航空が特別便を出す、との情報あり。徹夜で仕事〉

「ノー・ジャパニーズ」

山に疎開していた伊藤忠の人々には、当然ながら、トルコ航空のことは伝わっていない。だが、この日は、フセインが示した「期限」がやってくる。

夜間の疎開を続けていた面々も、イチかバチか、「とにかく空港へ」というわけで、メヘラバード空港へやって来た。

彼らは、早朝四時に出発して、朝六時頃には、空港に到着したのである。この時点で、トルコ航空のことは、まったく知らなかった。

高木純夫は、やっと明るくなってきた空港に、すでに外まで長蛇の列ができていたことに驚いた。

(テヘランにこれほどの外国人が住んでいたとは……)

高木にとって、新鮮な驚きだった。それだけ多数の人々が空港に駆けつけていた。

この日が、最後のチャンスだった。今日の午後八時を過ぎれば、サダム・フセインは、イラン上空を飛ぶものはすべて撃ち落とすと宣言している。

少なくとも、空港から脱出する方法は、この日を逃したら「消える」のである。

しかし、空港の建物から溢れ出ている外国人の多さを見たら、脱出がかなり難しいことを高木は覚悟せざるを得なかった。

「空港の建物に、なかなか入れなかったのですが、やっと入ったら、カウンターは英国航空、スイス航空、オーストリア航空、ルフトハンザ航空、エールフランス航空、アエロフロート航空……すべてが開いていました」

どこの航空会社でもかまわない。手分けして、それぞれのカウンターの列に並んだ。

まず、カウンターに辿り着いたのは、ルフトハンザ航空とスイス航空だった。

「ノー・ジャパニーズ」

無情にも、そんな答えが返ってきた。ほかの航空会社も軒並みカウンターで同じ反応を示した。

夜八時には、期限が来るのに、東洋人に席を分ける選択肢など、どこの航空会社にも「なかった」のである。

高木が並んだのは、アエロフロートのカウンターだった。ソ連の航空会社なら「あるいは」と思った高木に、重い現実がのしかかってきた。

「順番が来て、カウンターで、ぜひ乗せてくれと言ったら、ぴしゃりと〝ノー・ジャパニーズ〟と言われて、〝イースト・ヨーロピアン、プリーズ〟と、やられましたね。そりゃ、がっくりきましたよ。こっちは命を懸けて並んでいますからね。ソ連人だけならそんなに人数は多くないはずだから、最初は乗れると思っていたんですよ。しかし、〝東ヨーロッパの人たち〟がいっぱいいたので、ああ、無理だ、と思いましたね」

この時、伊藤忠の入社二年目で、前年からテヘランにペルシャ語研修生として来ていた池城俊郎（二五）も、こう振り返る。

「（伊藤忠は）ルフトハンザかどこかのチケットを買っていて、僕もカウンターに行って待っていたんですが、〝この便はキャンセルされました。だけど、いまから言う順番でチケットを持っている人は来てください〟と、カウンターで言ってるんです。まずは当然、西ドイツ。次はEC（欧州共同体）。次はアメリカ、次は東ヨーロッパです。やっぱり、肌が黄色いわれわれは差別されるんだな、と思いましたね。こういう時は、明確に出ますね。国名は言ってなかったですが、〝次は、ほかのヨーロッパ〟と言って、それで、〝これで終わりです〟という感じでした」

持っていたチケットのルフトハンザ機はキャンセルされて、特別便という扱いになっていたのである。

「〝ダメです〟と言われた時は、やはり、がっかりですよね。すごく失望しました。日航はどうしたんだ、という気持ちは、みんな持っていましたね。なんで来ないんだ？と。そりゃあ、JALが来てくれれば、日本人が、いの一番に、という感じになるのに、とは思っていました」

そんな時、突然、トルコ航空が来る、という話が伝わってきた。

高木は驚いた。

「みんなが絶望状態にある時に、ふっと〝トルコ航空が来ます〟という声が聞こえてきたんですよ。たぶん、大使館の人が言いに来てくれたんじゃないですかね。えっ、と思ったのを覚えています」

池城の記憶は、こうだ。

「大使館の人から、トルコ航空が飛行機を出すので、チケットを買ってくるように言われたんですよ。名前は覚えていないんですけれども、大きな方でしたね。あとから聞いたんですが、その人は、東大柔道部出身の外交官だったそうです。カウンターの中にいらっしゃって、航空会社と、いろいろ交渉していました」

それは、一等書記官の三本松進（三五）だった。駐イラン大使館で経済班のトップだった三本松は、東大経済学部から一九七五（昭和五十）年に通商産業省（現「経済産業省」）に入省し、エネルギー畑を歩んできた。

三本松は、この時期、外務省に出向しており、石油問題のエキスパートとしてテヘランに駐在して、丸一年が経過していた。

その日、三本松は、空港での日本人の搭乗手続きのサポートを命じられ、カウンターの中まで入って、交渉を続けていた。大使館からは、小林勝二領事や松山美憲・二等書記官、松浦利行・三等書記官らが来ていたが、経済班トップの三本松も動員されていたのである。

「私は経済班のリーダーだったので、銀行とか商社の人とかとおつきあいしていて、顔を知っていました。在留邦人の主力メンバーは、ほぼ全員知っているんですよ。だから、空港に行け、と言われたのです。私は朝九時頃から午前中いっぱい、エアラインのうしろ側のチェッキングカウンターに入って、チケットはあるけれどリザベーション（予約）がない日本人のために、なんとか空いている席に入れてくれ、とお願いをしていました」

トルコ航空が来るという知らせはあったが、それがどうなるかは予断を許さない。不測の事態で、来ることができなくなる可能性もある。できるだけ多くの在留邦人を脱出させるためには、あらゆる〝ルート〟を駆使する必要があったのである。

しかし、これまで記述してきたように、日本人への席は、どこの航空会社からも、なかなか都合してもらえなかった。唯一、成功したのは、日商岩井の面々だった。

「ヨーロッパ系のエアラインで、たまたま成功したのは、日商岩井のチームでした。十数名の商社マンたちがダーッと来て、リザベーションをくれ、とお願いしていました。私は、エアラインのうしろ側に入れてもらって、ディプロマット（外交官）の立場でエアラインの事務所の人に、〝予約はないが、乗せてくれ〟と交渉していたのです。そうしたら、たまたま、最初の十数名は入れてもらえたんですよ。アリタリア航空かルフトハンザ航空か忘れましたが、これはラッキーでした」

タイミングと運がよければ、たまたまそういうこともあったのである。しかし、伊藤忠の例に見られるように、ほとんどがうまくいかなかった。

「ほかはダメでした。でも、午前中は、カウンターのうしろで、ずっと立って交渉していました。まあ、日本人の外交官がそこにいる、ということだけでも意味があったんじゃないでしょうか。もともと無理だということは、みんなある程度わかっていたと思います。だから、精一杯、大使館がやっているじゃないか、というふうに思ってくれただけでもよかったと、私は勝手に思っています」

手を尽くしてはみたものの、在留邦人の脱出が成功するか否かは、いよいよ「トルコ航空」だけにかかってきたのである。

「森永さんがトルコ航空を……」

いきなり出てきた「トルコ航空」という名前に伊藤忠の面々は、仰天した。あてもないまま空港に来て、やはり可能性はなく絶望感に包まれていただけに、余計鮮烈だった。

しかし、この時、「ああ、やっぱり」と思った人間もいた。

影林忠司の夫人、久美子である。

その直前、久美子は、夫からこう告げられていたのだ。

「イスタンブールの森永さんが、トルコの首相を通じてトルコ航空にかけあってくれている。ひょっとしたら、トルコ航空が来てくれるかもしれない」

久美子はその時になって初めて、「トルコ航空」と「森永さん」という名前を耳にしたのだった。

おそらく、「現状報告」のために、影林は、空港の国際電話で日本の伊藤忠本社に連絡を入れていたのだろう。

伊藤忠は、前述のように〝山越え〟でカスピ海に出て、ソ連に向かう案も持っていた。そのため全員のソ連へのビザ申請も、伊藤忠のモスクワ事務所を通じておこなっている。同時に複数の「脱出ルート」を探っていた伊藤忠は、本社との連絡は欠かせなかった。当然、空港へ来ても、それはおこなわれていたのである。

影林は二〇一二年に血圧の薬をもらいに行った病院で突然倒れ、急逝した。まだ六十五歳だった。代わって、夫人の久美子が、記憶を辿る。

「テヘランの空港では、私たちは朝からずっと座っているだけだったんです。あがいてもしょうがないし、腹を立ててもしょうがありません。ただ待っているだけでした。ほかの外国人はパニックになっているのに、乗せてもらえない日本人とイラン人は、なんだか、おとなしくしていたように思います。ただ、日本航空と政府に対しては、ひたすら腹立たしかったですね。そんな時に、いつ頃だったか、主人が、森永さんが交渉したから、トルコ航空が来てくれるかもしれない、と言ったんですね。そのことは、すごく覚えています」

そのため、空港で「トルコ航空が来る」と伝え聞いた時、久美子には、森永さんのお蔭だ、という思いがこみ上げたのである。

「聞いた時に、〝ああ、森永さんがやってくださったんだ〟と思いました。主人もそう思ったと思います。森永さんは、主人と仲がよくって、二人とも、どちらかといったら大学に残って勉強したらいいんじゃないか、というタイプだったかもしれないですね。主人は、森永さんをすごく信頼していました。話しぶりからそれはわかりました。いつも、〝森永さんはいい人だ〟と言っていましたから」

事態は急転した。

「チケットをテヘラン市内の事務所に買いに行ってください」

指示を受けた伊藤忠は、さっそくトルコ航空の事務所に人を出した。

「空港では、トルコ航空のチケットを買うことができず、わざわざテヘラン市内のトルコ航空の事務所まで、何人かが買いに行ったんです」

高木純夫は、そう述懐する。

「結構、時間がかかりましたよ。それで、戻って来た時は、凱旋将軍みたいにチケットを掲げて、〝買えた！　みんな、安心しろ！〟と。待っていたほうは湧き立ちました。あの時、初めて、これは脱出できるかもしれない、と思いましたね」

希望は見えてきたが、安心するわけにはいかなかった。

「正式に乗れるかどうかは、まだわかりません。あの国では、何が起こるかわかりませんからね。そのあと、ひたすら並びましたよ。イランというのは、入国、出国に、ものすごく時間がかかるところですからね。身ぐるみ全部はがされて、靴の下から何から、全部、調べられます。テヘランでは闇ドルが、交換レートで六倍ぐらい違ったんです。それで、たとえば入国の時には闇ドルをいっぱい持ってくる人がいたので、身ぐるみはがして、調べるのです。二時間ぐらい調べられて、出て来られないことも珍しくなかったですからね。その出国の手続きで、延々と並びました。まだまだ安心はできませんでしたよ」

日産自動車にもたらされた朗報

絶望の淵にいた日産自動車に朗報がもたらされたのは、三月十九日午前二時頃のことだ。

沼田ら日産自動車の出張者たちがいたラマティアホテルには、大使館の松山たちはやって来なかった。ラマティアホテルは、大使館から歩いても十分足らずの場所にある。しかし、外資系でもなく、鉄筋でもなく、〝伝統的な〟日干しレンガによる工法でつくられた建物だった。

そのため、まさか日本人が宿泊しているとも知らず、松山二等書記官たちは、最も至近距離にあるそのホテルには、立ち寄っていなかったのだ。

だが、あらゆる連絡網を駆使して広がっていったトルコ救援機情報は、ついに日産自動車の面々にも〝辿り着いた〟のである。

「十八日から十九日にかけては、もう誰も眠っていなかったと思いますね。いよいよ脱出するとしたら、最後の日でしたからね。私は、まんじりともせず、ただベッドに入るだけは入っていたと思います。私が連れてきた四人のうち、一人はもう精神的にも追い込まれていて、かなり憔悴（しょうすい）していました」

そう語るのは、沼田準一だ。

「しかし、夜中二時頃だったでしょうか。突然、ニチメンの村山さんがやって来て、みんなが集められたんです。レストランだったのか、誰かの部屋だったのか、そこで村山さんが話をしてくれました。それが、〝トルコから飛行機が来てくれそうだ〟という知らせでした。あくまで、来てくれそうだ、という程度の話だったように思います。それは、日本人を救援するために来るんだ、という意味じゃないと、私たちは受け取ったんですよ。トルコ航空というのは、テヘランに乗り入れていましたから、その飛行機が来るんだろうな、と。最初は、それに乗れるのかな？　というぐらいのイメージでした」

しかし、沼田は、村山の次の言葉に、えっと思った。

「日本人も乗れるそうだ」

村山はそう言ったのだ。

「なんで？　と思いましたね。きっとテヘランにいるトルコの人を助けにトルコの飛行機が来て、そこに空席が出たら、もしかしたらわれわれも乗せてもらえるかもしれないな、と考えました」

何度となく裏切られ続けている日産自動車の出張者たちは、どんな話を聞いても、それが本当だと思える余裕がなくなっていたのかもしれない。

村山は皆に向かってこう語った。

「どういうかたちでトルコ航空に乗れるかわからないので、とりあえず明日、トルコ航空のテヘラン事務所に行って、チケットを買えるかどうか、聞いてみましょう」

村山は、その場で部下の柿沼に、早朝にトルコ航空の事務所に行くよう命じた。すでに夜は更けて未明となっていた。

全員のパスポートを預かった柿沼が、ラマティアホテルを出たのは、朝五時過ぎか六時近くのことである。柿沼も、三十年前の「その時」を覚えていた。

「皆さんのパスポートを預かって、トルコ航空のオフィスにチケットを買いに行ったんですよ。早朝にもかかわらず、オフィスの前には、すでに長蛇の列ができていました。日本人が大勢並んでいたんです。店の外に三十メートルは列が出ていたんじゃないでしょうか。並んでいたのは日本人だけではなかったと思いますが、日本人の姿が目につきましたね」

その時、柿沼は肝を冷やした。行列して待っていた柿沼の頭上に、いきなり、イラク機が飛来したのである。

「ドーンって、音がしました。正確にいえば、頭の上じゃなく、ちょっと離れたところでしたが、ものすごい音がして飛んで行き、爆弾を落とす音がしました。ドーンって、また音がしているわけです。そりゃ、やばいですよ。気が気じゃなかった。完全にイランは制空権を失っていましたね。さすがに怖くて、緊張しました」

しかし、逃げ出すわけにはいかない。日産自動車とニチメンの人たちの脱出のためのチケット入手が、柿沼の肩にかかっていたのである。

待っている側の沼田準一にとっても、ジリジリするような時間だった。

「とにかく、まだ、どうなるかわからなかったですね。トルコ航空のチケットが買えるかどうか行ってこい、というだけの指示ですからね。しかし、泣いても笑っても、これが最後のチャンスです。私は、もしチケットが一部しか買えなかったら、自分はテヘランに残るしかないと思っていました。とにかく何があろうと、私が連れてきた四人は優先的に脱出させたいと思いました。当時は携帯電話もないですから、チケットを買いに行ったまま、柿沼さんからの連絡が全然ないんですよ。私たちは、いつでも出られるように荷物をまとめて、ロビーのところで待っていました。柿沼さんからチケットが買えそうだという連絡が入ったのは、もう十時半頃だったと思います」

連絡を受けて、一同は空港へ向かった。柿沼とは、空港で落ちあうことにしたのである。

この時、柿沼は、「トルコ航空が二機飛ぶ」ということは、聞かされていた。

「二機なら、あぶれることはない」

柿沼は、そう確信して並んでいた。

「オフィスの中は狭かったですよ。カウンターがあるくらいでね。私が皆さんのパスポートを預かっているわけですし、切符を持っていかないと、誰も救援機には乗れませんからね。待っているほうは、それはもう、焦っていたでしょうね。そもそも、フセインが指定した〝四十八時間〟という期限も、どこを起点にしているのかが、私たちにはよくわかっていないわけです。それに、助けてくれるというトルコ航空も、何時に出るのかもわかりませんしね。何もかも、わからないまま並んでいました。しかし、それでも、責任だけは重かったです」

十人分のチケットを手書きで書いてもらった柿沼は、空港へ急いだ。

(事故に遭わなければいいが……)

チケットとパスポートを全員に配り終わるまでは、自分の責任だった。柿沼は、車の中でも「早く着け」「早く着け」と、願っていた。

緊張しっぱなしで空港への道を走ったことを、柿沼は記憶している。

「おーっ」

大混雑していた空港で、日産自動車の面々が、先に柿沼の姿を見つけた。いまかいまか、と沼田たちは、祈るような気持ちで、柿沼を待っていた。

「持ってきましたよ」

柿沼がそう言うと、

「ありがとう」「柿沼さん、ありがとう」

彼らの間から心からの感謝の声が上がった。

殺気立つ出国手続き

「バカ野郎、何やってるんだ！」

いきなり英語の怒声が轟(とどろ)いた。声の主は、ニチメンの村山茂である。

誰もが殺気立っていた。

パスポートチェックのために並んでいた村山たちは、まったく前に進めなかった。二つしかないパスポートチェックのカウンターの一つを、アエロフロート機に搭乗するソ連人が占拠していたのである。

しかも、新たに来た人間を入れさせないようにブロックし、同じソ連人が来たら、そこに割り込ませていた。

村山たちが乗る救援機のトルコ航空は、定時発の通常便とは違う。いつ離陸するのかさえわからない。一刻も早く搭乗待合室に行かなければならなかった。

しかし、アエロフロート機に搭乗するソ連人たちが、完全にパスポートチェックのカウンターを占拠している。

そこへ、またしても、ソ連人が、割り込もうとした瞬間、村山が怒鳴りつけたのである。

「みんな並んでんだ。ここは、お前らの国じゃないぞ！」

恐ろしい剣幕で、村山は、そう声を張り上げていた。

ソ連人の顔色がサッと変わった。何か文句があるのか、という目をしたソ連人が二、三人、村山のほうへ近づいてきた。

今度は、村山の前に日本人の何人かが進み出て、ソ連人に立ちはだかった。

一触即発である。

ピリピリとした空気が、あたりを支配した。

すると、年配のソ連人女性が、村山たち日本人に向かって、英語でこう言った。

「私たちの国の飛行機は、危なくなったら、私たちが乗るのを待たずに飛び立って行ってしまうのよ。あなたたち日本人の乗る飛行機は、あなたたちが乗るまで待っていてくれるでしょ。だから、私たちを先に行かせてくださいね」

その場にいた日産の高星輝次の耳にもその言葉は届き、心は沈み込んだ。

「年配のソ連人女性のその言葉を聞いて、日本の飛行機は助けにも来ませんよ、とは言えなかったですね。〝まだ来てくれるだけ、ソ連はマシですよ〟と、その時、思いました」

やっと出国の手続きが終わり、搭乗待合室に入った時には、午後四時をとっくに過ぎていただろう。外は、少し薄暗くなり始めていた。

「トルコ便の搭乗待合室は、パスポートコントロールのすぐ近くにあったんですよ。まっすぐ進んですぐ左側です。そこに入っていったら、日本人が、たくさんいました。ほとんどが日本人だったんです。女性も、子供もいました。その時、日本人をいっぱい見て初めて、これは乗れるんじゃないか、と思いました。われわれのあとにも、日本人がやって来ていました。待合室には、日本人が二百人ぐらいはいたと思います」

沼田は、ここでようやく、少し希望が持てる雰囲気になったと感じた。

しかし、その時、爆撃音と対空砲の音が聞こえてきた。

高星の耳にも、その音は飛び込んできた。

「ドーンという爆発音が至近距離でしたんです。爆弾か、ミサイルかが落とされたような音です。スクランブル発進なのか何か知らないですけど、緊急に飛行機が飛び立っていったんですよ」

まだ安心できる段階ではとてもなかったのである。

トルコ航空クルーの「信念」

トルコ航空の機長は、オルハン・スヨルジュ（五九）である。トルコ空軍を三十一歳の時に退役してトルコ航空に入り、二十八年目にこの出来事に遭遇した。

スヨルジュへのフライト命令は、三月十八日夜に下された。

トルコ空軍の元パイロットであり、トルコ航空のパイロットとしても三十年近いキャリアを持つスヨルジュは、この重要なフライトを任せるには、最もふさわしい人物であったに違いない。

もちろん、たとえ、職務命令であっても、危険な業務である場合は、辞退することができる。しかし、スヨルジュをはじめ、この時、声をかけられたクルーは、全員が喜んで「任務」を引き受けている。

スヨルジュは、翌朝、アンカラ経由の飛行ルートを設定し、アンカラで最終的な給油をおこない、カスピ海からイラン北部のアルボルズ山脈を越えて、一挙にテヘランのメヘラバード空港へ到達するというコースをとることにした。

しかし、アンカラで予想外の事態が生じた。

イラン側の「着陸許可」が出ないのである。メヘラバード空港の着陸許可が出なければ、アンカラを離陸することはできない。

スヨルジュは困惑する。期限は、午後八時と区切られている。余裕はない。

緊迫の模様を振り返るのは、公使の高橋である。

「空港にいる三本松君から電話があって、トルコ航空にイランから〝着陸〟の許可が出ない、と言うんですよ。飛行機が飛んでこられなければ、元も子もありません。それで、すぐに野村大使がイラン外務省に向かってくれて、着陸許可を出すよう働きかけてくれました」

最後の最後まで、本当にメヘラバード空港にトルコ航空機がやって来られるかどうか、予断を許さなかったのである。

救援機としてトルコ航空が派遣してくれるのは、二機のDC-10だった。当時のトルコ航空が所有する航空機の中では、最大のものだ。その一機目を操縦・指揮したのが、スヨルジュ機長である。

スヨルジュが操縦するDC-10がメヘラバード上空にその姿を見せたのは、三月十九日の夕方近くのことだった。

(来た……本当に来た)

それは、在留邦人にとって、夢にまで見た光景だった。飛来したトルコ航空機は、無事、着陸した。

やがて、邦人たちの搭乗が始まった。

当時のメヘラバード空港は、建物からそのまま飛行機までつながるボーディング・ブリッジ(搭乗橋)はなく、バスか徒歩でタラップの下まで行き、自分の足で上らなければならなかった。

トルコ航空機は、できるだけ空港ビルに近づいて待機してくれていた。そこまでは、自分の足で歩くのである。

メヘラバード空港の搭乗ゲートは、ごく簡単なもので、扉を開けると、空港ビルからすぐ下に降りる階段になっていた。

まず、女性と子供を優先するというアナウンスが流れた。女性と子供たちが搭乗口に並ぶと、間髪を容れずゲートが開けられた。

搭乗の開始だ。無駄な時間は許されない。誰もが、気が急いていた。無言のまま、次々と階段を降りて、飛行機を目指した。

一方、スョルジュ機長の目には、日本人が「走って乗って来る」姿が飛び込んできた。

「目の前にタラップがあって、初めて〝これは飛行機に乗れる〟という確信を持ちました。早く乗って、早く飛び立たないと、また爆撃が来る可能性があるので、とにかく早く乗ろう、と思いました」

日産の沼田はそう語る。

「タラップを駆け上がって飛行機の中に入って、早く飛び立ってほしいと思っていたので、全然、振り向かなかったです。乗った時に、どういう人が出迎えてくれたか、ということも覚えていません。自分の搭乗券の番号を見て、その席に一目散に行った、という記憶しかないんです。やはり、空港に来てから爆撃があったので、もしかしたらやられてしまうかもしれないという気持ちがありました。座席は比較的、前のほうでした。真ん中よりも前のほうで、センターの通路側に座りました」

日産自動車とニチメンの十人は、近くに座った。その時は、まったく言葉を交わしていない。皆、緊張状態のままだった。沼田は自分の身体が固まってしまっているように感じた。

「早く飛び立ってほしい、爆撃が来ないでほしい、とそれだけを祈っていました。そうしたら、あっという間に飛び立ったんです。普通は、飛行機に乗ってから飛び立つまでに、いろいろとチェックしたりして、時間がかかりますよね。滑走路に行ってからも、いったんエンジンをまわして、ちょっとしてから離陸しますよね。それがものすごく短く感じましたね。みんなが乗り込んだらすぐに扉を閉めて、それでスチュワーデスが席に着くか着かないかの感じで、飛行機が動き出したんです。滑走路に入ったかな、と思ったらすぐに、いきなりエンジンをブワーッとふかして、そのまま走ったという感じでしたね」

三月十九日午後五時十分、トルコ航空機は飛び立った。乗客から「ワーッ」という歓声が上がり、次いで、拍手が湧き起こった。しかし、沼田の身体は硬直したままだった。

「私は身体が固まったままで、歓声も上げていないし、拍手もしませんでした。心の中で、もしかしたら撃墜される可能性もある、という気持ちがずっとあったんです。離陸できたことが〝よかった〟という気持ちと、まだ〝もしかしたら……〟というのと、両方あったんです。だから、飛び立ったからといっても、喜べなかったですよね」

それまでに何度も何度も、期待を裏切られているだけに、安心はまだできなかった。

沼田は、二十分、いや三十分ほど、そのままの体勢でいた。喉はカラカラの状態になっていた。

伊藤忠の三十四人も、機内に乗り込んでいた。

影林久美子は、夫と息子、娘と共にシートに座っていた。

「あの時は、〝森永さんとトルコの首相がすごく仲がよくて、本当に助かった〟と思いました。嬉しかったですよ」

高木純夫は、身重の妻と五歳の娘を無事、飛行機に乗り込ませることができた。児島支店長に進言して避難生活が始まってから「五日後」のことである。一家の大黒柱として言葉には表せない気持ちがこみ上げたのは、当然だろう。

「あの日は、もう飲み物も何を飲んだか、全然わからないし、食事は十八日の夜に食べたきりだったと思います。十九日は何も食べていないでしょうね。でも、空腹も感じていませんでした。ああいう時は、喉の渇きや空腹を感じないものなんですね。乗客が席につくと、すぐ飛行機は動き始めました。飛び立った時は拍手が起こったんですけれども、そのあとはシーンとした静かな中を、ずーっと飛んでいましたね。そこへ突然、〝ウェルカム・トゥ・ターキー（トルコへようこそ）〟という機長のアナウンスがあったんです。機内に大歓声が上がりました」

沼田にとっても、それは体験したことがないほどの歓喜の爆発だった。

「〝ウェルカム・トゥ・ターキー〟と聞いた時、〝あっ、国境を越えたな！〟というのがバーンと頭に入ってきたんです。イランの領空を出たのだから、もう攻撃を受ける心配はないな、と。これで本当に助かったなと思ったんです。そしたら涙がバーッと出てきちゃって、言葉も何もなかったですね」

張り詰めていた緊張が解けた瞬間だった。涙はなかなか止まらなかった。

「まわりからは大歓声と拍手が湧き上がったんですけれども、私は涙が溢れてきて、歓声は上げていないんです。ああいうところで歓声が出たり、拍手が起こったりというのは、もちろん初めての経験です。ウォーッというような歓声で、女性の方は、もっと高い声でワーッという声でした。両方が混じって、すごかったです。私は、ただ、助かった、と。トルコ航空に助けてもらったとか、個別のそういうところに対する感情ではなくて、とにかく助かった、という思いにとらわれていました。あんなに涙がぼろぼろ出た経験は、ほかに記憶がありません……」

しかし、この「ウェルカム・トゥ・ターキー」の前に緊迫の場面があったことを知る人は少ない。

日産の高星輝次には、印象的なシーンがあった。

「機長の〝ウェルカム・トゥ・ターキー〟のアナウンスが入る前、私たちの乗る飛行機は、戦闘機にピタリとつけられていたんですよ」

高星は、詳細な記憶をこう辿る。

「私は、右側に乗っていたんですけど、窓から見たら、脇にピタッと戦闘機がついていたんです。パイロットの姿が見えるぐらいの位置です。はっと思って、左のほうを見たら、左にもいるらしくて、左側の席もザワザワしているんです。戦闘機は、国籍不明でした。果たしてイランが護衛してくれているのか、イラクが〝ちょっとこっちへ来い〟ってやるつもりで来ているのかわかりません。それを考えると、怖かったですね」

　高星もまた身体がこわばっていた。

「あとになって、それは、トルコ空軍が飛行機の護衛についてくれたものだったとわかりました。要は、領空侵犯してまで守ってくれたんです。トルコが、私たち日本人を国家として守ってくれたわけです。そのことを当時のパイロットから教えられた時は、えーって、感激というか、もう鳥肌もんでしたね。トルコ航空機を派遣しただけじゃなくて、トルコ国軍がそれを守りに来てくれたわけですから、ものすごいことをやってくれたということです。確かその戦闘機が離れた直後に、〝ウェルカム・トゥ・ターキー〟というアナウンスが流れたと思うんです」

　それは、「無事脱出」を告げる天の声だった。こうして、第一便で百九十八人、第二便で十七人の邦人がテヘラン脱出を果たしたのである。

　イスタンブール空港で、伊藤忠の面々を出迎えたのは、森永堯だった。

　高木には、それが鮮烈な印象として残っている。

「森永さんが迎えてくれたことを覚えています。僕は、機長のアナウンスがあってから、張りつめていた緊張がとけて、気を失いました。それからの記憶がないんですよ。イスタンブールに着くまで、泥のように眠りました。家族が心配だったし、同僚が心配だったし、もうホッとしたんだと思います。トルコに入国して、手続きをして、荷物を取って出たところに、森永さんはいらっしゃったので、すぐわかりました」

紺とグレーのストライプのネクタイを締めた森永は、グレーのスーツに身を包んでいた。

「皆さん、お疲れさん」

森永は、にこやかに、ねぎらいの言葉を高木たちにかけたのだ。森永は自著『トルコ世界一の親日国』の中で、この時のことをこう記している。

〈私は、空港に大型バスを仕立てて迎えに行った。

やがて飛行機は、アンカラ経由イスタンブルのアタテュルク国際空港に着陸した。ところが、到着した彼らを見て驚いた。いつも見慣れている到着旅客のいでたちとは異なっていたからである。

薄汚れた普段着を着て、ビニール袋に取り敢えずの生活必需品を入れただけの持ち物を持ち、子供の手を引いて、文字通り「着の身着のまま」という姿で現れたのである。

殊に子供連れの夫人達は、疎開地生活そのままという格好が、その苦労を物語っていた。お気の毒としか言い表せなかった。無理もない。疎開地から取るものも取りあえずテヘラン空港に駆けつけたのである。

勿論、背広を着て、20キログラムの旅行鞄(かばん)を運びながら下りて来た人達もいた。そうした人達はイラン駐在員ではなく、たまたま日本からイランへ出張していて一緒に脱出したビジネスマン達であった。

「いらっしゃい！　ようこそイスタンブルへ！」

「ご苦労さん。大変だったね」

「もう大丈夫だよ」

私は一人一人に声をかけ、ねぎらった。そしてバスに乗るよう促した〉

森永は、自分自身がオザル首相を動かしたことなど、ひと言も漏らさなかった。

それもまた、森永らしかった。黒衣（くろこ）に徹し、オモテには決して出てこない。しかし、確実に要所要所で、キーパーソンとなって事態を前に推し進める。それこそが、商社マン・森永堯だった。

高木も、なぜ自分が助かったのかを知ったのは後年のことだった。

「森永さんは、着の身着のままの避難民のようなわれわれの姿に、涙が出たそうです。うちの子供は五歳でしたが、小っちゃい子も一杯、いましたからね。着いた時に森永さんが、〝皆さんお疲れさまです。今日の予定を説明します〟という感じで、海鮮レストランに案内してくれたんですよ。それは、めちゃくちゃ美味かったですねえ。一週間も、まともな食事をしていませんでしたからね。森永さんが教えてくれなかったので、オザル首相の秘話は、ずっとずっと、あとになって知りました。僕なら、俺がやったんだ、と言ってしまいそうですが、森永さんはそういうことを言う人ではなかったですからね」

こうして、テヘランの在留邦人は、無事、帰国を果たすことができたのである。

このトルコ航空による「邦人救出」は、多くの教訓を残すことになる。

テヘラン脱出からわずか半月後の一九八五（昭和六十）年四月三日、参議院外務委員会で答弁に立った安倍晋太郎外相は、日航機が救援に行かなかったことについて、こう述べている。

「あえて欲を言わせていただきますと、やはり日航機を飛び立たせるということについて、手続きとか時間的なロスがどうしても出てきますので、ああした状況をわれわれ見ておりまして、刻一刻、在留邦人の動き等が伝えられるにあたりまして、こういう際に政府専用機でもあって、ぱっと飛び出すことができれば、これは全くこういう際にはいいがなということは、私はその際に非常に痛感いたしたわけです」

安倍外相は、はっきりと政府専用機の「必要性」を言明したのである。さらに、海外の邦人の活動を念頭に、こうもつけ加えている。

「こういう問題はただ日航と政府とでがたがた交渉するということじゃなくて、先ほどから申し上げました、政府が政府の判断でぱっと行けるというふうな、そういう態勢をやはりこうした非常事態にはとれることが、今の日本で、これだけ海外に日本人が活動しておられる状況では非常に大事なことじゃないか、こういうふうに思っております」

派閥の領袖でもあり、外務大臣でもある有力者、安倍晋太郎がこう強調した影響は小さくなかった。政府専用機は、二年後に三百六十億円の予算で「二機」導入することが閣議決定されたのである。

しかし、それが海外で活動する邦人たちの「救出」に本当に使われるには、大きなハードルを「いくつも」越えなければならないことを、当の安倍外相も予想できなかったに違いない。

第九章
四半世紀後の「対面」

2010年9月27日、イスタンブールでの「友情コンサート」で挨拶する沼田準一氏（中央）、高星輝次氏（左）と、司会のムズラックル・ハリト氏（右）。サプライズはこの直後に起こった

感動のコンサート

「えっ、まさか」

その時、ステージに上がっていた元日産自動車の沼田準一は、目の前の出来事が一瞬、信じられなかった。

二〇一〇年九月二十七日。トルコ最大の都市イスタンブールにあるアヤイリニ教会では、観客がどよめいていた。

日本とトルコの友好関係の礎となったエルトゥールル号の悲劇から百二十年というこの年、トルコでは、「トルコにおける日本年」として、トルコ国内の三十二都市で、日本を紹介する数多くのイベントがおこなわれていた。

その一つとして、ボスポラス海峡を見渡す世界遺産「トプカプ宮殿」の一角にあるアヤイリニ教会では、大きなコンサートが開かれていたのだ。

〈日本・トルコ友情コンサート〉

そう銘打たれたコンサートには、歴史ある教会の礼拝堂に立錐の余地もないほどの観客が詰めかけていた。予定された千二百人収容の椅子はすべて埋まり、さらに、外に設置されたオーロラビジョンの前の椅子席にも、会場に入りきれなかった人々が集まっている。外の椅子席も、ざっと三百席はあるだろう。それらもすべて埋まっていた。

それは、一八九〇年の「エルトゥールル号遭難事件」と、一九八五年のテヘランからの「邦人救出劇」を描いた交響組曲『友情』のコンサートだった。

串本町のある和歌山県の実業家であり、音楽家でもある向山精二（六四）が、作詞・作曲した交響組曲を、トルコの国立交響楽団と和歌山からの合唱団が共に演奏し、合唱するというコンサートだ。

第一部では「九死に一生」と題したテヘランからの邦人脱出を、そして第二部では「エルトゥールル号の奇跡」を描いた、壮大な叙事詩ともいうべき交響組曲の前評判は上々で、会場には、予想された数をはるかに上まわる人々が集まったのだ。

アヤイリニ教会の礼拝堂は、コンサートによく利用されているが、この時はステージの後方にスクリーンが設置され、そこにプロジェクターで映像も映し出されるようになっていた。

交響組曲『友情』のコンサートの特徴は、それぞれの場面をニュース映像や再現映像で表現しながら演奏するというもので、観客には、曲の中でいま、どの場面が表現されているのか、手に取るようにわかる構成となっていたのである。

演奏が進むにつれ、荘厳で重厚なメロディーが人々の心を捉えていった。観客は、ほとんどがトルコ人であり、トルコ海軍の軍人たちも多数、詰めかけている。およそ一時間におよんだ演奏会の第一部が終わる頃には、会場は、感動に包まれていた。

第一部「九死に一生」の演奏が終わって、興奮がまだ冷めやらない中、司会を担当していたトルコ人のムズラックル・ハリトが、トルコ語と日本語で観客に向かって語りかけた。

ハリトは、二〇〇一年から日本に留学し、日本の文化や言語に精通している青年だ。薄い紺色の着物に白い帯を締めた粋な着ながしで、この日の司会進行にあたっていた。

「実は、本日、この中で描かれたテヘランから救出された日本人の方、お二人が実際にここにいらっしゃってくれています」

ハリトがそう言うと、会場から驚きの声が上がった。

共に夫人を同伴して、はるばる日本からやって来たのは、元日産自動車の沼田準一と、高星輝次だ。

促された二人は、拍手の中、左のあがり口からステージに上がることになった。沼田は紺のスーツにグレーのネクタイ、高星はブルーのスーツに薄紺のネクタイ姿だ。

トルコ航空によって、実際に救出された日本人が、この「コンサート会場にいる」という意外な事実が、観客の気持ちを捉え、拍手が鳴りやまない。

ステージ中央から、やや左側に立っていたハリトが、自分よりもさらに左側に立つ二人に、

「演奏は、いかがでしたか」

と、柔らかな表情で尋ねた。

これに応えたのは、沼田である。沼田は静かな口調で思いを伝え始めた。

「いまの演奏を聴かせていただいて……二十五年前の私たちの混乱と恐怖に満ちた、動揺を……」

沼田はそこまで言った時、言葉に詰まってしまった。救出された〝あの時〟のことを思い出して、こみ上げてくる感情を抑えられなくなったのだ。

会場が万雷（ばんらい）の拍手に包まれた。

「……そして、喜びを、見事に表現してくれた音楽だなと思います……私たちは、トルコの飛行機に救出されました……それはまさに、この音楽の題名でもあります『九死に一生』そのものでした……」

沼田の言葉がハリトによってトルコ語に翻訳される前に、また会場が拍手で埋め尽くされた。ハンカチを取り出した沼田は、目頭にあてた。

「大丈夫ですか？」

ハリトは日本語で、沼田に問う。このままスピーチが続けられるかどうかを聞いたのである。

微（かす）かに頷く沼田。間がおかれたことで、沼田は少し、落ち着きを取り戻したようだった。今度は、背広の内ポケットからペーパーを取り出して、そこに視線を落としながら語りかけた。

「ここで、トルコの皆さま、そして、関係してくださった皆さまにお礼を申し上げたいと思います」

そう前置きして、沼田はあらためて当時の状況を振り返った。

「私たちは、当時、イラクが無差別報復撃墜の警告を出しました中、イランに取り残されていました。私たちは、どこの外国便にも乗せてもらうことができず、日本からも救援機は来てくれない。もう、どうしようもないという境遇になっていました」

音楽と映像で心をゆさぶられたばかりの出来事を、当事者が実際に語り始めたのである。会場は静まりかえった。

「そして、もう脱出は不可能か、と思った三月十九日の未明に、トルコから救援機が来てくれる、という連絡が入りました……。藁にもすがりたい、そんな思いでいました私たちは、これは、〝天からの贈り物〟だと思いました」

物音さえしない会場。沼田が続ける。

「(撃墜の)警告の時間が迫っていて、救援機といえども撃ち落とされるかもしれない。そんな危険な中、外国人である日本人を、トルコ航空が、命がけで……助けに……来てくれました……」

ここまで語った沼田は、ふたたび涙声となった。会場から、また拍手が湧き起こった。その拍手が、沼田をあと押しした。

「トルコの皆さま、関係者の皆さまには、感謝しても、感謝してもしきれません。そんな気持ちです……」

沼田が必死で、言葉を継いだ。

「私にとって、トルコは命の恩人です。トルコの皆さんが、私たち日本人にしてくださった真の友情を、決して、忘れ去られることのないように、日本の人々に語り継いでいきたいと思います……最後になりましたが、トルコの皆さま、関係者の皆さま、本当に本当にありがとうございました……」

やっと語り終えると、先にも増して大きな拍手が湧き起こった。それは、ハリトが通訳する前に、つまり、中身が伝えられる前に起こった拍手だった。

観客の感動は、もうスピーチの中身に対して、ではなかった。

長い「時間」を超えた友情によって「命」を助けられた当事者の、言葉には表せないほどの感謝の思いは、言語の助けを借りずともトルコの人々に間違いなく伝わったのだ。

続いて、高星も、こう挨拶した。

「二十五年前に、テヘランで空襲に遭いました。そのテヘランの空襲は宿舎のすぐ近くにミサイル弾を撃ち込まれたものです。今日、明日の自分の命がどうなってしまうのか、わからないような、極度の不安の中で、トルコの皆さまに命を助けていただきました。本当にありがとうございました……」

高星が、簡潔にそう挨拶すると、通訳される前に、またも拍手が会場を支配した。二人は、涙ぐんでいた。

「実は、演奏の途中で、テヘランからの救出に差しかかったところあたりから、当時を思い出して、もう涙がこみ上げていました」

高星は、そのステージでのことを今、そう述懐する。

そのあと、ハリトは、二人に「そのまま、しばらく待っていてほしいんですが……」と、声をかけた。そして、今度は、会場全体に向かって、

「なぜかというと、実は、この物語の、一番ヒーローとなる存在がこちらにいらっしゃっているからです。トルコ航空がテヘランに飛行機を飛ばすことになったのは、彼のお蔭なのです。直接、その当時のオザル首相にお願いをして、飛行機をテヘランに着陸させた人物です」

会場がざわめいた。手を差し出して、その人物にステージに上がるよう促したハリトは、

「森永堯さんです。どうぞ」

と、紹介した。

「森永さんは日本の土日協会（日本・トルコ協会）の理事であり、串本の親善大使もされている方です。当時の、伊藤忠のイスタンブール事務所長でありました。森永さん、どうぞ」

あらためて拍手が湧き起こった。

紺のスーツに、薄いクリーム色のネクタイを締めた森永は、司会のハリトに歩み寄った。マイクを渡されると、森永は深々と頭を下げた。

「トルコの皆さま、そして、友だちの皆さま」

森永は、そうトルコ語で語りかけた。少ししゃがれた、迫力のある声である。往年のバリバリの商社マン時代がしのばれる雰囲気だ。

「トルコは、一九八五年の三月に、テヘランにぎりぎりで飛行機を飛ばして、そこで困っている日本人を助けてくださいました。トルコ航空、そしてトルコ国民に、それぞれ感謝の気持ちを申し上げたいと思います」

長年の駐在生活で培った流暢なトルコ語だった。

「われわれ日本人は、トルコ人がやってくださった、この勇敢なことを一生忘れません。皆さんの、この勇敢さ、そしてご協力に、あらためて、心より御礼申し上げます。ありがとうございました」

聴く側に配慮した、一語一語嚙みしめるような話し方だった。トルコ語で語ったことが、さらに観客の感動を大きくしていた。興奮と感動に包まれた礼拝堂は、拍手がなかなか鳴りやまなかった。

その時である。

観客席の前のほうで、なにか、ざわざわし始めた。誰かが何かを大声でしゃべり出したのだ。

なんだろう。沼田よりも、高星よりも先に気づいたのは、司会のハリトである。その人物が、ハリトに向かって何かを言い始めたのだ。

「日本人を助けたかった」

ステージから見れば、客席は暗い。その暗いところから、何かを話しかけてくる。しかも、かなりのハイテンションだ。おいおい、みたいな感じでしたね。私の言うことも聞いてください、そんな雰囲気でした」

その人物は、自分の席を離れて、ステージのすぐ前までやって来た。その時、ハリトの耳に、こんな言葉が入ってきた。

「私がその機長だ」

えっ？　一瞬で、二つのものがハリトの頭の中でつながった。ひょっとして、その時のトルコ航空の機長が来てくれているのか。

彼は自分の名前も名乗っている。オルハン・スヨルジュ——間違いない。

彼の声が、舞台上のオーケストラの楽団員たちの耳にも届いたらしい。楽団の最前列にいたバイオリニストの女性たちが、びっくりしたように手を叩き始めた。

彼女たちの拍手が、会場全体に広がっていく。

サプライズだった。

思わず、ハリトがマイクに向かって声を張り上げた。

「機長さんがいらっしゃっています！」

どよめきとともに、会場の興奮は頂点に達した。

万雷の拍手に、あちこちから指笛も加わった。まさに興奮の坩堝である。思いがけない展開に、司会進行役のハリトが面食らっていた。

　ハリトがこう語る。

「あのコンサートは、二夜連続の公演だったんです。その初日のことでした。二日目のほうは、ライオンズ・クラブの主催だったと思います。トルコのライオンズ・クラブが、機長さんを〝ぜひ、呼びたい〟と企画していたので、本当は彼らは、翌日にいらっしゃる予定だったんです。私もそう聞いていたので、この日に来るという情報はまったくなかった。それが、いきなり、会場で〝機長です。私がパイロットです〟と言ったので、ええっ！　となってしまいました。〝パイロットです〟というのは、トルコ語で、〝オ・ピロト・ベニム〟というんです。私はそのパイロットです、と私のほうに向かって言ったので、本当に驚いてしまいました」

　しかし、仰天したのは、沼田と高星も同じだ。

「まさか……」

　茫然とする二人は、事態が信じられなかった。「トルコにおける日本年」で、わざわざ日本から招かれた二人は、あらかじめ翌日にイスタンブールの日本領事公邸で、あの時のクルーと対面できるかもしれない、ということを聞いていた。

それが実現したら、どんなに嬉しいだろうか。その時は、どうお礼を言おうか、どんな態度で喜びを伝えようか、と、二人はあれこれ考えていた。しかし、それは、実現したとしても、あくまで「翌日」のはずだった。

だが、かつてのクルーたちは、翌日ではなく、「この日」にやって来ていたのだ。そして、あまりに感激の場面が続く中で、機長が思わず〝名乗り出て〟しまったのである。

やがて、頭の両端に白髪がある肉づきのよい老紳士が、何人かを従えて、ステージに上がってきた。

沼田と高星は、上がってくる機長たちと固い握手を交わした。救出してもらった二人にとって、それは、〝命の恩人〟との初めての対面だった。

「壇の上で握手をしました。本当に思いがけず、直接、お礼が言えたんです。涙が出てしまって、言葉がすんなり出てこないような状態でした。突然のことで言葉が浮かばなくて、日本語で、ありがとうございました、と言わせてもらったんです。客席の人たちも、サプライズでしたので、本当に感動していました。握手をした機長さんの手は、がっしりした、グッと力のある感じでした」

沼田は、感激のシーンをそう振り返った。

それは、実に四半世紀を経た、初めての邂逅（かいこう）にほかならなかった。長い間、「この時」を念願していたことを沼田は思った。

やがて、機長がマイクを手にした。

「皆さま、愛情と尊敬を込めて、ご挨拶申し上げます。その時の飛行機の機長、オルハン・スヨルジュとキャビンアテンダント・チーフです」

一気に歓声と指笛が巻き起こった。ハリトと当の機長が、静かになるように促す。やがて、歓声は収まり、会場は機長の次の言葉を待った。

「日本人の友人の皆さま、そして、このコンサートを企画してくださったトルコ人の皆さま、われわれをこのコンサートに招待してくださったことに関して、お礼申し上げます」

機長はさらに、言葉を続けた。

「トルコ国民と、そしてトルコ航空が、危険に満ちたこの任務を、私と私のクルーに与えてくださったのです。その出来事は、今日のこの曲と映像でよく表現されていたと思います。

先ほど、日本人の方が、その状況を話してくださいました。これ以上の情報を求める方は、ぜひ、日本総領事館を通して、私たちにお申し出ください」

機長は、語られていない秘話がまだあることを示唆しながら、トルコと日本、両国の友人たちに、「あの時のこと」をいつでも〝情報開示〟する用意があることを伝えたのだ。

会場を見渡した機長は、

「ありがとうございました。どうもありがとうございました」

そう繰り返した。

会場は、もう一度、拍手に包まれた。


「その翌日、私たちは日本領事公邸で救援機のクルーの皆さんと、正式にお会いすることになったんです。その時のことも忘れられません。前日にサプライズでお会いしていたこともあり、最初から打ち解けてお話をすることができました」

この時のことを沼田は、こう語る。

「なかでも忘れられないのは、二十代のお嬢さんを伴って来られていた元スチュワーデスの方です。ミュゲ・チェレビさんという方ですが、その方が、〝実は、あのミッションの時に、私は妊娠していたんです〟と言うんです」

沼田は驚いた。

妊娠中の女性があの危険なミッションに参加していた――？

「それなのに、どうして？」

思わず、沼田が問うた。

彼女は、にっこり笑って、答えた。

「あの時、〝日本人を助けるために（戦下の）テヘランへ行ってくれるか〟と、上司に聞かれたんです。私は、日本人を助けることができるチャンスだと思いました。私は、どうしても日本人を助けたかったんです。そして、大昔の恩を返したかったんです。日本人を助けにいけることを誇りに思いました」

彼女は、優しい目で沼田を見つめながら、そう言った。

〝大昔の恩〟とは、言うまでもなく、エルトゥールル号のことである。しかし、彼女の心配は、自分が「妊娠している」ことだった。

「もし、妊娠していることが知れたら、そのミッションに私はつくことができません。仮に、このミッションのことを夫に伝えても、反対されて、参加することはできなかったでしょう。それで、私は妊娠の事実を会社に告げずに、そして夫にもミッションのことを言わず、黙って参加したのです」

彼女は微笑み（ほほえ）みながら、そう言った。そして、かたわらにいる若い女性を引き寄せて、こう沼田に告げたのである。

「その時、お腹の中にいたのが、この娘（こ）なんですよ」

沼田は心が揺さぶられ、もう言葉が出なかった。

妊娠している女性が、そのことを誰にも告げずに、危険なミッションへと志願していた。

沼田は、あの出来事から四半世紀が経って、初めてそのことを知ったのである。

「私は日本人をどうしても助けたかった。大昔の恩を返したかったんです。日本人を助けにいけることを誇りに思いました」

彼女の言葉が、沼田の頭の中で、ぐるぐると舞っていた。

「ありがとう、本当にありがとうございました……」

沼田は、そう言うのがやっとだった。

危険な中、敢然とテヘランに向かってくれたトルコ航空の人々。その心意気に触れ、沼田は涙が止まらなかった。

エルトゥールル号遭難から実に九十五年を経ても、その「恩」を忘れない人々が、現にいたことを、沼田は知ったのである。

そして、自分たちの「命」が、こうした他国の好意によってつなぎとめられた「現実」に、沼田は、あらためて思い至ったのである。

第二部　「命」は守られるのか

第十章　人間の盾

車内から捉えた、クウェートに侵攻したイラク軍兵士とイラク軍戦車（1990年8月4日撮影）

突然のクウェート侵攻

枕元の電話が鳴った時、長谷川悠紀子(ゆきこ)(四五)は寝入りばなだった。

「一大事だから、起きてください」

そんな声が受話器の向こうから聞こえてきた。

この時、サウジアラビアに単身赴任していた同じ会社の人間が二人、休暇を利用してクウェートに遊びに来て、マンションに泊まっていた。

悠紀子は前夜から、「アラビア石油」クウェート事務所技術調整役の夫・捷一(しょういち)(五一)と一緒に、朝方の五時頃まで彼らと「キャナスタ」というトランプのゲームをしていた。

やっとベッドに入った悠紀子は、たちまち深い眠りに落ちていった。その途端、電話が鳴ったのだ。

一九九〇(平成二)年八月二日早朝六時前のことである。

それは、悪夢のような日々の訪れを告げる最初の一報だった。電話の主は、日本航空クウェート支店の三寺(みてら)哲夫(三八)だ。

「奥さんですか? 空港が閉鎖されました。詳しい状況はわかりませんが、緊急事態ですので〝待機〟しておいてください」

「は、はい」

同じマンションの住人として親しく接している三寺の声に、悠紀子は「現実」に引き戻された。〝空港閉鎖〟〝緊急事態〟、そして〝待機〟という言葉は、いずれにしても、尋常なものではないからだ。

「あなた、大変！」

夫と、会社の同僚二人の計三人は、一つの部屋で寝ていた。

「とにかく起きて」

部屋に行って、そう声を上げた悠紀子は、そのまま窓に向かった。大変な事態が起こっているのは間違いない。

夫妻のマンションは、高さ百八十七メートルを誇る有名な「クウェート・タワー」に程近い場所にある。二十階建ての「アルタミール」というマンションだ。その六〇一号室に、夫妻は住んでいた。クウェート市の中心部にあり、かつ海岸がすぐ目の前だった。

大きな窓には、カーテンではなく、ブラインドが下ろされていた。八月の日の出は早い。窓際に寄った悠紀子は、手でそのブラインドの透き間を広げて、外を見てみた。

（あっ）

それは、信じがたい光景だった。

マンションの下の道を戦車が何台も走っていたのだ。

その戦車のキャタピラが、道路のセンターラインに埋め込まれているガラスの「キャッツアイ」をブチブチと壊しながら、進んでいた。

キャッツアイは、車のライトが当たると光り、道路の真ん中であるセンターラインを示すものだ。そのガラスのキャッツアイの上を戦車が走っていた。

マンションの六階からでも、飛び散るガラスが、はっきりと見えたのである。

（これ、なに？　戦争？）

そう思った瞬間、悠紀子は、

「あなた、ビデオ！」

と、叫んでいた。夫に目の前の光景をビデオに撮ってもらおうと思ったのである。

寝ぼけながら起きてきた男たちは、一瞬で事態を悟った。

「戦争だ。戦争が起こってしまった……」

その瞬間、バーンという恐ろしい轟音（ごうおん）がとどろいた。

見慣れた町を様変わりさせたのは、いきなり侵攻してきたイラク軍の戦車だった。

戦車の中の一台が発砲したのかもしれない。ブラインドの透き間から外を覗いた男たちに、一挙に緊張が走った。

夫の捷一は、音のした方向を確かめた。

「その時、マンションの真北にあるクウェート・タワーから煙が上がったんです。タワーに向けて、なにか大砲を撃っているようでした。しかも、一発じゃなかったですね。そのあとも、轟音が続きました」

まぎれもない「戦争」だった。しかも、予期せぬ突然の事態だった。

（どうする？　いったいどうなるんだ）

マンションの六階で、四人は、互いの顔を見つめていた。

「パイロット資格」を持つ駐在員

その時、長谷川宅に第一報をもたらした日本航空の三寺哲夫は、あちこちに電話をかけまくっていた。

三寺は、長谷川夫妻が聞いたあの音の前に〝異変〟を察知していた。

「朝の五時半に、まずパキーンという雷が足元に落ちたような高周波の音を聞いたんです。飛び起きてカーテンを開けましたけど、まだ薄明るい状態で、部屋からは何も見えませんでした。しかし、職業意識で、すぐに支店長宅に電話をしたんです。うちは何かあった場合は、飛行機を止めなきゃいけませんからね。〝支店長、大きな爆発音がしました〟と伝えると、すぐに空港がどうなっているのか調べるようにと、指示を受けたんです。それで、空港に電話したら、〝滑走路に爆弾が落ちた〟というんです」

三寺は、航空大学校を卒業し、操縦士訓練生として日本航空に入社。その後、運航管理部門に配属され、一九八七（昭和六十二）年から「運航管理者」としてクウェートに赴任していた。

地上勤務ではあるものの、小型ジェット機の飛行訓練を受けており、事業用操縦士の資格も持っていた。駐在員には珍しい飛行機の操縦ができる人材だった。

三寺は、同じマンションに住む日本航空の営業や旅客担当の者を電話で叩き起こした。そして、長谷川宅など、親しくしている〝ご近所〟にも、第一報を入れたのだ。

なにかの情報がほしかった。三寺は、早朝から、いろいろなところに連絡を取りまくったのである。早く支店に出て、東京本社に事実を伝えなければならなかった。しかし、その前に正確な情報をキャッチすることが必要だった。

三寺には、妻と二人の娘がいる。小学校に入っていた九歳の長女はこの時、西ドイツのサマースクールに行かせており、一緒にクウェートにいたのは幼稚園に通う六歳の次女だ。

不安そうに見つめる妻を置いて、三寺はすぐに支店に向かった。当時の三寺の日記には、緊迫のようすが「単語」か、「短文」で簡潔に記述されている。

〈5時50分、イラク侵攻確実と判断した〉

〈6時、砲撃音あり〉

そして、マンションを飛び出していく時の心情を、こう書いている。

〈今生(こんじょう)の別れの感あり〉

戦時下の町に飛び出していけば、当然、なにかに巻き込まれる可能性はある。ふっとよぎったそんな思いを、三寺はそう記している。

「支店に行くためにマンションを出る時、嫁さんや子供とは、これで生き別れかもしれないな、と、ふっと思ったんでしょうね。同じマンションの営業と旅客担当の同僚と一緒に支店に向かいました。支店までは、いろいろ迂回せざるをえなかったことを覚えています」

イラク軍は、市内のあちこちに展開していた。すでにイラク軍によってクウェートは「制圧」されていたのである。

しかし、三寺は最初、それがイラク軍ではなく、侵攻を阻止しようとするクウェート軍の兵士だと思っていた。

「交差点に草色の軍服を着た兵士がいました。背中には対戦車ロケット弾を二、三発背負って、銃を構えて交通整理をしているんです。交差点ごとに、そうした兵士が二、三人いました。非常に士気の高い兵隊で、眼光が鋭くて、クウェート兵も、なかなかやるな、と思いました。これから始まる市街戦に備えてやっているんだな、と思ったんです。しかし、実際は、蜘蛛の子を散らすように、クウェート兵は逃げていたのです。車は、オフィスの近くに駐車して、あとは歩いていきました。兵士は辻々にいて、信号は点いていましたが、それもまったく関係がなくなっていましたね」

支店に着いた三寺は、さっそく日本航空の本社に第一報の発信をおこなっている。支店長も三寺たちに続いてやって来た。

「第一報から第六報まで、すべて私がテレックスで打ちました。第一報は、もちろん、爆撃を受けたという事実です。それを終えて、ビルの屋上に上がってみたんですよ。すると、A-4スカイホークが、地上目標に対して攻撃態勢をとるのが見えました」

三寺は軍事情報に精通しており、ひと目で機種や、その性能がわかる。自称〝軍事オタク〟である。

「Aはアタッカ一のAで、A-4スカイホークというのは、アメリカ海軍の艦載機なんです。これは、クウェート軍の飛行機だと想像しました。それが一機だけ三、四キロ離れた上空から何かを攻撃したんです。火が上がるのが見えました。遠いので、撃ったのが機銃弾なのか、それともロケット弾なのかは、確認できませんでした。しかし、なにがしかの反撃をしているに違いない、と思いました」

その頃から、オフィスの電話は鳴りっぱなしになる。日本のマスコミからの取材が殺到したのである。

「どんどん電話がかかってきました。NHKの第一報には、私の声が出ています。あとでビデオを録っていた人が見せてくれましたが、間違いなく私でした。A-4スカイホークが攻撃していたこともしゃべりました。どのマスコミも電話をなかなか切らしてくれないので困りました」

支店長の指示で午後二時に全員が退社した。来た時と同じように、三寺たちは、迂回しながらアルタミールに戻っている。

「三十分ほどかかってマンションに帰りましたら、CNNニュースが見られました。その時、事態の概略を知ったのです。私が気になったのは、ちょうど西ドイツのサマースクールに行かせていた小学生の長女のことです。娘を西ドイツから日本に帰してもらえるよう本社に依頼しました。要は、娘には飛行機代も何もないわけです。〝特別搭乗〟という手続きがあったそうで、それを頼んだことになります。国際電話回線が切断されるのは時間の問題でしたから、家からあっちこっちに電話をしました。その時、ああ、長女だけでも命は助かったかな、と思いました」

大使館地下での避難生活

長谷川捷一、悠紀子夫妻の自宅に、アラビア石油のクウェート事務所長から電話が入ったのは、おそらく朝七時にはなっていなかっただろう。

「すぐに、わが家に避難したほうが安全でしょう」

所長は、そう言った。車で十五分ほどの場所にあるアラビア石油の所長宅は、接待で使うために大きな一戸建てだった。ここならかなりの人数でもゆとりをもって過ごせる。安全のために、皆が固まっていたほうがいいという所長の判断だった。

クウェート駐在は、全部で五家族いるが、そこに出張者がいたので、男性社員だけ数えると六人だった。長谷川宅に遊びに来ていた二人を入れると八人である。

「わかりました。すぐに行くようにします」

そんなやりとりをして準備をしていると、あとを追うように大使館からも電話が入った。取ったのは、悠紀子である。

「そちらは、どちらにお住まいですか？」

今さらのような問い合わせだった。

「えっ？」

悠紀子は思わず声を上げた。そんなこともご存じないんですか、と。

「こちらは、電話番号とPOボックス（私書箱）の番号しか知らないんです」

大使館員はそう言う。悠紀子がマンションの名前と住所を伝えると、

「どなたがお住まいですか？」

と聞いてきた。

どうやら、在留邦人の所在を慌てて確認しているようだった。悠紀子は、知っているかぎりのマンションの住人の名を告げた。大使館員はこう言った。

「ありがとうございます。状況がひどければ大使館に来てください。しかし、あくまで〝ご本人の判断〟でお願いします」

悠紀子の耳に、「あくまで、ご本人の判断で」という言葉が残った。何かがあった時に「自己責任」ということにしてほしいという意味だろう。いかにもお役人らしい、と悠紀子は思った。

間もなく、長谷川たちは所長宅に向かった。

「取るものもとりあえず、所長宅に行ったということです。着いたのは、まだ朝の八時半頃だったと思います。すぐに帰れると思っていたので、何も持っていかなかったような気がします」

長谷川捷一は、そう語る。

「大変なことになったなあ。とりあえず、ここにいて、動かないほうがいい」

所長は、そう言って長谷川たちを迎えた。

まさか、それから一週間も、そのまま所長宅で暮らすことになるとは、想像もしていなかった。

サウジアラビアから来ていた二人は、所長宅にいるうちに、イチかバチかで、サウジへ帰って行った。

「サウジからクウェートへの入国はできないが、サウジへの出国はできる」

そんな情報があったからである。トライしてみよう、と車二台で出発した二人は、無事にサウジに帰り着いている。

「無事に着きました」

そんな報告を夫妻は所長宅で受け取った。

長谷川夫妻には子供がいないが、家族を含むアラビア石油の十人ほどが所長宅で共同生活をすることになった。

町では、比較的自由に動くことができた。買い物も大丈夫だった。市場に行くとバズ

ーカ砲を持ったイラクの兵隊がいて、

「あっ、ここは戦時下なんだ」

と、思い出すぐらいだった。だが、ある時、悪事を働いたイラク兵がクレーンで吊るされているのを目撃した。「処刑」である。

「悪事を働いて、見せしめで殺されたんだ」

そう囁き(ささや)ながら、無惨(むざん)な遺体を眺める人々がいたことを長谷川は記憶している。


そして八月九日、大使館の勧めに従って、アラビア石油の面々は大使館に移動した。

クウェートの日本大使館は、総勢十一人の職員がいた。しかし、イラクの侵攻当日、黒川剛大使は休暇でクウェートから出ており、不在だった。代わりに指揮を執(と)ったのは城田安紀夫参事官である。

大使館は三階建てで、集められた在留邦人およそ二百五十人は、地下の大広間で雑魚(ざこ)寝(ね)することになった。

大使館の地下には大きな冷蔵庫があり、当初、中には何も入っていなかったが、日本食の販売店を経営している人が食糧を提供し、冷蔵庫は、たちまちいっぱいになった。役割を決めて買い物に行き、調理は女性たちが担当を決めておこなった。

それからは、節約、節約の日々だった。

使うのは紙の容器で、それを繰り返し洗って使った。洗い物は、男たちも手伝った。

「タンクの水が五センチ減ってしまったので、歯を磨く時は水を出しっぱなしにしないでください」

そんな注意が、大使館員から伝えられた。

「今日は、水の減り方が二センチで済みました」

別の日には、そう告げられた。

「トイレは、二回か三回に一回だけ流す」

そんな取り決めもおこなわれ、とにかく厳しい節約の毎日となったのである。二百人をはるかに超える人間が共同生活を送っている。さまざまな我慢を人々は強いられた。

「女性と子供も一緒にいましたからね。確か一日二食で、子供にはひもじい思いをさせられないということで、お腹が空いたと言ったら親の分を子供に分けるし、子供が残したら親が食べるし、という感じでした」

三寺は、大使館の地下での節約生活は、食糧にも相当に気を遣うものだったと言う。

「ただ、サルタンセンターというスーパーがまだ開いていましたのでね。そこで物を買えました。しかし、イラク兵が入ってきて、通貨価値がもうめちゃくちゃになっていました。クウェートでは、一ディナールは五百円ほどでしたが、イラクでは五十円ほどで、十倍の開きがありました。でも、イラク兵は、半強制で、イラクのディナールをクウェートと同じ価値で使っていましたね。ベンツを売っていたドイツ人は、イラク兵に展示車をよこせ、と言われて強引にお金を置いていかれたそうです。置いていった金額は、日本円に換算すれば、わずか千円とか二千円だったそうです」

それは、占領された側の悲哀を表すものでもあった。


「大使館の機能を停止させる」


「クウェートという国は、すでに消滅している。一国に二つの大使館はいらない。いずれの国の大使館も機能を停止させる」

そんな衝撃的な発表が突然おこなわれたのは、八月二十一日のことだ。

そもそも大使館というのは、〝治外法権〟のはずである。勝手に機能を停止することなど、国際社会で許されるものではなかった。だが、イラクのフセイン大統領に、そんな「世界の常識」が通じるはずはなかった。そして、日本大使館も多数のイラク兵に包囲され、即刻退去を命じられた。

「外務省本省はバグダッド大使館の管轄下のほうが、より安全と思われるため、八月二十四日をもってクウェートよりバグダッドへ移動するよう勧告する」

八月二十一日午後七時半、城田代理大使からそんな発表があった。

クウェートからイラクの首都バグダッドへの移動——。これもまた、思いもよらぬ事態だった。

なぜ、バグダッドに移動するのか。どうして、クウェートを放棄しなければならないのか。

アラビア石油では、さっそく対策を話しあった。言うまでもないが、アラビア石油は、日本企業の中で、最もアラブに精通している。アラビア語が得意な人間もいるし、アラブ人の心情や行動様式も熟知している。

だからこそ、「いくら大使館からの勧告があったとはいえ、言われるがままバグダッドに移動していいのか」という思いがあったのである。

そもそも日本は、イラクに計九千億円ほどの経済援助をおこなっている。製油所であったり、道路や鉄道であったり、インフラの整備に日本は援助を惜しまなかった。

そのため、イラクでの対日感情はなかなかのものだった。

「私も、最初に赴任した頃から、日本人が讃えられていることを知っていました。イラクというより、中東全体ですね。要するに、日本はあの大国ロシアに勝った国だ、また、自分の命を犠牲にして、カミカゼで相手をやっつける国だ、というんです。日本人に対する尊敬が中東全体にあるんです。勇敢さがあり、さらには、技術力もあるということでね」

長谷川捷一は、現地でそのように感じていた。

「ここは、クウェートに残留したほうがいいだろう」

それが、全員の一致した考えだった。所長も、やはり同じ考えだった。夜九時半に、アラビア石油の結論は「全員残留する」となった。

ところが早くも、深夜の午前二時に、第一陣がバグダッドに出発するための手順についての説明会がおこなわれた。

クウェート放棄は強制なのか。長谷川は、戸惑っていた。大使館の機能停止という措置が、どんなものなのか、わからなかったからだ。

「私たちは、バグダッドには行きません」

長谷川たちは、そう大使館員に告げている。だが、

「本省にリファー（照会）したら、イラクの言うことを聞いたほうがいいだろう、ということになりました。ここは聞き入れてください」

と説得された。大使館としての機能を停止させられるのだから、クウェートに残留しても、どうなるかが不明だった。アラビア石油の東京本社からも、こんな指示が届いた。

「最終的には、大使館の指示に従ってください。停止が勧告され、大使館自体が閉鎖されたところに残るというのは危険だと思われます」

こうしてアラビア石油の面々も、大使館の要求を受け入れざるをえなくなったのである。

クウェートの日本大使館にいた約二百五十人の在留邦人が、「四機」の飛行機に分乗してバグダッド入りしたのは、一九九〇年八月二十三日のことだった。ここで奇妙なのは、彼らを輸送したイラク航空の運賃まで支払わされたことだろう。

悠紀子は、こう語る。

「バグダッドにも大使館があるじゃないですか。その人たちの世話になるから、自分の荷物は減らして、スーツケースの半分に食糧を入れて持っていけ、と言われて、いったん家に帰って、乾麵だとか、いろいろなものを半分に入れて、そのうえ、飛行機代を払ってイラクに行ったんです。金額は、日本円にすると、一人一万八千円ぐらいでした。ある人が、〝現金は持っていないからカードで払う〟と言って手続きしたら、あとで、〝結局、請求が来なかったからよかった〟と言っていましたが……」

在留邦人たちは、運賃まで支払わされたうえで、バグダッドに強制移動させられたのである。

ちなみに、クウェートの日本大使館には、城田代理大使ともう一人だけ館員が残ったが、電気と水道、そして電話線も切断され、六日後の八月二十九日に「閉鎖」の決断を余儀なくされ、バグダッドに退去している。

八月二十三日午前八時前に大使館を出発した長谷川たちは、午前十時三十二分にクウェート国際空港を離陸した。

「機内では、サンドイッチと紅茶が出ました。バスラの上空を通過したので、間違いなく北上していました。飛行機は、十二時半にバグダッドに着いたのですが、なにやら雰囲気が違っていました。飛行機から降りたらバスが待っていて、邦人と一般客は別々のバスに乗せられました。パスポートコントロールもなければ、通関もない状態でバスに乗せられたので、その時、これは怪しい、と思ったんです。午後一時前にマンスールメリアホテルに着いて、バンケットホールに集められたんですが、そこで、先に大使館を出ていた第一陣、第二陣の人たちと合流しました。その時、自分たちは人質になったのか、と思ったんです」

バグダッドを経由して帰国できると思っていた邦人たちの不安は高まっていた。長谷川が当時、書いていたメモには、こう記されている。

〈13時半、ビュッフェスタイル、ポークの張り紙が目につく。大使館員と別れる。部屋割り完了が15時。631号室。眠くて昼寝を試みるが、眠れず。20時夕食。23時まで所長の部屋でビールを飲む。いったいこれから何が待っているのだろう〉

イラクでは飲酒が可能だ。アラビア石油の人々は、所長の部屋に集まって、相談しながらビールを飲んだ。

その夜も、長谷川はなかなか寝つけなかった。ベッドが柔らかすぎたこともあった。しかし、さまざまなことが頭をよぎって、眠れなかった。

「今晩のラジオジャパンに、片倉大使のメッセージが出るので聴くように」

そんな指示が邦人の間をまわったのは、翌日の午後のことだ。「片倉大使」とは、当時の片倉邦雄・イラク大使のことだ。大使がメッセージを出すのなら、なにか帰国への手順かプロセスについて伝えてくれるに違いない。長谷川たちは、希望をつないだ。

だが、期待は見事に裏切られた。

午後七時過ぎ、イラク側が、ホテルにいる邦人たちに突然、こう命令したのだ。

「十五分以内に十五名を出せ。日本人を二班に分けろ」

有無を言わせぬ「通告」である。

「二班に分ける？　十五名を出せって？」

完全な人質だった。わずかながら残っていた希望は、無惨にも打ち砕かれた。自分たちは自由を奪われ、イラクがなんらかの目的で交渉材料に使う「人質」となったのだ。

それぞれの胸に「現実」が突き刺さった。

長谷川たちはこの時、すでにイラクが「人質化政策」を世界に向けて発表していたことを知らなかった。現実的には、自分たちは、とっくに「人質」として扱われていたのである。

そこへ、BBCニュースが流れてきて、邦人たちは、わが耳を疑った。

「本日、中山太郎外相は、中東五か国歴訪の帰路、ストックホルムで記者会見し、〝憲法を改正してでも、イラクへの自衛隊の海外派遣を検討したい〟と述べました」

唖然とする内容だった。

憲法を改正してでも、イラクへの自衛隊の海外派遣を検討したい――？

そんなこと、いま言ってどうするんだ。邦人たちは、ラジオから流れてくるニュースに「身の危険」を感じた。

前述のように、アラブの人々の間では、日露戦争でロシアを打ち負かし、KAMIKAZE（カミカゼ）で自分の身を犠牲（ぎせい）にしてまでアメリカと戦った「日本」のことは有名だった。一種、尊敬を込めて「日本」は語られていた。しかも、九千億円を超える援助を日本政府は、イラクに対しておこなっている。

それを背景に、なんとか人質解放の交渉に入ってもらえないだろうか。そんな淡い期待を、長谷川たちは持っていた。その頼りの外務大臣が、よりによって、このタイミングで「自衛隊の派遣を検討したい」と言明したのである。

「これはやばいぞ、と思いました」

長谷川は背筋に冷たいものが走るのを覚えた。

「日本人の勇敢さをアラブの人は讃えるし、知っているんです。その自衛隊が派遣されるということは、イラクにとっては〝カミカゼが来る〟ということなんです。ストックホルムでの中山外相の会見は、BBCでもやっていたし、リアルタイムでバグダッドに伝わっていました。これは、やばいぞ、と」

イラクの常識外の「人質化政策」への怒りはわかる。

しかし、実際に二百人以上の邦人が人質にとられている現状で、そんなことを言えば、当の人質の生命や待遇に直接、影響が出てくることに考慮がおよばないのか。長谷川たちはそう思ったのである。

午後八時から、ラジオジャパンのニュースが始まった。やがて、駐イラクの片倉邦雄大使のメッセージが読み上げられた。

「邦人全員が出国可能となるよう、いま全力を挙げています。出国までお元気でお過ごしください」

皆、無言になった。

出国、脱出へのなんらかの示唆か指示でもあるのかと期待していた邦人たちは、顔を見合わせ、そして溜息をついた。

長谷川たちは、「明朝出発」を言い渡された。

指示は「十五班に分けろ」というものだった。長谷川夫妻は、「第七班」と決まった。これまで一緒だったアラビア石油の人たちとも、バラバラになる。

持ってきた食糧を分配したうえで、その夜、午前二時まで、皆で残りのスコッチを飲んだ。

これからどんな運命がそれぞれに待ち受けているのか、誰にも想像できなかった。生きてふたたび会えるのかどうかもわからない。

言葉も途切れがちな、忘れられない飲み会となった。

翌八月二十五日は朝六時半に起床した。まず、第一陣の所長家族ら、四班と三班が下へ降りていった。

「その時、まだ中学生だった所長のお嬢さんが、〝おじちゃま、またキャナスタやりましょうね〟と言って、去っていきました。この時、もう会えないかもしれない、という思いがこみ上げてきました。涙をグッとこらえました」

長谷川は、そう述懐した。することが何もない不自由な中で、キャナスタというトランプゲームが、数少ない慰めになっていた。

「おじちゃま、またキャナスタやりましょうね」

明るくそう言ってくれた彼女は、きっと逆に落ち込みそうになる自分たち大人を精一杯、励ましてくれたのだろう。まだ中学生だというのに、その健気で、優しい心情を思うと、長谷川は、こみ上げてくるものが抑えられなかったのである。

長谷川は、粛々と、そして抗議をすることもなく静かに去っていく彼女たちの姿を、立ったままじっと見つめていた。

長谷川たち自身が、ホテルを出発したのは、午前十時過ぎのことだった。長谷川夫妻を含む七班の「九名」、十四班の「十名」が、マイクロバスで出発した。

バスには、それぞれピストルを持ったイラク内務省の人間が配置されていた。

この時、長谷川は、自分たちが人質として移送されていることを、バグダッドに住んでいる邦人たちに知らせられないかと思った。

しかし、「カーテンを閉めろ」と命令されて、それも叶わなかった。途中で、日本の大使館の車が見えた時は、声を上げそうになった。

「分散」させられて、それぞれの人質の地に移送されていく邦人たちがこんなに近くにいることを、大使館は知らないだろう、と長谷川は思った。

バスでは、妻の悠紀子とも別々に座らされていた。悠紀子は、途中で眠ってしまったようだった。

やがてバスは、昼を過ぎた頃、フセインの生誕地・ティクリートに近づいてきた。その時、悠紀子が目覚めたことに長谷川は気がついた。

そこは、思い出の場所だった。十八年前に、ヨーロッパから一万キロを走破してサウジアラビアまで帰った途中で宿泊した地だったのだ。

〈ここが十八年前、ヨーロッパから帰ってきた時に泊まったところだよ〉

そんな走り書きをして、悠紀子に渡してもらった。悠紀子は、それを読むと、夫のほうを振り返って、にっこり笑った。

始まった人質生活

午後一時を過ぎて、バスはモスールへあと百八十キロという地点に達していた。右手に大きな製油所が見えるところで車のスピードが落ちた。

（あっ、ここか……）

そう思った瞬間、長谷川は動悸（どうき）が高鳴るのを感じた。

そこは、かつて日本の千代田化工が建設したベイジ製油所だった。バスは、製油所の構内にすべり込んだ。

長谷川たち七班の九名はバスから降ろされた。十四班の十名とは、ここで別れた。バスは、そのまま砂煙をあげて走り去っていった。

長谷川たちは、作業員用の食事棟のような建物に連れていかれた。

「ウェルカム・トゥ・アワー・ホーム！」

建物内に足を踏み入れると、ようこそ、わが家へ、という英語が飛び込んできた。二十人ほどの〝外国人〟がそこにいた。あとで知ることになるが、彼らはイギリス人で、五つの家族だった。人質として先に連れて来られていた彼らは、にこやかに長谷川たちを迎えたのだ。

その笑顔が、長谷川たちの緊張と怯えを解いてくれた。

そこには、百軒ほどの古いバラックが並んでいた。二年前まで、製油所建設にあたる建設要員が住んでいた宿舎である。長谷川たちは、そこで生活をすることになる。まずバラックを掃除することから始めなければならなかったが、精製プラントとは距離があり、周囲には、ユーカリなどの樹木が多い。環境としては悪くなさそうだった。

食事は、食事棟のような広いレストランでとる。すべてビュッフェスタイルである。午後八時前、レストランへ行くと、〝先輩〟のイギリス人たちが、ここのシステムを親切に教えてくれた。印象に残ったのは、

「イラク人にどんどん要求して、プレッシャーをかけなさい」

というアドバイスだった。それは、自分たちは「自由」こそ奪われているものの、

「ゲストである」ということを主張し続けろ、という意味だった。卑屈になる必要などなく、なんでも要求しなさい、という「基本」を長谷川たちに教えてくれたのである。

こうして長谷川夫妻の製油所での「人間の盾」としての生活が始まった。

「人質生活をそこで始めたのは、日本人では三家族九人でした」

悠紀子は、そう振り返る。悠紀子が心を配ったのは、監視するイラク人に〝敵意〟を持たれないことだった。彼女は、できるだけコミュニケーションをとろうとした。

「宿舎に日立の洗濯機がありましてね。それで洗濯をして、干そうと思ったら干場がないんですよね。ロープが落ちていたので、監視のためにいるおじさんに〝これを張って〟と言ったら、木に縛ってくれました。でも、ピンと張ってくれないので、洗濯物がみんな真ん中に寄っちゃうんですよ。〝もっとピンと張ってよ〟と日本語で言ったら、やり直してくれました。それで〝タマン！（素晴らしい！）〟とほめたりして、そういうふうにコミュニケーションをとっていきました」

一緒に人質生活を送る子供たちにも、悠紀子はこう説明した。

「（監視の）おじさんは、私たちを撃とうとして銃を持っているんじゃなくて、私たちを守ってくれるために持ってるの。だから、きちんと挨拶しようね」

「おじさんとは、いつも仲よくしましょうね」

人質の子供たちにそう言い聞かせ、怖がらず、親しみをもって接するように悠紀子は教えたのである。

こうして人質生活は、最初から〝コミュニケーション〟を第一に意識したものとなった。「何か」が起こった時に、そうした日常こそが「最も重要になる」と、悠紀子は考えていた。

八月二十六日、長谷川は長くなった髪を悠紀子に切ってもらった。即席の散髪である。長谷川は、男である自分が人質生活をするのは仕方ないが、ビジネスに関係のない妻まで「同じ境遇」に置かれていることが申し訳なかった。

なんとか女性と子供だけは、解放してくれないだろうかと、そればかりを思うようになっていた。家族と共に人質となった男たちにとって、それは、共通の思いだっただろう。

髪を切ってもらいながら、自然にこんな言葉が長谷川の口から漏れた。

「俺と結婚したばかりに、苦労をかけるな」

ぽつりと出た言葉だった。悠紀子はさっぱりしていて、苦労を苦労とも思わないタイプだ。しかし、自分たちの境遇を考えて、しんみりと、そんな言葉が思わず出たのである。

「あなたの責任じゃないわよ」

悠紀子は、すぐにそう反応した。そして、こうつけ加えた。

「ほかの人と結婚していれば、別の苦労をしているわよ」

あまりにも悠紀子らしい言葉だった。

自分に心配や後悔をさせまいとしての言葉であることがわかった。その心情が、無性にありがたかった。涙ぐむのが気恥ずかしく、長谷川は必死にこらえた。

突然の婦女子解放

突然、婦女子が解放されることがイラクによって明らかにされたのは、長谷川が悠紀子に髪を切ってもらった、その夜のことだ。

五日前にイギリスのマーガレット・サッチャー首相は、フセインに対して強烈なメッセージを送っていた。

「イラクの行為は文明化された世界に対する憎むべき挑戦だ。人間を盾に使うという人権をまったく無視した行動は市民社会全体を愚弄(ぐろう)している」

「サダム・フセインは、婦女子を盾に使い、その陰に隠れようとしている」

「私たちは、イラクの攻撃に対して、なんらの躊躇(ちゅうちょ)もなく反撃するだろう」

記者会見の場で、サッチャーは、これ以上ないほどの強烈な表現でサダム・フセインを糾弾(きゅうだん)し、強硬姿勢を示したのである。それは、

「あなたは、それでも男か！」

そう問い詰めているに等しい表現だった。まさに〝鉄の女・サッチャー〟の面目躍如(めんもくやくじょ)たるものだった。

さすがのフセインも、これには堪(こた)えるだろう。

世界のジャーナリズムは、固唾(かたず)を呑んでフセインの反応を待っていた。そして、八月二十六日、その答えが出たのである。

「一緒に人質として生活していたアレンというイギリスの軍人が、BBCで婦女子解放のニュースが流れた、と私たちに教えてくれたんです。明らかに〝女・子供まで巻き添えにしており、人道的じゃない〟と、サッチャーがサダム・フセインに言い放ったことが影響している、と思いました」

アレンからニュースを聞いた長谷川は、安堵を覚えた。

「ああ、これで悠紀子だけでも助かる、と思いました。気が楽になりましたよ。これで悠紀子と会えなくなるというのではなく、本当に、ホッとした、という思いですね。アレンと奥さんのジーナは、内緒でラジオを持っていたんで、そういうニュースがあるたびに教えてくれていたんです」

婦女子の解放――それは、待ちに待ったものだった。長谷川は、日記にこう書いた。

〈23：00〝グッドニューズ！　食堂に集まって〟とハイジが知らせてくれる。「婦女子出国許可！」乾杯。悠紀子荷物準備。8月29日　06：00　悠紀子の帰国後にしてもらうメモ書きを始める。朝食後クーラー取替えに六人もレーバー（労務者）来る。11：50　家族出国希望者を募る。ラジオジャパン「官房長官は、家族だけではなく全員出国させろとイラク政府へ抗議。イラク兵七万増え二一万五〇〇〇となる」。14：15 バスが15分後に出るという。悠紀子へ〝元気で、オレも意地を示すよ〟。とにかく暑い。ゆりちゃん（O氏長女）泣きながら〝おじちゃま元気でね〟〝パパ食べ過ぎないでね〟。15：30悠紀子はアゴを上げ、いつまでも手を振ってくれる。O、S両君と飲む。家族が帰りほっとする。みんな無事に帰国できますように〉

一緒に人質になっていた家族の名は、日記にはアルファベットで記述されている。太り気味の父親に「パパ食べ過ぎないでね」と語り、そして長谷川には「おじちゃま元気でね」という言葉を残して去っていった「ゆりちゃん」や、残されたパパたちの〈O、S両君と飲む。家族が帰りほっとする。みんな無事に帰国できますように〉という記述が切ない。

だが、悠紀子は、前向きだった。

「あの時、女・子供の中で、〝希望する者は帰っていい〟という言い方をイラクはしたんですよね。私は楽天主義なんですかね。これが夫と最後になるという思いは、全然なかったんです。死ぬ、というふうには思わないので、むしろ、私たちが、これからどうやって夫を救出しようか、とそっちのほうを考えました。バグダッドに向かうバスの中で、日本人の一人がコーラをこぼした時に、〝ごめんなさい、拭きます〟と言ったんです。その時、アレンの奥さんのジーナは、やっぱり軍人さんの奥さんですから、〝イラーキーバス・ネバー・マインド!〟って言ったんです。イラクのバスなんだから、そんなの気にしないでいいわよ、というわけです」

ジーナは、抵抗すべきポイントも心得ていた。

「いい? もし、どこかで、〝みんなバスを降りて、小分けにして乗用車で送る〟と言われても、絶対に私たちは一緒でいなきゃダメ。少なくしてどこかに連れていかれるといけないから。いいわね」

それを聞いて、悠紀子も心を決めた。

「すごいなと思いましたし、私も、そのとおりだな、と思いました。とにかく、私は日本に帰ったら、どうにかして夫を救出しよう、と思いました。日本に帰る時に、飛行機の中で、みんなでなんとかしましょう、という話をして、それぞれの連絡先を書いてもらったんです。それで、クウェートでの婦人会の名前は『あやめ会』だったので、その名前を借りましょう、ということで、さっそく『あやめ会』として活動を始めました。発案したのは、帰国の飛行機の中だったんです。会長は、商社とかの方はなかなか自由にやらせてもらえないので、アラビア石油が一番自由だからお願い、と言われて私がすることになりました」

こうして、「人間の盾」として残された夫を救出するための留守家族の連絡会「あやめ会」がスタートする。やがて、彼女たちが人質救出に、実際に大きな力を発揮するようになるのだが、そのことは後述する。

長谷川は、悠紀子の日本への「無事帰国」をアレンが持っているラジオのニュースで知った。長谷川の日記には、その時の感激のようすがこう記述されている。

〈9月2日、07：00起床。アレンが〝邦人家族70名、アンマンを飛び立った〟と教えてくれる。BBCはニュースが早くて羨ましい。ラジオジャパン、「ブッシュは、攻撃すれば米側に数万の犠牲者が出るという予想に、外交手段で解決したい意向、しかし、ひと月でけりがつかない場合は武力行使もありうべしと発言。日本時間夜8時、家族成田安着」、読み上げる名前の中に家族が含まれ、三人とも感涙。人質は邦人一四一、英人一三九、米七〇となった由〉

空港での人質生活

一方、日本航空の三寺哲夫は、妻と六歳の娘と共に空港で人質生活を送っていた。

「私たちは、バグダッド空港のVIPラウンジで中神さんという方のご家族と一緒に人質生活を送っていました。やはり、空港は重要軍事拠点ということで、人質が必要だったんでしょうね。いいソファがいっぱい並んでいましてね。しかし、ベッドとかはありません。慌ててパーテーションやベッドを入れてもらい、それで一応、寝ることができるようになりました」

どんな場合でも、航空機が離発着できる「空港」は、相手から見れば攻撃の重要なターゲットである。そこで三寺たちは、「人間の盾」とされたのだ。

しかし、空港には、長期にわたって人質が滞在できる施設はない。幸いに、世話係の女性が一人、担当としてついていたので、その女性にいろいろ頼むことになった。たとえば、シャワーである。

「ベッドを入れ、パーテーションで区切ってくれても、シャワーがないですよね。そこで、並んでいるトイレの一つの上にボイラーをつけて、狭いですが、臨時のシャワー室をつくってもらいました。排水設備がありませんから、シャワーの泡だらけのお湯は、そのまま下に流れていました」

食事は、どうしたのだろうか。

「空港ですからね、食事は、機内食が運ばれてきて、それを食べました。でも、すぐに飽きてきてね。機内食って、上空の空気の薄い、味覚が衰えたところで食べますから、味を濃くつくっているんです。だから地上で食べるものではないんですね。それが毎度、毎度続くんで、食べられたものじゃなかったですね」

いつ果てるともわからない人質生活が始まった。しかし、〝異変〟が起こったのは、八月二十八日夜中一時半のことだった。

長谷川がイギリスの軍人家族が隠し持っていたラジオで外部の情報をリアルタイムで入手していたのに比べ、三寺たちは、その手の情報とは一切、隔絶されていた。

世界がイラクの行動にどんな対応をしているのか、経済や武力の制裁についてはどうなっているのか、日本政府はどんな発言をしているのか、まったくわからなかったのである。

そのため、八月二十六日夜に、「婦女子の解放」が明らかにされていたことも知らなかった。

そんな八月二十八日の夜中、突然、〝呼び出し〟があった。だが、三寺家ではなく、一緒に人質になっている中神家である。

寝静まった深夜一時半、近づいてきた靴音が、中神家のパーテーションの前で止まり、いきなり、

「荷物をまとめなさい」

そう告げられたのである。しかも、命じられたのは、ご主人〝一人だけ〟だ。夜中にやって来て、一人だけを連行する。ただならぬことだった。

(家族がさらにバラバラにされるのか。それとも……)

不吉な思いが、頭をよぎったのは当然だろう。

中神家には、五歳の娘がいる。その子が激しく泣き始めた。異様な空気を察したのである。

パーテーションに隔(へだ)てられているとはいえ、すぐ隣で寝ている三寺家にも、緊張が走った。三寺の身体はこわばっていた。

中神は、三寺と言葉を交わす間もなく去っていった。茫然とする家族のまなざしが痛々しかった。

〈8月28日、中神氏、連行される〉
〈1時半に来て、1時46分出発。彼だけの荷物をまとめて〉
〈5歳の娘が泣いていた。この事態をわかっているのだろうか〉

三寺の日記には、この時のことが、短い文章でそう記述されている。〈連行される〉という言葉に、緊迫感が表れている。

三寺は、こう語る。

「最悪の事態まで考えました。ひょっとして……と。いったい何があったのか、まったくわかりません。なにも情報がないから覚悟したんですね。中神さんが連れていかれたあと、世話係の女性が来て、〝バグダッドからクウェートにいったん戻って、残務処理をするのです〟と説明しましたが、信用できませんでした。これから、ふた家族の長として私は行動しなければならない、と思いました」

独裁者の国では、何が起こっても不思議ではない。夜中の突然の連行が、「残務処理をしに行った」などというものでないことだけは確かだった。

ところが、両家の懸念は、杞憂だった。

その日の夕方、中神は無事、帰ってきたのである。やはり、クウェートに「残務処理に行った」というものなどでは、なかった。

なんと、中神は、サダム・フセインと「会ってきた」のである。

中神が語る内容は、驚くべきものだった。

「行った先には、人質生活を送っているほかの日本人もいて、一緒にサダム・フセインのもとに連れていかれた、というんです」

三寺には、とても信じがたい話だった。

「人道的に人質を扱っているということを、フセインは世界にアピールしたかったんでしょう。実際に、その場面はテレビで報道されました。人質がフセインと会い、握手して、会談したというんです。中神さんは、その一人として選ばれたわけです」

悶々(もんもん)としていた留守家族には想像もできないことだった。だが、それより嬉しかったのは、中神が大変な「朗報」を持って帰って来たことだった。

婦女子の解放である。

予想もしていなかった情報であり、同時に、このうえなく喜ばしいイラクの方針転換だった。

「私たちは、情報からまったく隔絶されていて知らなかったのですが、集められた人質から中神さんがそのことを聞いたのです。婦女子だけ解放されるということで、その場でも、いろいろ議論になっていたようで、〝私は帰らない〟と残留を主張する夫人もいたと聞きました。そこで、"あなたは、どうする?"と聞かれ、中神さんは即座に、"うちは、帰します〟と答えたんだそうです」

三寺も、「朗報」への答えは決まっていた。言うまでもなく、妻と六歳の次女には帰ってもらうという判断である。

「自分の命はないと思っていたので、本当に嬉しかったですね。西ドイツのサマースクールに行っていた長女はいいけど、次女はもう生きて日本の地を踏むことができないか、と思っていました。可哀想なことをしたな、と……。だから、妻と次女が助かると知った時は、本当に嬉しかったですよ」

三寺は、しみじみと語る。

「荷物をまとめなさい」

翌朝、さっそく妻と子は、指示を受けた。

(このチャンスに賭けるしかない)

三寺は、祈るような気持ちで妻子を見送った。

「当然、それはもう〝今生の別れ〟だと思っています。戦闘が始まったら、人質は助かりませんからね。実際に、妻と娘を連れに来てくれたのは、夕方五時を過ぎてからでした。別に娘を抱きしめたりはしていません。はたから見れば、結構淡白というか、あっけらかんに見えたかもしれませんね。内心は、会うのはこれでおしまいだろうな、と思ったけど、二人は、あっさり、サーッと行っちゃったですね。

でも、嫁さんは本心では帰りたくなかったみたいでしたね。あとで聞いたら、娘がいるからしょうがないんだけども、帰国してから〝旦那を置いて……〟と言われて、針のむしろだったようです。それで、私の帰国のためにいろいろな運動をしたそうです。別れた日の日記には、〈夕方5時20分、別れる〉、そして、〈残されたわれわれ2名の移動は、どうも当分なさそうである〉と、書いています」

こうして、男たちだけの人質生活が始まった。

巻き起こる賛否両論

この頃、日本国内では、大きな論議が巻き起こっていた。

論点は、二百人以上もの人質をどうやって救い出すか、ではない。日本はどうやって「国際貢献」を果たすべきか、という一点に尽きていた。

イラクへの経済制裁から始まり、やがて武力制裁へと進むことが予想される中、日本がどういう立場で、どういう行動に出るのか、それは国際的にも注目を集めていた。

すなわち、武力制裁に日本が加わるのか、否か、である。

もちろん、憲法の制約上、日本が武力制裁に加わることはできない。しかし、「後方支援」として、日本の参加を求める声が続いていた。

大きかったのは、イラクのクウェート侵攻翌々日の八月四日午前九時過ぎに、総理公邸にかかってきた「一本の電話」である。この電話が、その後の官邸を強く縛ることになる。

電話の主は、アメリカのジョージ・H・W・ブッシュ大統領である。

イラク制裁への「国連決議」実現に向けて、アメリカの根まわしが猛然と始まっていた。その当のアメリカ大統領から、イラクのクウェート侵攻のわずか四十九時間後に、日本の海部俊樹総理のもとに電話が入ってきたのである。

その時、総理秘書兼総裁秘書役だった松本彧彦（当時、五十歳）は、こう述懐する。

「アメリカの大統領からの電話は、まず外務省に連絡が入るんです。外務省の連絡によって通訳も来て準備が整ってから、かかってくるわけです。この時、海部総理は、通訳を交えてブッシュ大統領と、初めてこの問題について話しあいをしています。イラク制裁で、西側主要国が共同歩調をとる必要があるということで一致しました。

その後、ブッシュ大統領から何度も電話があり、次第に具体的な〝掃海〟や〝輸送〟などの支援の要請になっていきます。しかし、総理は〝日本は憲法九条があって、軍事的な協力はできません〟と断っているんです。はっきり、憲法九条の規定があるからと伝え、しかも、〝その憲法というのは、御国と一緒につくった憲法なんです〟とまで言及しています。軍事的な協力については、総理は一貫して、〝とにかくできません〟と、言っているわけです」

人質救出よりも何よりも、武力制裁に参加するか否かを、同盟国アメリカに突きつけられたのである。日本の世論もそのことに向けられ、人質問題は、〝二の次〟に近い状態に置かれてしまう。

　さらにその方針には、人質事件では「交渉しない」というのが、国際的な「原則」であったことも大きな影響を与えている。

　一九七五年八月に、日本赤軍がマレーシアのアメリカとスウェーデンの両大使館で人質をとり、日本国内の刑務所に収監中の囚人解放を要求したクアラルンプール事件と、もう一つは、一九七七年九月、同じく日本赤軍による日航機ハイジャック事件（通称・ダッカ事件）――いずれも、犯人による「要求」に応じた日本は、国際社会から厳しい非難にさらされた。

「人命は地球より重い」

　そんな言葉とともに、テロリストに資金を与えて「解き放った」行為が、問題視されたのだ。

「次の犯罪が誘発される」

「新たな犠牲者を生み出すのか」

　その時、国際社会から、猛烈な「反発」を受けた日本は、今度こそ国際「原則」を守らなければと、意識せざるをえなかった。

　アメリカからの要求と、人質事件では「交渉せず」という大原則。海部首相は、最初から、「がんじがらめにされていた」のである。

「あやめ会」の本格活動

そんな中で、長谷川悠紀子が会長となった「あやめ会」の活動は、果敢なものとなっていった。

まず彼女たちがやったのは、フセインに直接、手紙を出すことだった。妻、そして子供からの懸命な訴えなら、独裁者といえども耳を傾けてくれるかもしれない、という思いからである。

そして、国会議員会館をまわり、直接、政治家たちに行動を起こしてもらうようお願いしてまわった。手分けして、議員会館の各部屋を「あやめ会」のメンバーが片っ端から訪問していったのである。

あやめ会の活動は、やがて中曽根康弘元首相や海部首相との面会にもおよび、自分たちの希望を直接、伝えていくことになる。

議員たちの反応は、さまざまだった。真摯に聞いてくれる政治家もいれば、会ってもくれない議員も少なくなかった。

同じ女性同士ということで、とくに耳を傾けてくれたのは、戦時中、満洲で〝李香蘭〟として一世を風靡した山口淑子だった。彼女は、「特使」として、イラクに行くことまで承諾してくれた。

あやめ会は、さっそく特使として山口淑子議員を派遣するよう海部首相に要請書を提出したが、アメリカの方針に追随することを基本としていた外務省によって、拒絶された。

だが、特使どころか、国とは無関係に、直接、イラクに乗り込もうとした政治家がいた。

参議院議員のアントニオ猪木である。

プロレスラーとして絶大な人気を誇り、モハメド・アリとの異種格闘技など、世界の話題をさらったこともある猪木は、イラクでもネームバリューがあった。

あやめ会の夫人たちの要望を聞いた猪木は、バグダッドに乗り入れている航空便を調べ、九月十八日には、もう飛行機を乗り継いでバグダッド入りしたのである。

その行動は、力を貸してくれるよう頼み込んだあやめ会のメンバーも驚くほど素早いものだった。

まず行ってみなければ、事情はわからない。それが猪木の考えだった。

猪木を迎えたのは、バグダッドの日本人会である。とくに重要な役割を果たすことになるのが、同会の副会長を務めていた伊藤忠の野崎和夫・バグダッド事務所長（四五）だ。

バグダッド在住の邦人たちの立場は微妙だ。「人間の盾」でこそないものの、イラクからの出国は許されず、いわばサファリ・パークにいる動物のように、「国境」という名の大きく、広い「檻の中」に住まわせられていたのである。

いざ戦争が始まれば、「戦略拠点」にいるわけではないが、空爆などによって、どんな運命を辿るかわからない立場だった。

野崎は、ユニークな経歴の持ち主だ。

神戸の甲南大学を卒業後、中規模の船会社に就職したが、一年後に海運不況の影響で経営が極度に悪化、日経新聞の求人広告をもとに次に入った安宅産業も八年後に倒産。そのあと入った伊藤忠では、持ち前のバイタリティを発揮。四十五歳で同社のバグダッド事務所長を務めるまでになっていた。

野崎は、学生時代に少林寺拳法に没頭し、四十三歳から剣道も始めるなど、社会人になってからも武道を続けていた。バグダッドでは、そのためにスポーツクラブに通い、そこを通じて、イラク政府高官との関係も築いていた。最大のものは、フセイン大統領の長男、ウダイ・フセインだっただろう。

当時、スポーツ大臣の地位にあったウダイの直属の高官が、野崎が通うこのスポーツクラブの会長だったのだ。

「私は、空手と剣道もやるものですから、日本人としては一人だけ、そのスポーツクラブに入っていたんです。そこの会長さんがオディショウといって、ウダイさんと非常に密接な関係の人でしてね。やはり、武道というのは一対一ですからね。いろいろな人と、いわば、〝裸〟でつきあえるわけです。その関係で、ウダイさんとも、面識がありました。猪木さんがお越しになった時も、それで、私がお世話させてもらうことになったのです」

バグダッドに飛び込んできた猪木を、野崎が自宅に迎え、夕食会を催したのは、九月二十日夜のことだった。

「私たちは猪木さんたちを迎え、心から歓迎しました。日本から誰もやって来ないのに、猪木さんは、いきなりやって来られたわけですからね。バグダッドにいる伊藤忠の部下たちも一緒に、十名ぐらいで宴会をやったんです。猪木さんにも、喜んでもらえました」

国際社会がイラクに対して、厳しい経済封鎖をかけている最中のことである。貴重な食材をもとに、心づくしの料理で、遠来の客、アントニオ猪木をもてなしたのである。宴もたけなわの頃、猪木は、ふと、こんな言葉を漏らした。

「〝平和の祭典〟というレスリングをやれないでしょうか……」

えっ、と野崎は思った。

平和の祭典？　レスリング？　一瞬、どういう「意味」か、わからなかったのである。

「発想が突飛（とっぴ）でしたね。平和の祭典というレスリングをやれないか、と言われた時、最初、なんでレスリングなんやろうと、思ったんです」

野崎には、人質問題との関係がわからなかった。

「とにかく、猪木さんの発想がユニークというか、おもしろいですよね。しかし、考えてみたら、人質というのは、イラク国内のどこにいるのか、そもそもわからないのです。その人たちを一か所に集めるためには、なにかイベントが必要だと思われたんでしょうね。しかも、平和の祭典という名のもとにおこなうことによって、こういうふうに自分たちは平和にやっている、と世界に見せることができるわけだから、イラクにとっても、悪い話ではない。つまり、実現する可能性があるわけです。

　それを猪木さんは、バグダッドにやって来て、感じたのでしょうね。宴会の途中で、猪木さんが呟（つぶや）いた時は、レスリングをするなんて、いったいなんだろう、と思いましたが、あとで考えると、なるほど、と思いました。猪木さんは、自分ができることとは何か、を冷静に考えていたと思いますね」

　野崎は、さっそく日本人会で猪木の提案を諮（はか）ってみた。

「なにが平和の祭典ですか」

「レスリングをやって、どんな意味があるんですか」

　予想どおり、そんな反発の声が上がった。

　しかし、野崎は「やってみる価値はある」と思っていた。反対の人々に、丁寧に説明し、やがてバグダッド日本人会は、猪木が提案した「平和の祭典」という突拍子もない計画実現に進み始めるのである。

　猪木は、著書『たったひとりの闘争』（集英社）の中で、こう書いている。

〈「日本からもう、だれもきてくれない。ともかく、戦争になっても生き抜いて、石に嚙りついても日本に自力で帰るんだと自分にいいきかせていました。でも、日本にも猪木さんのように私たちを忘れずにいてくれた人もいたんですね」

少し年配の商社の方にそういわれ、いわれたこっちの目頭が少し熱くなった。（略）歓談は深夜にまで及んだ。

日本人会は、なけなしの日本食の料理を用意していてくれた。それは、ここを出られる日に食べようと用意した最後の最後の日本食だった。私はのり巻きを一切れ食べただけで、胸が一杯になった。（略）

「これは、お別れの握手じゃありませんよ。全員がここを出られるまで、何度でもここにくるという約束の握手です。

必ず日本食を持ってここにきます。

トラックで国境なんか突破して食糧を持ってきます。

絶対にきます」

もう、私の声は涙声だった。

車の中で、私も福田も泣いた〉

この時、猪木は、人質解放への期待を抱かせる言葉は、一切、口にしていない。しかし、彼のアイデアは、確実に人質が「一か所」に集まれるイベントであり、しかも、実現の可能性のあることだった。

　自分の力でできる確実性の高いことをずばりと提示した猪木の言葉が、野崎に強い印象を残していた。

　イラクの隣国・ヨルダンの首都アンマンで、中東歴訪中の海部首相が、イラクのラマダン第一副首相との会談を実現させたのは、十月四日のことだ。

　しかし、この絶好のチャンスに、海部首相は「外国人の拘束は認められない」「武力による他国への侵略は容認できない」という主張を繰り返すばかりで、人質解放の成果をあげることはなかった。

　新聞を中心にマスコミでは、日時が経過するにつれ、だんだん海部政権への厳しい論調が支配的になっていった。

〈世界の最前線で奮闘する「企業戦士」をないがしろにする姿勢は、厳しく糾弾されねばならないだろう。日本政府は「すべての人質の解放」を求めた国連決議を順守し、抜けがけは避けてきたという。ローマでの欧州共同体（ＥＣ）首脳会議も二十八日、国連主導を再確認する宣言を出し、一応足並みはそろえた。しかし欧州諸国は本音と建前を巧みに使いわけながら、功妙な外交を展開している〉

そんな論調で政府を糾弾したのは、毎日新聞（十一月一日朝刊）である。タイトルや小見出しには、

〈忘れ去られた邦人保護の義務〉

〈対アラブ日本外交、硬直していないか〉

と掲げられた。記事には、各国がオモテとウラを使い分け、イギリスやソ連、イタリア、スペイン、ポルトガル、ギリシャなどが、人質解放の「実」を取っていることが紹介され、こう締めくくられていた。

〈日本はイラクのクウェート侵攻・併合が起こるまで、アラブについて「独自外交を展開する」という姿勢を取っていた。それが一転して、米国追随の幅の狭い外交になったことは、将来に大きな禍根を残すのではなかろうか〉

松本彧彦・総理秘書は、こう語る。

「当時の小沢一郎・自民党幹事長が、アメリカのアマコスト大使と何度も会談し、アメリカ側の要求を全面的にぶつけられていました。〝ショー・ザ・フラッグ〟、すなわち、日本の旗を見せろ、というアメリカ側の言葉を盛んにマスコミが使っていました。後

方支援について、自衛官の身分をどうするか、という問題では、自衛官の身分を総理府職員ということにして、それで国連平和協力隊に入れるのはどうか、という意見まで出ていました。そこまで憲法とのからみで、考え抜いていたわけです。人質問題については、イラクとのウラでの交渉があったかどうかわかりませんが、余裕がほとんどなかったというのも事実ですね」

すでに十月十六日には、自衛隊の海外派遣を盛り込んだ「国連平和協力法案」が国会に上程されている。政府は、人質救出よりも、国際的な要求と、国会対応で、厳しい局面に立たされていたのである。

人質とその家族の焦燥(しょうそう)は、深まるばかりだった。

第十一章 長期化する人質生活

人質の少年の頭をなでるフセイン大統領＝イラク国営放送、1990年8月。フセインは、人質をゲストとして丁重に扱っていることを最後まで世界にアピールし続けた

あまりに異なった各国の対応

長谷川捷一の人質生活は、悠紀子が帰っていったあとも変わりなく続いた。

すでに人質になって二か月近くが経過していた。

その頃になると、長谷川の心境にも変化が起こっていた。

「それまでは一刻も早く解放されたいとばかり思っていたんですけれども、この頃、解放されるのをもう二、三年先だと思ってみようと、心に決めたんですよ。いつになったら解放されるんだ、と思うんではなくて、二、三年先だと。そうしたら、ちょっとだけ心が安らぎました。そのことを覚えていますね」

長谷川たちは九月下旬に、ベイジの製油所からキルクークにある製油所に移送されていた。

しかし、アレンたちと離れることはなく、一緒だった。お蔭で、相変わらずアレンの持っているラジオから、外部の情報を仕入れることができた。

そこは一戸建てではなく、製油所のコントロール・ルームに隣接している事務所のような場所だった。部屋は三つほどあり、折り畳みのキャンバスベッドが置かれていた。

そして、トイレに一つだけシャワーをつけて、寝泊まりができるようにしてあったのである。

ここで、イギリス人、アメリカ人、フランス人、ドイツ人、日本人の計十八人が生活することになった。一つの部屋に六人ずつ割り振られたのだ。

「前のベイジの製油所に比べると、だいぶ環境が悪いですね。カーテンもなかったので、朝早くから明るくて眠れなかったです。イギリス人とアメリカ人は軍人ですから、どうやって脱出するかを、いつも考えていましたね。一度、教会に連れていってくれたことがあります。私はクリスチャンじゃないけれども、外を見たいので、希望してバスで連れていってもらったんです。すると、途中にヘリポートがあって、彼らはこれにちゃんと目をつけて、〝逃げるのはあそこしかないな〟と、あとで話をしているのです。イギリス人とアメリカ人は軍人でしたけれども、フランス人とドイツ人も兵役を経験しているんですね。そういうのを経験していないのは、日本人だけでした。だから、まったく考え方が違いました」

さまざまな人種と共同生活を送って、長谷川は各国の人質事件への対応がまったく違うことがわかった。そして、それを知るうちに、「日本人として生まれたことは、果してよかったのか」と、しばしば思うようになった。

文化の違いといえば簡単だが、窮地に陥っている人を励まそうとする心遣いや、励ますための行動、あるいは、人間として基礎的な「生存」への心構えなど、あらゆるものが違うということがわかるようになったのだ。それに気づかされるたびに、

「なぜ日本人に生まれたのか」

と、長谷川は考えるようになったのである。

「BBCとか、ボイス・オブ・アメリカは、毎時間、人質向けの放送をやってくれるんですよ。そして、たとえば、BBCは〝あなた方が一人残らず解放されるまで、私たちは頑張ります。皆さんも頑張ってください〟というメッセージを必ず流すんです。ボイス・オブ・アメリカも同じように毎時間やってくれる。一時、二時、三時、と一時間に一回やるんです。しかし、ラジオジャパンだけは違っていました。

日に二回しかやってくれず、それも、人質に対してどうとかではなくて、その日の相撲(すもう)の結果とか、秋の味覚がどうとか、そんなことを放送するんです。日本だけが、人質を励まそうなんて、そんな考えがないことがわかりました。なんでこんな国に生まれたのかと、情けなかったですよ」

ちなみに、長谷川は、あとになってラジオジャパンに、このことに対して抗議したことがあるという。

「帰国してから、ラジオジャパンに文句を言ったんですよ。そうしたら、〝全世界に日本人がいるから、あなたたちのためだけには放送できない〟と、はっきり言われました。ああ、そういう意識なんだ、と思いました。BBCなどは、自国民だけでなく、たとえば、フィリピン人など、ほかの国の人たちのことも心配して放送していました。〝あなたたちを解放するまで頑張ります〟と呼びかけているんです。これが、毎時間ですからね」

さまざまなことを学んだ、と長谷川は言う。

「最初に全員が解放されたのはフランスでしたね。ミッテラン大統領が四段階和平構想を打ち上げたので、解放は一番早かったですよ。イギリスのサッチャー首相だって、婦女子のことを言ったので、女・子供が解放になったりしてるじゃないですか。そういう発信は、日本からは、まったくなかったです。日本は、本当はイラクの友好国だったのに、すぐにアメリカについちゃいましたから、解放の順番が、遅くなっちゃったんですよね。フセインには、日本に裏切られた、という思いがあったんじゃないですか」

長谷川の十月二十二日の日記には、こんな記述がある。

〈10月22日。ラジオジャパン、サダム・フセインはNHKの単独インタビューに応じ、〝人質は攻撃の可能性がなくなるまで解放せず。日本の自衛隊の派遣や40億ドル支援は米国の要求と思うが、歴史と文化のある日本には考えられない態度〟と批判〉

ラジオジャパンが報じた内容に、長谷川は深い溜息をついた。長い時間をかけて培ってきた日本への信頼が、どんどん崩れていることを長谷川は悟ったのである。

その頃、イラクと対峙する各国は、オモテとウラで硬軟を織り交ぜた多彩な戦略によって、人質解放を実現していた。

クウェートからの撤退とパレスチナ問題の解決をリンクさせた国際会議の開催を提案したフランスのミッテラン大統領の「四段階和平構想」をイラクが評価し、フランス人の人質が全員解放されたことは、その典型だろう。いずれの国も、和戦両様の構えで、危機管理・外交能力のしたたかさが試されていたのである。

十一月に入っても、イラク、クウェートの両国には、まだおよそ三千三百人の外国人が残されていた。軍事基地や空港、製油所など、戦争が始まれば攻撃目標とされるところにいる人質は、その中で約六百八十名と推計された。

日本は、人質がイギリスに次いで二番目に多く、百三十九人。アメリカの百六人、ドイツの七十六人をはるかに上まわる数字だった。

「人質事件であるため、取引はしない」

その原則にとらわれていた日本と、各国のしたたかな外交戦略との「差」が次第に浮き彫りになっていた。

計画された飛行機による脱出

日本航空の三寺哲夫は、次第に焦りを強めていた。前述のように航空大学校出身の三寺は、パイロット資格を持っていた。人質生活が長期化するにつれ、〝ある考え〟が頭をもたげていたのだ。

飛行機を使った「脱出」である。

三寺の頭の中には、「ああ、あの時、逃げておけばよかった」と、後悔だけはしたくないという思いがあった。

戦争になったら、殺されることがわかっていた。イラクの戦略拠点はことごとく破壊されるだろう。そこにいたら、確実に死ぬ。だから、あとになって悔やむようなことはしたくない。そう思っていたのである。

「そこまで追い詰められていたということですよ。戦争が始まったら、人質の〝価値〟は、瞬間にしてゼロになります。戦争を防ぐために人間の盾として利用しているわけですから、もう殺されるのは明白なので、その時が来る前に実行しようとしていたのです」

妻子がバグダッド空港を去ってから、三寺は、本格的にそのことを考えるようになった。

幸いに、人質にはジョギングが許されていた。三寺は走りながら、空港の「どこ」から網のフェンスを乗り越え、「どう」飛行機に辿り着き、「どのようにして」エンジンをかけ、離陸するかをシミュレーションした。

さらに、ジョギングしながら「距離」をはかり、どの「タイミング」でこれを決行するかを考えるようになった。

しかし、バグダッド空港での決行は実現しなかった。

九月二十五日、三寺は、突然、一緒にいた中神と共に移動させられたのだ。だが、彼らの新たな人質の場も「空港」だった。バスラ空港である。

バスラは、イラク第二の都市だ。しかも石油の積み出し港でもあり、政治、経済、軍事すべての面でイラクの大きな拠点だった。

ひとたび戦端が開かれれば、重要なターゲットとして凄まじい攻撃を受けることは間違いなかった。そのバスラ空港の中にある空港作業員用宿舎に、三寺たちは入れられたのだ。

そこには〝先客〟がいて、その後、三寺と中神の二人、そしてイギリス人三人、ドイツ人一人という計六人が一緒に人質生活を送ることになる。

「あとで知ったんですが、日本航空のほかの社員は、ダムとかに隔離されていたそうです。しかし、私だけは、なぜか空港で、しかも、バグダッド空港とバスラ空港という重要な空港でした。人質生活の間中、いつも、飛行機が〝目の前〟にありました」

一度考え始めたら、その手の計画は、どんどん膨らんでいく。次第に具体性をもって、三寺の頭の中を占めるようになった。

「いろんな機種がある中で、どうやって一人でエンジンスタートして脱出するか。そこを考えました。これができなければ、脱走して、チグリス・ユーフラテス川を泳いで渡るしかないな、と。私は、ふた通りの方法があると思い、体力増強が必要ということで、相当なノルマを課して、運動しました」

しかし、問題は食事だったと、三寺は言う。

「最初、食事のカロリーが全然足りませんでした。ある時、イギリス人たちが、〝こんなんじゃ痩せ細ってダメになる。食事をボイコットするから、日本人も協力しろ〟と言い出しました。囚われの身で、そんなことをよく言うなと思ったけど、つきあってボイコットしたら、あっという間にバカーンと食事がよくなったんです。こりゃ、日本人的な考え方でやっていたら、世界では通用しない、と思い知らされました」

強く出れば、相手もそれを考慮する。これは、外交も同じだと三寺は思った。

「体力という面で食事の問題はなくなりました。ここでも、ジョギングは許されていたので、どうやれば脱出できるか、それを考えました」

バスラ空港には、クウェート航空から奪ってきたボーイング767が、二機放置されていた。ブリッジも何もついていない、「滑走できる状態」のままである。

「これは一人でエンジンさえかけられれば、逃げられると、思いました。その時、たまたま燃料が入っていないと困るのは確かですが、この際、そんなのかまってはいられません。私はそのへんの航空路をすべて知っていますから、四、五十分で届くところにバーレーン空港があることもわかっていました。飛び立ちさえすれば、バーレーンなら行ける、と思いました」

まるで〝映画の世界〟の発想である。しかし、

（戦争になれば、確実に死ぬ。あとになって悔やみたくない）

そう思っている三寺には、それは真剣そのものの〝現実的な計画〟だった。

さらに計画を練り上げるチャンスは、十月三日に来た。

その日、イラク側のはからいで西ドイツと東ドイツの統合記念パーティーがあった。

招かれた人質たちの中に、英国航空のジャンボ機の機長がいたのだ。

三寺は、パーティーの場で、大胆にもこの機長に計画を相談した。

少し考えた機長は、専門的なアドバイスを三寺に与えてくれた。

「与圧して離陸した場合、機銃で撃たれて穴が開いたら爆発してしまう。だから、与圧をしないまま離陸しなさい」

これには、与圧システムについて、少々説明を要する。航空機が高度一万メートルを飛んでいる時でも、客室は高度二千メートルほどの気圧に保たれている。これは、エンジンからの圧力を一部抜いて機内を与圧しているからである。簡単に言えば、薄くなる気圧を逆に上げて、できるだけ地上に近いようにするシステムだ。

英国航空の機長は、「それを起動させるな」と三寺にアドバイスしたのである。そして、無線通信などに使用される無線中継機のトランスポンダーについても、こう言った。

「トランスポンダーを起動させ、コードをきちんと入力して、緊急事態であることを地上に伝えなさい」

これも説明を要するが、トランスポンダーは、受信電波の周波数を変換して増幅させ、ふたたび送信する機能を持っている。これに緊急事態であることを示すコードを打ち込んでおけば、レーダーの反射波によって、地上に「この飛行機はいま、緊急事態にある」ということがわかるわけである。それをちゃんとしなさいよ、というアドバイスだった。

それに、こんなことも教えてくれた。

「ギア、すなわち車輪は収納しないほうがいい。軍用機が近づいて来ても、車輪を出していると、私は抵抗しませんよ、という意味になる。相手に警戒感を与えないためにも、車輪は収納しないほうがいい」

英国航空の機長は、そんな具体的なアドバイスをくれたのである。

三寺は、「これなら行ける」と思った。少なくとも、機長は「そんな無茶なことはやめろ」とは、言わなかったのだ。

ジョギングを利用して、三寺の〝事前調査〟は続いた。しかし、ある日、恐ろしいものに気づいた。

「フェンスの近くまで行けた時に、びっくりしたんです。対空機関銃がブワーッと並んでいるのが見えました。エンジンがかかったら、気づかれる前に離陸するのも可能だとは思いましたが、機関銃類でやられてもなんだなあ、と思いました。

また、ある時、整備の人がエンジンをまわしていたことがあるんですが、彼らがどこから下りてくるのかなと見ていたら、胴体下から直接、下りてきたんです。あっ、あそこから操縦席へ入れるな、とその時わかったのです」

いろいろな困難はあるが、挑戦してみる価値はある、と三寺は思った。空港の敷地は、不審者を近づけないために、できるだけ死角が生じないよう、サーチライトで隅々まで照らし出されている。この対策も必要だった。

「サーチライトの間隔もチェックしました。とにかく、決行するとしたら、月が明るい時はできませんから、満月ではない夜を選ぼうと思いました。それで死角を考えて、有刺鉄線のフェンスを上るのは、ここしかないなというところも調べました。機銃と戦車は、さすがに、ちょっとしんどいな、と考えていましたが……」

いつ、決行するか。三寺にとって、それが最大の問題となっていた。

差し伸べられた救出の手

ウラ舞台での各国の人質解放交渉が本格化する中、伊藤忠のバグダッド事務所長、野崎和夫の動きも活発になっていた。

アントニオ猪木の十月の二度目のバグダッド入り、そして、自民党の佐藤文生・元郵政大臣がやってきた時も、野崎が全面的にバグダッドでの交渉を支援した。

「私は、戦争が起こらないためだったら、百分の一、百万分の一でもお役に立てたらいいな、と思ってお手伝いさせてもらいました。イラクの友好協会会長や、大統領府の長官代行などといった人とも知りあいだったので、佐藤文生さんがお越しになった時も、アジズ（外務大臣）さんや、ターリブ副首相とも会いました。

大使館は、おもしろかったですよ。社会党の議員先生たちがバグダッド入りされた際も、〝野崎さん、通訳してあげて〟と頼まれたんです。なんで？　と理由を聞いたら、

〝いや、本省から依頼が来ていないから、やはり大使館では正面切ってしにくいので〟と、言うんです。それで、〝あとで、どういうことが話されたか、教えてください〟って。国の立場もあるし、いろいろ絡んでいたんでしょうが、外務省っておもしろいところだなあ、と思いましたよ」

すでにアメリカは、米イラク協会会長を団長とする代表団を派遣したり、またイギリスも、ヒース元首相がバグダッドを訪れるなど、各国はさまざまな手を繰り出して、人質の解放に結びつけていた。日本の場合は、イラクで最も名前が知られていた中曽根康弘元首相に白羽の矢が立っていた。

イラク国内では、次第に経済封鎖によるダメージがボディブローのように効いてきていた。食糧不足はもちろんだが、化学添加物が輸入されなくなったことで、石油精製もままならなくなっていた。

石油産油国でありながら、ガソリンやエンジンオイルまで「配給制」となる始末だった。薬品も不足して、盲腸炎さえ、〝命とり〟の病気になりつつあった。麻酔薬がなければ、手術ができないからである。

窮乏を脱するために、イラクは人質解放を取引材料として、各国と秘かに水面下のアプローチをはかっていた。中曽根元首相の訪問の地ならしのためにやって来た自民党の佐藤文生に対しても同じだった。

フランス人の人質の全員解放に続いて、十月下旬にはアメリカ人十四名、イギリス人三十七名も解放される見通しとなっていた。そして十月二十六日には、ブルガリア人七百人の解放も決まった。

野崎は、佐藤たち一行にも前述のように支援を惜しまなかった。しかし、中曽根元首相がバグダッドまでやってくるかぎりは、確実な「成果」がほしい。考えることは、誰しも同じである。

人質解放とフセインとの会談、そして在留邦人への慰問品の持ち込み――この三点が実現できるかどうか。それが、中曽根元首相がやって来る条件だった。

佐藤文生の地ならしによって、そして、野崎の人脈もあり、それら「三条件」にメドがついてきた。

アラビア石油の長谷川捷一は、佐藤文生がバグダッドにやって来ていることを把握していた。そして、中曽根元首相のイラク訪問が実現するかもしれないこともわかっていた。

十月下旬ともなると、長谷川が囚われているキルクークは、かなり寒い。イラクの北部に位置し、南部とは気温がまるで違う。寝る時のために新たに毛布がそれぞれに与えられたのも、この頃だ。

長谷川は、ラジオからの「情報」を必死で追っていた。この時期の日記には、ラジオ関連の記述が多くなっている。

〈10月25日。ラジオジャパン「平和協力法案賛否で政府も右往左往。日本人人質に関し在イラクの佐藤文生へ、中曽根のイラク訪問を正式に要請す」〉

〈10月29日。日本人3名、20キロ先の病院へ連れて行かれる。身体検査結果をバグダッドへ送る由。中曽根ミッションと関係ありや？　血圧、上が110。下が65、異常なし〉

〈11月3日。ラジオジャパン「米国の対応に注目。ベーカー、カイロで中国外相と会う。ブッシュは16日出発、全欧州安全保障協力会議の後、サウジとカイロへ。イラクは人質24名、うち邦人5名に対し外人記者との会見を認める」。

ゲストの待遇が悪いというニュースに対するヤラセか。〝生活環境は悪くない〟と言った由。イラク和平案は〝ソ、仏、中、独、日のうち、2か国が軍事力を行使しないと保障すれば、人質を全員解放する〟。カフジのN氏より激励のメッセージあり。O氏夫人のメッセージで、悠紀子が「あやめ会」で活動していることを知る〉

ラジオで正確な情報を得ていた長谷川は、自分がいきなり身体検査をされたことに驚かされた。長谷川は、人質となっている日本人三人の中で一番年齢が高い。五十歳を超えているのは、自分だけだ。

いきなり指名されて二十キロも車に揺られて、病院へと連れていかれたのである。日記にも〈中曽根ミッションと関係ありや？〉と書いているように、長谷川には、この検査と、中曽根がやって来ることとの「関係」が感じられた。

そんな時、長谷川は、前触れもなく日本への国際電話が許された。

十一月五日午前十一時のことだった。突然、監視人に呼ばれて、電話のあるところに連れていかれたのである。そして、国際電話をかけることが許可された。

長谷川は自宅の電話番号を告げて、つないでもらった。

「あなた？　ああ、やっと来た」

二か月前に別れた、悠紀子の声だ。遥か八千キロも離れているとは思えない、はっきりとした声だった。

それにしても「(電話が)やっと来た」というのは、どういうわけなのか。

「ほかの人にも、かかってきているのよ。あなたから、いつ来るかと、ずっと思っていたわ」

悠紀子はそう言った。

どうやら十月終わり頃から、人質たちに国際電話が許されるようになり、予告もなく、それぞれの家に電話がかかって来ていたらしい。

悠紀子も、自分が家を留守にしている間に電話がかかってきたらいけない、と思い、なるべく外出を控えていたようだ。

「身体は大丈夫？」

「ああ、大丈夫だ。心配するな。親はどうだ？」

年老いた親の安否を問う言葉が、長谷川の口から自然に出た。

やがて、人質解放のことに話がおよんだ。中心はもちろん、中曽根ミッションについてだ。悠紀子は、やはり情報を持っていた。

「(人質解放で) 優先されるのは病人と歳がいった人だけみたいね。あなたは若いし、健康だからダメね」

あやめ会で活動しているだけあって、さすが悠紀子は詳しかった。

「ああ、俺もそう思っている。食糧は要らないから、辞書を送ってくれないか」

人質生活を〝利用〟して、人質仲間に語学を教えてもらっていた長谷川は、悠紀子に辞書の手配を頼んだ。

身体検査には行かされたが、異常はなかった。だから、もし、解放のリストに名前が挙がっていたとしても、自分は外されるだろう。「あなたはダメね」という悠紀子の言葉を俟つまでもなく、今回は無理だろう、と思っていた。

主人からの電話は急にかかってきたんです、と悠紀子は言う。

「たまたま家にいる時にかかってきたんですよね。人質の奥さんたちとは連絡を取りあっていますから、うちには、かかってきました、とか、うちも来ました、という報告が来てたんですよね。ですから、主人からの電話までに、だいたい十人ほどに電話が来たんだなと、わかっていました。外務省は、それを把握していなかったので、確認のための電話をかけてきていましたね」

しかし、夫妻の予想は、いい意味で外れた。長谷川捷一は、中曽根ミッションの人質解放リストに「入っていた」のである。

「明日の朝七時に出られるよう、準備しておくように」

イラク人の監視人から長谷川は突然、そう告げられた。すでに長谷川は、BBC放送で、

「日本人二十人が解放される」

と聴いていた。それだけに、

（これは、解放されるかもしれない）

そう思ったのである。

「身体検査は、中曽根さんが来ることと、やはり関係があったみたいでした。中曽根さんが来るということで、サダム・フセインは人選を考えていたんだと思うんですよ。あとから聞いた話では、中曽根ミッションで帰る人は、ごくかぎられた人だったらしいんですね。病人と高齢の人が帰されたわけです。私は健康だったけれども、〝年寄り〟の中に入っていたんです。あの時、五十二歳です。きっと五十代ということで、選ばれたんでしょうね」

人質仲間と別れる時は、つらかった。日本人三人の中では、一番先の解放である。申し訳ない思いがこみ上げてきた。

「私だけ最初に帰るということでしたからね。グループで、私が最初でした。フランス人はもう帰っていましたけどね。みんなと握手をして別れましたが、イギリス人とアメ

リカ人は割り切っていました。〝お前は帰れていいな〟という感じでしたよ。よく頑張った、とも言ってくれました。こっちは、もう言葉がなかったですよ」

あとの二人の日本人とは、さすがに別れがたかった。

「別れる時は涙が出ましたね。抱きあって別れました。無事でいてくれ、と願いました。日本に帰国した時は、ホッとはしましたけれども、人質でいる間に見せられた、交渉もできない、情報もとれない日本の情けなさを思い起こしていました。人質の間は、〝なぜ日本人に生まれたのか〟と思っていたほどでしたから、ああ、そういう国に帰ってきたんだなあ、と考えました……」

十一月八日午前十一時過ぎ、悠紀子は、やっと夫を迎えることができた。解放された人質は結局、「七十四人」にのぼった。

「フセインが中曽根ミッションで帰る人質を全部選んで、この時は、年寄りと病人だけの解放だったんです。羽田では、赤い絨毯（じゅうたん）を敷いて、人質が降りてくるのを、カメラが待ち構えていたんですよ。そしたら、中曽根さんをはじめ議員しか降りてこないんですよ。人質は飛行機のうしろから降りたんです。議員が降りてきているところにだけライトが当たっているんですが、人質が降りてきているところは、薄暗いわけです。ですから、カメラの人たちは慌てて移動していましたね」

こうして、長谷川は日本の土を踏んだ。

第十二章 平和の祭典

「人間の盾」の全員解放が実現し、家族が歓呼の声で迎えたのは、1990年12月9日のことだった（成田空港にて）

脱出はストップに

日本航空の三寺哲夫は、この頃、やっとラジオで外部の情報を知ることができるようになっていた。

「イギリス人が持っていたラジオを聴くことができるようになっていたんです。それで、私たちへの家族からのメッセージも聴けるようになりました。それに、急に国際電話もさせてくれました。あれは、十一月のことだったと思います」

この頃になると、ラジオジャパンも人質の家族のメッセージを放送するようになっていた。

そして三寺にも、日本への電話が許されたのである。

中曽根ミッションで、人質とイラク在留邦人、あわせて「七十四人」が帰国したことは、ラジオで聴いて知っていた。三寺は、そこからも外れている。

自分が解放される可能性は、もうほとんどない、と考えるようになっていた。

三寺は、この電話で、飛行機を奪っての「脱出計画」を妻に打ち明けている。ずっと計画していたものだけに、最後に妻の意見も聞いてみたかったのである。

「日本語だからイラク人にはわからないだろう、ということで、家内に言ったんです。どこか、オフィスか、郵便局みたいなところでしたね。そこに連れていかれて、自宅に電話したんです」

三寺の妻は、人質に国際電話が許されるようになったという情報をつかんでおり、家でずっと電話を待っていたらしかった。

「いつ戦争になるかもしれない。これが最後の電話になるかもしれない」

三寺は、悲壮な心境を、妻にそう告げている。

そして「脱出」という言葉をはっきり使って、計画を打ち明けたのである。

「戦争になったら、必ず殺されるから、その前に脱出を決行する」

三寺は、三か月ぶりに話す妻に、あえて告げた。

すると、妻は意外なことを口にした。

「私、そっちに行きます」

えっ？　どういうことだ？

理由を聞いた三寺は仰天した。なんと、アントニオ猪木がバグダッドで「平和の祭典」なるものをおこない、解放されていない人質の夫人たちが同行し、一緒にこれを観戦するというのである。

三寺が聴いていたラジオでは、猪木が計画している「平和の祭典」のことは放送していなかった。そのため、三寺は、存在を知らなかったのである。

「とにかく、私がバグダッドに行きますから、（脱出）計画を実行するのはやめてください。そっちで会いましょう」

妻は、三寺にそう告げた。

三寺の脱出計画は一時保留になった。

「家内がそう言うので、少なくとも、それまでは（脱出の決行は）思いとどまろうといういうことになったんです。あの電話で、アントニオ猪木さんと一緒に家内が来るということを聞いていなければ、また、開戦の危機が迫ったと判断した時には、私は計画を実行していたかもしれません……」

たまたま三寺が電話した時に妻が不在だったら、あの計画は、どうなっただろうか。

三寺は、いまでも時々、そう考えるのである。

乗り込んだ「あやめ会」の夫人たち

平和の祭典をおこなう猪木たち一行に、あやめ会の夫人たちが加わってバグダッドに向かったのは、一九九〇年十一月三十日のことだ。

「奥さんたち、イラクに行ってご主人を取り戻そうよ」

猪木のそのひと言に、あやめ会の会長、長谷川悠紀子の心は動いた。

悠紀子の夫、捷一は、中曽根ミッションによって、十一月八日に無事、帰国を果たしているので、行く理由が難しい。

しかし、あやめ会の会長であり、そもそも国会議員への働きかけを陣頭に立っておこ

なってきたのは彼女である。それが自分の夫が帰国したからといって、

「私には、もう関係がありません」

というのは、悠紀子の性分に合わなかった。

「行くことを決心して、私は主人の会社にも、許可をいただいたんです」

主人の会社とは、「アラビア石油」である。当時の同社の副社長は、小長啓一・元通産事務次官だった。悠紀子は、直接、小長に許可を求めた。

「実は、こういうことで、もう一度、私はイラクに行きたいんですけれども、どうでしょうか？」

単刀直入に悠紀子は、小長にそう聞いてみたのだ。

「ご主人がいいとおっしゃれば、私は、構いませんよ」

小長副社長は、あっさりと許可をくれた。悠紀子の喜びは、大きかった。

外務省はその頃、各企業に「イラクに（夫人たちを）行かせないように」と圧力をかけていたからである。

日本政府と関係のない猪木たちの動きに、外務省は強い反発を持っていたのだ。

悠紀子は、こう語る。

「外務省から各会社に〝奥さんたちが行くのは勧めない。何かあっても責任は取れない。もし行くなら、自己責任でやってください〟という内容のファックスがまわりました。具体的に各企業にプレッシャーもかけていました。せっかく行くことを決めていた夫人

たちの中には、会社から〝ダメだ〟と言われて、断念した人も少なくなかったんです」

十一月中旬に外務省領事移住部が、企業を通じて人質家族に対して出した文書は、以下のようなものだった。

〈外務省としては、ご家族の方々のイラク訪問は差し控えるのが望ましいとの考えを持っています。人質をとるというイラクの政策自体が国際法上も人道上も容認し得ないものであるのにかかわらず、家族の訪問は、かかるイラクの政策を既成事実として受け入れたうえ、世間の関心を人質との面会など、ほかの問題に向け、人質の解放を結果的に遅れさせることにもなるからです〉

アントニオ猪木の著書『闘魂外交』（プレジデント社）には、外務省の妨害について、こう記述されている。

〈（外務省は）「イラクに行くのを止めはしない。だが訪問する家族の安全は保証できかねない。自らの責任で行動するならばご自由に」などとふざけたことを言ってきました。人質家族の自宅に、同様の趣旨のファクスまで送りつけていたのです。要するに、猪木の話には乗るなという意味でした。

自民党のある代議士は「自分がイラクの窓口で、人質を解放できるのは自民党だけ」

「猪木と行っても無駄」と夫人たちに説得していたそうです。

はらわたが煮え繰り返るような思いでしたが、グッとこらえました。今は役人と喧嘩などしている場合ではありません。夫人たちも、圧力を振り切ってイラクに行くと、ご主人の勤める会社の意向に反し、出世に響いたりだとかいろいろな懸念事項はあったでしょう。

だがみんな私の勢いに懸けてくれました〉

同書には、外務省などの圧力によって現地に向かうための航空便もままならなくなった猪木が「ある人物」に頼ったことが、こう記述されている。

〈八方塞がりになってしまったが、私はある人物を思い出しました。以前、たまたま来日していたトルコのオザル大統領と、トルコ大使館のパーティーで会う機会がありました。「もし何かあったら協力してもらえますか」と頼むと「我々はイスラムの同胞です。喜んで協力します」と言ってくれました。

私がイスラム教徒になった時点で、彼らにとって私は肉親と同等の意味を持つ「兄弟」と同じなのです。

私は大統領経由ですぐにトルコ航空にチャーター機の手配を頼みました。飛行機はわざわざトルコから一度日本に来て、我々を乗せてからバグダッドへ向かってくれました。

我々はバンコク、ドバイを経由して、アンマンでイラク航空に乗り換えました。トルコの飛行機のままバグダッドに直行すると、チャーター料と同額の保険料を払わねばならないためでした〉

ここでも親日家のトルコのオザル大統領（一九八九年に大統領に就任）が登場することに驚かされる。あのテヘランからの邦人救出劇の約五年後、オザルはこの全く違う局面でも、日本人救出のために協力を惜しまなかったのである。

猪木は、二度目のバグダッド行きが決まった十月下旬に、すでにフセイン大統領から「平和の祭典」の正式の開催許可をもらうことに成功していた。その時、サレハ議長に直接、

「人質の夫人たちに、ビザを発給してほしい」

という要求も伝えている。

「彼女たちが面会したあと、ご家族と一緒に日本に帰れたらいいですね」

サレハ議長はその際、猪木にそう語っている。それは、人質解放に希望を抱かせるに十分な言葉だった。

(行けば、なんとかなる)

猪木は言葉にこそ出さないものの、心の中でそう考えていた。いや信じようとしていた、と表現したほうがいいだろう。

その後、ビザ発給の手続きを東京でおこなうため、猪木とあやめ会の夫人たちは、駐日イラク大使館を訪れた。アルリファイ駐日大使は、その折、

「ご主人のパスポート・ナンバーも提出してほしい」

と、あやめ会の夫人たちに告げている。そして、

「皆さんは、ご主人と全員面会できます」

そんな力強い言葉まで発したのである。もし、イラクから夫たちを出国させるつもりがなければ、パスポート・ナンバーまでは必要ない。

あやめ会の夫人たちは、夫の解放に対して、希望を持ち始めていた。しかし、その「壁」になっていたのは、むしろ日本の外務省だったのだ。

土壇場の攻防

アントニオ猪木が、人質の夫人たちを連れてバグダッドに乗り込んだのは、十二月一日のことだった。

平和の祭典は、十二月二日と三日におこなわれた。

初日は、アル・シャープ・スタジアムで三万五千人の観衆が集まり、サッカーの試合がおこなわれた。また、ナショナル・シアターでは、超満員の中、日本とアメリカ、フランスのミュージシャンによるコンサートが挙行された。

猪木発案の「平和の祭典」は、いつの間にか、スポーツの部だけでなく、音楽の部も開催されるという、イラクにとって国家的なイベントにまで発展していた。

音楽の部では、アメリカのクリスティーヌという女性歌手が、涙ながらにカントリーソングを歌いあげた。会場は、「平和」を意味する「サラーム」という言葉の大合唱となった。

その模様は、イラク全土にテレビで生中継され、大きな感動を呼んだ。

最終日でもある「二日目」は、サダム・アリーナで、空手のトーナメントとプロレスの試合がおこなわれた。

人質となっている夫と、あやめ会の夫人たちとの面会が実現したのは、この日のことだった。

祭典が始まる前の十二月三日午後三時、夫人たちが宿泊しているマンスールメリアホテルに、人質の夫たちが続々と入り始め、感激の対面が始まった。

約束は、果たされたのである。

祭典のフィナーレを飾るプロレスの試合は、午後六時に始まった。

それぞれが夫妻で観戦することになった。イベント会場のサダム・アリーナは、満員となった。

平和の祭典の実現に奔走した伊藤忠バグダッド事務所長の野崎和夫も、達成感に満たされていた。

「私は、猪木さんのそばにいました。〝先生、やっとやったねえ〟って言ったら、猪木さんは、笑っていました。私も、これは解放にいくな、というふうに考えました。ここまでもってきた猪木さんに、頭が下がりました」

しかし、人質解放までは、そこから、紆余曲折があった。局面を結果的に打開するのが、野崎本人になることは、まだ当人にも予想できなかったに違いない。

フィナーレのプロレスは、感動のうちに進んでいた。

しかし、夫婦で観戦しながら、人質解放が実現しなければ、「一緒にいられるのは、これが最後になるかもしれない」という思いが夫人たち、そして夫たちにもあった。

試合終了の時間が近づくにつれ、涙ぐむ夫人たちが増えていった。猪木一行の帰国便は、翌四日午前十一時発と決まっている。あまりにも許された時間が少なかったのだ。

三日午後八時、ウダイから猪木サイドに連絡が入った。

「これから会見します」

という連絡だった。仲介の労をとったのは、野崎である。

野崎と猪木、そして、前夜の音楽の部で活躍したアメリカ人歌手、クリスティーヌの三人がウダイに会いに行った。

そこに、初めてフセイン大統領の秘書兼通訳が同席し、五人での会談となった。

冒頭、ウダイは、猪木に日本刀のような細身の刀をプレゼントした。それは、金色に輝く長さ一・三メートルほどの見事な刀だった。武人へのプレゼントとしては最高のものだろう。ウダイとしては、考え抜いた贈り物だったに違いない。

話しあいに入ると、さっそくクリスティーヌは、人道的な見地から、ぜひアメリカ人とそのほかの人質を解放してほしい、と訴えた。

猪木は、平和の祭典を成功させて、ウダイとの約束を果たしたと伝えた。しかし、ウダイの口からは、具体的な人質解放について、何の言及もなかった。

その時、仲介の労をとっていた野崎が突然、ウダイに向かって英語で話し始めた。

「彼は、日本の政治家なんですよ」

それは、怒気を含んでいるようにも聞こえた。

「昨日から彼の尽力で平和の祭典がおこなわれて、人質の人もやって来て、一緒にいろいろなものを観て、それに対して、あなたがこういう対応をしているというのをマスメディアが流しましたよね。それはいいことです。しかし、猪木さん自身のメリットは、何かありましたか。何もないじゃないですか。日本の政治家が来て、ここまでやっている。あなたたちも、何かをするべきではないですか」

日頃、通っているスポーツクラブの会長を通じて、野崎はもともとウダイと面識がある。それに、独裁者の長男とはいえ、四十五歳の野崎から見たら、ウダイは、まだ二十代の〝若造〟に過ぎない。

いつまで経っても埒があかない話しあいに堪えかねて、野崎が、そう迫ったのだ。

ウダイは困惑した。野崎の言うことが、もっともだったからだ。

この時のことを、猪木は、『文藝春秋』一九九一年二月号の手記「死にもの狂いの記」で、こう書いている。


〈別れ際、野崎さんが突然ウダイ氏に訴え始めた。猪木がこれだけのことをしている、あなた方はその気持ちがわかっているはずではないかと強い調子で彼は迫った。

するとウダイ氏は、じっと我々を見つめ、

「直接手紙を書け、大統領に」と言った。私はすぐさま、「手紙じゃなくて、会わせてくれ」とたたみかけるように訴えた。いままでのケースだと、大統領に会えれば人質は解放されている。

しかし、この訴えに対する答えにも何も具体的なものはなかった。「大統領にはあなたのことは伝えてある。しかしいまはものすごく忙しいんだ。時間がない」と言うのみ。予定では、私は翌四日の十一時にバグダッドを離れねばならない。こちらも時間がない。それを訴えると、ウダイ氏はこんな言い方をした。

「もうちょっと時間があれば何とか出来るでしょうけれども、それでは難しいでしょう。ただ大統領はあなたのことを知っておりますから、必ず説得できます。必ずテレックスかファックスをホテルに送りますから、その時とんで来てくれれば会えます」

仕方がない。とにかくウダイ氏の言葉に従い、ホテルに戻って手紙を書くことにした〉

野崎の勢いが、相当なものであったことは間違いない。

朝方までかかって書いた猪木の手紙は、ウダイとの会見に同席していた大統領秘書兼通訳に託された。

午前十一時の出発時刻が迫っていた。

しかし、ここであやめ会の夫人たちが予想外の行動に出た。日本への「帰国」を拒否したのである。

人質として夫がいるイラクに残ることを決意したのだ。人質解放に向けて、まさに〝捨て身〟の決断だった。

野崎は、自身もフセイン大統領への手紙を書き、朝からイラク情報省に持っていった。猪木が帰るまでに、なんとしても人質解放を果たす。野崎の執念もまた凄まじいものだった。

野崎は情報省の高官に書簡を渡し、「いける」と思った。

その足で、野崎は空港に向かっている。猪木の出国を阻止するためである。その時、猪木は迷いに迷った末、いったん、日本に帰国することを決めていたのだ。

「猪木さんは、もうイミグレーションも済んで、VIPルームに入っていました」

通常ならもう引き返せないと、あきらめるところだ。だが、野崎は、情報省などさまざまな関係者と親しいため、空港の中にも、ずかずかと入っていくことができた。

「猪木さん、ちょっと待ってよ、と。いま、非常に緊迫した局面で、いわば向こうも柔軟になりそうな瀬戸際なので、猪木さんに帰られてしまうと、解放が遠のく可能性がある、と言ったんです。その時、ウダイさんのすぐ下のスポーツ副大臣もそこに来ていたんですよ。猪木さんの見送りのためです。私がそう言ったら、副大臣も黙って下を向いていました。私が、そうでしょ、と言うたら、ウーンというような感じです。やっぱり猪木さんって、そのへんは勘がいいんやね。わかった、では、残ります、と言ってくれたのです」

野崎は、すでに飛行機に積み込まれていた猪木の荷物の運び出しまでしている。

「私はエプロンのところを走っていって、飛行機のコンベアに乗って、上にあがって、荷物室の中にも入っていって、この荷物やとか言って引き出しました。あまりに強引にやったもんやから途中で一回、銃を向けられて、お前、ええかげんにせえという感じで怒られました」

この段階で、野崎には「絶対に人質は解放される」という確信があった。

「あれだけの待遇をして、それで刀一本では終わらない、と思っていました。ウダイさんたちは、サムライ的な精神でやったのかもしれないけれど、猪木さんは議員ですからね。そのことを私は伝えたわけですが、彼らは、それがわからんほど馬鹿な政治家じゃないと思ったんです。私はこの段階で、絶対に大丈夫だと思っていました」

事態が劇的な結末を迎えたのは、翌十二月五日午後八時半のことだった。

夫人たちが待つオリンピック委員会本部に、真っ黒いベンツが九台、現われた。そこに乗っていたのは、人質たちだった。

一緒に平和の祭典を観たあと、人質として引き離されていた夫たちが降りてきたのだ。お互いが再会を喜びあった。

間もなく姿を現わしたのは、ウダイである。

「皆さんは、自由です。今後は、イラク国内を自由に旅行されても大丈夫です。もちろん、イラクを出国することも自由です」

ウダイは、そう言った。人質解放が決まった瞬間だった。

三寺哲夫もその時、黒のベンツに乗ってやって来た人質の一人だ。

「あの時の運転は、すごかったですね。政府専用車なんでしょうけど、車間を一メートルぐらいしかとらずに、いっせいに全車がダッと動くんです。ブレーキとアクセル両方踏みながら、車間がほんと、ぎりぎりで、ワーッと運転していく。スピードを出して、先頭が止まったら、うしろはピタッと止まるような感じでした。それで、宮殿みたいなところに行って、家内たちと会いました。間もなく、ウダイが出てきて、〝皆さんは解放されることになりました〟と言ったんです。そこで、いっせいにキャーッと奥さん方の悲鳴が上がりました。喜びの声でした」

待ちに待った歓喜の時だった。

あやめ会の会長、長谷川悠紀子も喜びの中にいた。

「ウダイさんが、まず、アラビア語で何かを言ったんです。しかし、それは何を言っているかわかりません。そのあと、英語で、〝帰りたい人は、全員帰っていいです〟と言いました。その瞬間、喜びの声が上がりました。本当に、バンザイになりました」

男たちの間からも、ウォーッと声が上がった、と三寺は言う。

「これでやっと帰れるんだという思いがこみ上げました。女性の声のほうが大きかったように感じますが、男たちからも、ウォーッと声が上がりましたよ。あとは、一人ひとり、ウダイと順番に握手ですよ。大広間のようなところで、全員が握手をしました。ウダイは若くて、髭がワアッとありましたが、女性のような柔らかい手でした。力仕事をしているようなゴワゴワした手ではなかったですね」

三寺は、ウダイに「サンキュー」という言葉をかけた。ウダイは、三寺に目で会釈を返した。それは、八月二日のイラクによるクウェート侵攻から数えて「百二十六日目」のことだった。

突然、出てきた外務省

しかし、この時点で解放の対象となったのは、バグダッドにやってきた夫人たちのご主人だけだった。

各企業などへの外務省による圧力があったとはいえ、バグダッド行きを断念した夫人たちには、それは大きな衝撃となった。

「最初、バグダッドに行った人のご主人だけが三十六名、解放になったんです。それで、残された人たちは、本当に奈落の底に突き落とされたような感じになってしまったんです。やっぱり行けばよかった、って。会社が反対したとか、子供の関係でとか、お姑さんが〝ダメ〟と言ったとか、いろんな理由で、来ることをあきらめた方がいたんですよ。相当なショックだったようです」

悠紀子は、そう語った。

解放が決まった三十六名のほかに、まだ「人間の盾」七十八人と、もともとイラク国内に在留していた邦人百二十五人が取り残されている。彼らは、いったいどうなるのか。

猪木と野崎は、さらに交渉を継続した。

フセイン大統領の要請を受けて、人質解放を討議するイラク国民議会が開かれたのは、二日後の十二月七日午前十一時のことだ。

解放への国際圧力は、独裁者フセインを追い詰めていた。

この時点で、イラクとクウェートにいる西側外国人は、まだ、約二千六百人を数えている。日本人も、二日前の夜に解放が決まった三十六人も含め、二百三十人余りが残されているのである。

両国に足止めされている彼ら全員の出国許可について討議するイラク国民議会は、サレハ議長による演説から始まった。ここで、サレハ議長は、クウェートからの「撤退」と「パレスチナ問題」をリンケージ（連関）させる姿勢を崩さなかった。

審議では、米・英への反発の声が相次いだ。

「彼らは、帰国させるに値しない」

「ほかの外国人とは、別扱いすべきだ」

そんな強硬意見も出た。討議は、事実上、アメリカ人とイギリス人をどうするか、ということに集約された感があった。

だが、大勢は「全員出国許可」だった。そもそも、人質全員の出国許可について討議するよう独裁者・フセインが国民議会に要請したということは、その時点で独裁者の意向は「固まっていた」ということになる。

反対意見こそ出たが、やがてイラク国民議会は、圧倒的多数で、外国人全員の出国を許可する決定を下したのである。

この討議の模様を議会で見守っていたのが、猪木と野崎である。

猪木は、決定を歓迎する「演説」をするために、チェコスロバキア代表団の代表、欧州議会の代表と共に、議会に出席していたのだ。

野崎は、この場でも猪木の通訳をしている。

「討議の模様を一緒に見ていました。そして、そのあと猪木さんが議会で演説をしたんですよ。猪木さんの演説を通訳したのは、私です。人質解放に対する感謝の演説でした。そのあと、人質が全員解放になったんです」

野崎にとって、それは、人間の盾だけでなく、バグダッドにいる「自分自身」の〝解放〟をも意味するものだった。

しかし、おもしろいのは、そこからである。「全員解放」となったら、日本政府が急に「特別機」を出すことを決定したのだ。

猪木を筆頭とする一行は、イラク航空機によって、まずバグダッドを出て、ヨルダンの首都・アンマンに向かった。そこで特別機を待つことになったのである。

しかし、奇妙なことが起こった。

アンマンまでやって来た日本政府の特別機には、「人質とその家族」以外は乗せないと、外務省が通告してきたのだ。つまり、人質でも、その家族でもない、アントニオ猪木は、「特別機には乗せない」ということである。

外務省の意趣返しとも思えるやり方に怒ったのは、あやめ会の会長、長谷川悠紀子である。

「(アンマンで)外務省の人が来て、〝猪木さんは人質ではないので、この飛行機には乗れません〟と言われたんです。私は、猪木さんからそのことを聞きました。私は、すぐに〝わかりました。私たちも人質ではないですから、この特別機には乗りません〟と言ったんです」

猪木と一緒にバグダッド入りしたあやめ会の夫人たちも、全員、日本政府の特別機には「乗らない」と、宣言したのである。

あやめ会の会長である悠紀子の決心は、波紋を広げた。当の人質の男たちも、

「ならば、俺たちも乗るのはやめよう」

と声を上げ始めたのである。

悠紀子が言う。

「私が、あやめ会は乗らないと言ったものですから、人質だった男の人たちが、〝猪木さんを男にしようじゃないか〟と言い出したんです。自分たちは、猪木さんの平和の祭典で解放されたということがわかっていますから、〝俺たちも、自分たちで飛行機を探して帰るから、特別機には乗りません〟と外務省の人に伝えたのです」

頭を抱えたのは、外務省である。もし、特別機がカラで日本に帰ったとしたら、面子(メンツ)も何もあったものではない。

そもそも、日本政府、とくに外務省に対する人質たちの怒りは、大きかった。各国が、オモテとウラを使い分け、巧みに外交戦を展開していく中で、日本だけは無策を続けていたからである。

まず第一に「命」を考え、表向きの強硬策とは別に、ウラでは秘かに交渉をおこなって自国民を救出する各国のしたたかな戦術は、同じ人質として生活していた外国人が次々と解放される中で、いやというほど思い知らされていた。

（自分たちの命を、日本は、なんとも考えていない）

（日本政府には、自国民の生命を守るという考えがそもそも存在しない）

そんな疑念が、やがて確信へと変わっていったのも無理からぬところだろう。

そんなこともあって、バグダッドでは解放のあと、外務省から派遣されていた領事部幹部が人質や家族に対して懇談会を申し入れたが、それに出席しようという人間は誰もいなかった。そこまで人質や家族の反発は強かった。

猪木の行動に対する感謝と、外務省への反発──人質たちのその思いを、初めて外務省は目の当たりにしたのである。

慌てた担当者は、急遽、本省に連絡し、

「猪木さんにも乗っていただきます」

と方針転換した。

悠紀子は、節操のなさに、呆れた。

「結局、それが外務省なんですよ。バグダッドに行く時には、さんざん邪魔をされ、今度は、人質の全員解放という大きな成果が出た途端に、態度をがらりと変えて特別機を出してきたんですからね。しかも猪木さんが乗れないと聞いた私たちが、〝では、自分たちも人質じゃないから乗りません〟と即答したら、予想しない事態になったので、担当の人が本当に困っちゃったんです。すぐ本省に連絡をして、あっさり〝猪木さんに乗っていただきます〟と変わったんですから、呆れてしまいました」

イラクのクウェート侵攻以来、右往左往するだけで、ついに独自外交を展開することができなかった日本。世論の関心も、自衛隊を中東に派遣するか否か、に集中し、「国際貢献」という文字が日ごと、新聞紙面を賑わし続けた。

そんな中で、本来なら最も重視されるべき国民の「命」が、実は、二の次、三の次だったことに、「人間の盾」となった人々は気づいたのである。

悠紀子は、のちに、こんなエピソードも聞いたという。

「あの最初の移送の時、クウェートで人質となった人をイラクに輸送するバスを、イタリアの大使館が追跡して停めて、何度も拒否されながら、最後はイタリア人だけバスから降ろすことに成功していたことを、あとになって知りました。バグダッドに行く途中で自国民を取り戻したんです。イタリアの外交官は、そこまでやっています。でも、日本では、在留邦人の命は〝地球より重い〟どころか、〝鳥の羽より軽い〟んです。何かがあれば、真っ先に切り捨てられます。それが日本という国であることを知りました」

「人間の盾」は、さまざまな問題点を浮き彫りにしたにもかかわらず、日本では、〝過去〟の出来事として、いまも、教訓とはなりえていないのである。

第十三章 イエメンからの脱出

標高約2300メートルの盆地に、特徴的な装飾を施した家々が立ち並ぶ、イエメンの首都サナア。遠景の山にも対空陣地があり、内戦時にはそこから対空砲撃がおこなわれた

始まった「内戦」

その時、伊東直子（三二）は、窓のカーテンを開けて、空を見上げようとしていた。

何かの〝予感〟があったのかもしれない。

そうでなければ、あんな早朝に、わざわざ窓に近づいて、カーテンを開けることなどなかっただろう。ベッドでは、二歳の息子と、一歳になったばかりの娘がすやすやと眠っている。

（えっ）

ふと、何かを感じた瞬間、いきなり凄まじい「音」が直子を襲った。

ゴー
突然の爆音だった。

あっと空を見た直子の目に、手が届きそうな低空を、ものすごいスピードで近づいてくる戦闘機の〝腹〟が飛び込んできた。

（なに？）

それまでの日常を覆す、恐ろしい「現実」の到来だった。

一九九四（平成六）年五月五日早朝五時、中東にあるイエメンの首都サナアでのことである。

「なんだ！」

別の部屋で寝ていた夫の一郎（四三）も飛び起きた。

ダダダダダ……その時には、もう対空砲火が始まっていた。そのまま何かが墜落するようなドーンという音が耳を聾する。

子供も大音響に目を覚ました。だが、泣きもしなかった。完全にベッドの中で固まっていた。

（ついに始まった……）

夫妻は、互いに目を合わせて、同じことを考えていた。内戦がついに始まった、と。

青年海外協力隊（JOCV）のイエメン「調整員事務所」の所長として、伊東一郎は、三年前から同地で活動していた。それまでにフィジーとネパールでも活動しており、イエメンは三か所目の任地だった。

青年海外協力隊は、外務省が所管する国際協力機構（JICA）の海外ボランティアのための組織として、五十年の歴史を持っている。一九六五（昭和四十）年に、ラオスへ第一号が派遣されて以来、世界中のさまざまな国で活動している。

職種は、土木、農林、水産、医療、スポーツ……など、あらゆる分野におよんでおり、日本人による国際貢献の一環として、世界の最前線で奮闘しているのが彼らだ。

イエメンでの青年海外協力隊の活動を立ち上げるために一九九一（平成三）年四月にやって来た二人は、国内に隊員を二十名も抱えるまでに着々と活動のジャンルを拡げていた。

　夫妻の自宅は、サナア市内の北東部に位置するハッダという地区にある。新興住宅街である。その北には、大統領官邸があった。

「飛行機は、南から北に向かって飛んで来たんです。高度を下げながら、そして煙を吐きながら飛んでいったように見えました。本当に低空でした。途中で、よく墜(お)ちなかったと思います。半年ぐらい前から、緊張感があったので、ああ、やっぱり来たな、という感じでした」

　直子にとって、予想外のことではなかったのである。

　ドーンという音とともに煙が上がったのは、自宅より北だった。大統領官邸の方角のどこかで墜落したのは間違いなかった。

　夫の一郎も、心の準備はできていた。

「サナアは、盆地にあります。戦闘機は、ちょうど日本の大使公邸の真上あたりを通っていったんですね。それが通りすぎると同時に、対空砲による集中砲火が始まったんですよ。あっちからもこっちからも、ドンドンと撃ち始めたわけです。みんな飛び起きました」

　内戦に突き進む徴候(ちょうこう)は、かなり前から顕著になっていた。夫妻は、そのシグナルを受け止め、「対策」を着々と進めていた。

歴史と伝統の国の「現実」

突然起こった「内戦」について理解するには、まずイエメンの地理的、歴史的な事情を知る必要がある。

イエメンは、中東のアラビア半島の突端に位置する面積五十二万八千平方キロメートル、人口およそ二千四百万人を擁する国だ。面積は日本の約一・四倍、人口は、およそ五分の一である。

北はサウジアラビア、東はオマーン、南はアデン湾を挟んでアフリカのソマリアを望み、西は紅海を挟んでエリトリアと向かいあっている。

紀元前七世紀から「シバ王国」として繁栄を誇った国で、さまざまな変転を経ながら、十九世紀前半に東側に位置する南イエメンがイギリスの植民地となり、次いで北イエメンがオスマン帝国に占領された。

二十世紀に入って独立、サウジアラビアによる併合、軍事クーデター、再独立、内戦……と、激動を続けてきた国がイエメンである。

紀元前からの遺跡や歴史的建造物も多く、その歴史と伝統に対して、イエメン人は誇りを持っている。

初めてやって来た時は、イエメンに対する知識が乏しかった伊東夫妻も、次第にイエメンの魅力に惹かれていった。

だが、オスマン帝国の支配を受けていた北イエメンと、イギリスの植民地となっていた南イエメンの「対立」はあらゆる場面で顔を出し、とくに、南イエメンが、ソ連の支援を受けて、一九六七年に共産主義国家「南イエメン人民共和国」となったことで、価値観や考え方の溝は、埋めがたいものとなっていた。

一九九〇年に、北イエメンと南イエメンは合併し、「イエメン共和国」が誕生したものの、対立の火種は「残されたまま」だったのである。

その対立の背景を、伊東はこう見ていた。

「合併したあとで、旧南イエメンの沖合に海底油田が見つかったんですね。そうすると、南イエメンのもとの為政者からすると、なにも北イエメンと一緒になって小さくなっていなくても、もうちょっと待っていれば、俺たちだって油田を抱えて、結構、うまくやれたんじゃないのか、という思いがあったんでしょうね。合併してから、政治的には旧北イエメンのほうに牛耳られて、旧南イエメンの人たちは、優遇されていないという意識が強かったと思います。冷戦が終わったあとですから、ソ連の援助などもなくなっていたのだと思いますが、〝しまった〟という感じが強まっていたと思うんですよ」

小競り合いのようなものは、あとを絶たず、次第に「これは一戦交えなければ……」という思いが醸成されていったのではないか、と伊東は推察する。

「普通は収まるだろう対立が、なかなか収まらないんですよ。いつまでも揉めているのです。ある日、南イエメンの要人が住んでいる家に、夜中に突然、ロケット弾が撃ち込まれたり、あるいは、別の要人が銃撃されたりといったことが続いていました。うちの隊員の目の前でも、起こったことがあるんです」

それは、映画さながらの光景だった。

「ある隊員が働いている建物の下に交差点があって、ランドクルーザーが来て停まったそうです。すると、そこに、もう一台ランドクルーザーが来て並んで停まったかと思うと、あとから来て停まったランドクルーザーが、いきなり自動小銃を乱射したそうです」

隊員は仰天して、事態を窓から見守るしかなかった。

「片方には、〝シェイク〟と呼ばれる部族長のような人が、女性に囲まれて乗っていたみたいなんですよ。その女性たちはみんな死んじゃったそうですが、部族長は、かすり傷だけで助かったようです。いつも働いている建物の下にある交差点で、しかも白昼ですからね。隊員はびっくりしてしまったんです」

そもそも、イエメンの町のようすは、日本の常識でははかれないという。

「イエメンでは、みんなが銃を持っているんですよ。政府だとか、警察が自分たちを守ってくれるなんて、誰も思っていないんですね」

伊東は、そう解説する。

「つまり、自分の命、自分の家族というものは、自分が守るしかない、というのがイエメン人の基本的な考え方なんです。それで、みんながＡＫ47（註・ソ連製の自動小銃。

全長九十センチほどある）という銃を持っているんです。年寄りまで、それを〝杖〟の代わりについて歩いているような世界なんですよ。だから、私たちは、安全をどう守るか、ということを、いつも一番に考えていたんです」

身を守る術は、日頃の行動から徹底していた。

「車両強盗というのが、頻繁に起こるんです。これは、防ごうと思っても、なかなか難しい。結核プロジェクトという医療のために日本からやってきていた専門家は、配属先の保健省のゲートを出たすぐ前でストップをかけられて、車両強盗に遭いました。おとなしく車を明け渡せば、なにも危害は加えられないんですが、その時は、ぐずぐずしていたら、いきなり発砲されたんです。目の前を弾がピューピュー飛んでいったわけです。殺すわけではないにしても、そこまでやられてしまうと、車から降りるじゃないですか。その手の車両強盗はいくらでもあって、私は、それはもう〝お国柄〟だと思っていました」

伊東自身は、車両強盗をどう防いでいたのだろうか。

「狙われるのは、トヨタのランドクルーザーなんですよ。これしか狙わないです。彼らは、あの車が最高だ、というんですね。砂漠を疾走できるのは、あのランドクルーザーだけだ、というのが、イエメン人の言い分ですね。ほかのメーカーの似たような車種が来ても、〝行け、行け〟と言って襲わないんですが、トヨタのランドクルーザーが来ると〝停まれ〟なんです。だから狙われる車種は決まっているんです」

伊東自身も、そのトヨタのランドクルーザーに乗っていたために、神経を使うことになる。

「うちの事務所が使っていたのは、白いランドクルーザーだったんですけれど、これをどうするか、ということで現地職員と知恵を絞ったんですよ。それで、その白いボディに、自分たちでこうペイントしたんです。〝この車は、JOCV、青年海外協力隊という日本の組織が、イエメン人を助けるために働いている、その事務所の車です〟と。これをアラビア語で書いてもらったのです。すると、ほとんど車両強盗に遭うことはなかったですね」

しかし、それでも一回だけ「ストップ」がかかったことがあったという。

「その時は、みんなが銃を持ってぞろぞろやって来て、私が運転している車を取り囲んでワーワー言っているわけです。ちょうど現地職員が乗っていない時で、なにを言っているのか私にはわかりませんでした。さすがに、"これは、盗られるのか"と思いました。しかし、なにを言っているかわからない私に、しばらくワーワー言っていた彼らは、そのうち〝行け。行っていい〟ということになりました。やはり、ペイントを消すのは手間がかかりますからね。イエメン人を助けるために働いている、と書いてある車を奪うというのは、彼らもさすがに躊躇したんじゃないでしょうか」

この方策は、イエメンで活動する外国のボランティア団体に広がり、それから同じ内容のペイントをするランドクルーザーが増えたという。

「イエメンは、人質・誘拐も横行しているんです。しかし、一般に考えられているものとは違うんですよ。命をとるようなものではなく、言ってみれば、〝ゲスト〟です。どういう人を人質に取るかというと、大使館員や、国際機関、あるいは援助団体の技術者とか、交渉材料に使える人たちを取るんです。そのうえで、部族が政府と交渉するわけです。水をこっちにも引けとか、道路をここにも通せ、とか、そういう類いの要求です。その交渉材料として〝ゲスト〟を迎え、要求をするのです。だから、人質になっても丁重に扱われますよ。そもそも、部族は、政府も一つの部族ぐらいにしか考えていませんからね」

だから、彼らは「殺すぞ」とは決して言わない。「帰さないぞ」と言うのである。そのため、人質になっても命の心配をする必要はないのだという。

「あくまで、自分たちと対等な人という見方ですね。ある時、ドイツ人が人質に取られて、拘束がひと月近くにおよんだことがありました。そうこうしているうちに、家族のところに手紙が来て、〝人質になっているが心配するな。みんな、優しく親切にしてくれている。アラブなのにウィスキーまで飲ませてくれるし、この前のクリスマス休暇よりも楽しいくらいだ〟と書いてあったそうです。もちろん、そのあと解放されましたが、〝人質〟といった時に、日本だとすごく凶悪な犯罪というイメージがありますが、ちょっと感じが違うんですよね」

伊東は「もしも」の時のために、隊員たちに、こんな「注意事項」を徹底させていた。

「私は、隊員が人質になった時のために、対応マニュアルをつくっていました。まず、第一に、〝抵抗はするな〟ですね。次に大事なのは、できるだけ相手の意に沿うように、距離を取るのではなく、極力、向こうが親しみを持つように振るまえ、です。人質に取られている間は〝親しくつきあえ〟という意味です。人質は、ゲスト、つまり、お客さんなんだから絶対に傷つけるようなことはしない。しかも、永久に人質にしておくことはできないんだから、どこかの時点で必ず解放される。だから、それを信じて楽しくやれ、と。要するに、〝人質ライフを楽しめ〟ということです。幸いに隊員で人質に取られた人間はいなかったですが、そういう対応以上に現実的な対策はない、と私は思っていました」

それは、イエメン滞在が長くなればなるほど「わかってくる」対策だっただろう。

「どこが危険なんだ？」

それだけの知識と経験があっただけに、伊東夫妻は内戦への備えも、十分におこなっていた。しかし、イエメンの日本大使館でそれが「生かされる」ことはなかった。

伊東は、不穏な空気を肌で感じていた。しかも、「その時期」が確実に近づいていることも、わかっていた。

およそ二十名の隊員を束ねていた伊東には、イエメンの地方で活動している隊員などからも、さまざまな情報が上がってきていた。また、事務所設置の当初からタッグを組んできた現地職員には、風聞など巷の噂的な情報収集を強く指示してきた。

集まった中で、最も注目すべきものは、なんといっても、車両燃料の「情報」だっただろう。

「刻々といろいろな情報が上がってきていましたが、イエメン中部の最大の都市タイズから首都サナアへと続く街道のサービスステーションで、車両燃料をまったく売らなくなった、という情報は大きかったですね。タクシーや長距離トラックが、どこでも燃料を売ってもらえなくなって、〝軍が、軍用車両などのためにすべて押さえたらしい〟という情報だったんです。これは、もう近いな、と思いました。それは、内戦が始まる数日前のことでした」

親しくしている日本の商社のイエメン支店長から、こんな情報もそれ以前に得ていた。

「ある夜中に、大統領特使が、その商社の支店長の自宅を訪問してきたというんです。それで、〝この部品を調達してほしい〟と、部品のリストを渡された。それが、すべて戦車の部品だったんです。これも、内戦が始まる明らかな予兆でした」

それは、一九九四年四月のことだ。伊東は、ただちに隊員たちに対して以下のメッセージを出した。

「とにかく、巷の情報や噂、配属先などまわりの身近なイエメン人たちが何を言っているか、それに注意を払ってくれ。もし何かが緊急に発生して私と連絡がとれないような場合は、彼らの行動、指示に従ってくれ」

〝何か〟が起こるのだとしたら、直接、隊員の命にかかわってくる。それを回避するためには、事前に情報を入手し、退避を含む対策を講じておかなければならない。

だが、実際にいつ、どこで、どのような事態が発生するのかは、予測不可能だ。場合によっては、隊員の安全確保を配属先などのイエメン人に委ねるほかないことも、十分にあり得る。

イエメン人の現地職員からは、

「もう北イエメンと南イエメンは、どうやっても折り合いがつかないでしょう。必ず〝何か〟をやらなければ、収まりようがない状態にまできています」

そんな情報が上がってきていた。

伊東は、そうして得られた情報をＪＩＣＡの東京本部に報告していた。

ある時、伊東は、大使館から呼び出しを受けた。

「こんな状況が本当にあるのか。どうなるのかわからないのに、巷の噂程度で何を言っているんだ。われわれ大使館が収集しているのは、向こうのしかるべき治安関係から発表されている情報なんだ」

それは、着任して三か月ほどしか経っていない秋山進大使の言葉だった。

秋山は、ミラノの総領事から一月下旬に赴任してきたばかりだ。ミラノの前は、サウジアラビアの公使を務めており、外務省きってのアラビア語の使い手だった。しかし、いかんせん、イエメンでの生活はまだ日が浅かった。

ふと目をやると、伊東がJICAに送ったファックスが、そのまま大使のデスクの上に置かれていた。

どうやら、JICAから外務省へ、そして現地の大使館へ、と送られてきたようだ。JICAの情報が、外務省本省に上がっていることが、大使館はお気に召さないようだった。

伊東は大使館の参事官から、

「この〝危険〟という言葉だが、これはいったい、誰が危険と判断しているんだ？　君は、危険であるという判断をできる資格があるのか。こういうものを送る時は、事前に大使館の了解を取ってくれ」

そう言われている。

「大使館の人たちから面と向かって言われましたね。向こうにとっては、私がそういう情報を聞いて危険と思った、ということ自体がいかん、ということなんですよね。危険という判断を下していいのは、君じゃない、私たちだけだということなんでしょう」

だが、青年海外協力隊の隊員の命を預かっているという点では、伊東は、独自の判断をすべき立場にある。その言い分には、納得ができなかった。

伊東は独自判断で、イエメンの地方に配属していた隊員を首都サナアに集めた。

「当時、活動は全国的に展開していましたから、南イエメンのかなり離れたところにも隊員がいたんですね。何かが起こった時に、距離やさまざまなことを考えたら、この隊員を救いに行くことができないと考えました。それで、これを全部移動させたんです。ところが、そのことにも大使館が突っかかってきて、〝なんで移動させるんだ〟という話になりました。私は、正直に、これだけ離れていると、いざという時に対応しきれないので、移動させます、と言ったんです。すると、早く（もとの土地に）戻せ、と言われました。大使館は、すべてを牛耳っていないと収まらないみたいなところがありましたね」

その末に、実際にイエメン内戦が勃発（ぼっぱつ）したのである。

「ひと月前には、不測の事態があり得るという感触は持っていました。事務所の現地職員は大変優秀で、アメリカに留学して数学のマスターまで持っているという、かなり切れるイエメン人でした。彼が、これはもう危ないです、というのも大きかったですね。だから、イエメン第二の都市アデンにいる隊員二名を除いて、私は首都サナアに隊員全員に上がってもらっていたんです。

アデンは、いざとなれば、ほかの外国の援助団体も結構いたし、大使館の分室もありましたからね。だから、なんとかしてくれるだろう、と思いました。しかし、ひと月前くらいに〝緊急避難になる可能性がある。現金はあるか？〟とその隊員に聞いたら、〝ない〟という答えだったので、いざという時の脱出用に事務所の公金を渡していました」

伊東は内戦勃発で、ただちに行動に出た。

事前の準備として、いつ、何が起こってもある程度の対応はできるように事務所にガソリンをドラム缶二本分備蓄していた。それから、食糧の備蓄もやっていた。最も重要なものは、やはり「水」である。

夫人の直子はこう語る。

「なによりも水でした。ケースで買って蓄えていました。米も結構、ありましたよ。玉ねぎ、ジャガイモ、ニンジンとかは、基本的に年中ありましたので、そういう野菜類、それから油、砂糖、塩……などですね。サナアの隊員たちは、事務所まで来られない可能性もあるので、自宅にも備蓄してもらっていました。

これはマニュアルをつくって、みんなにやってもらったんです。隊員たちには、それぞれ、イエメン人の配属先職員がついていますから、すごく情報を持っていましたし、いざとなれば、頼れる人たちもいたんじゃないかと思います」

伊東は、これらの準備を「一か月ほど前」から各隊員に買い出し経費を支給したうえで徹底させていたのである。もちろん、ガソリンも同様だ。伊東はお金を渡す時に、

「いったん（内戦が）始まると、外にも出られなくなる。水や食べ物がなくなると困るぞ」

そう念を押すのを忘れなかった。

青年海外協力隊のイエメン「調整員事務所」の二階は、地方から隊員が上がってきた

時に宿泊できるようにドミトリー（宿泊施設）にしていた。伊東が〝自分の手の届くところ〟に呼び寄せていた隊員たちは、そのドミトリーに集まったのである。

ジェット戦闘機が、いきなり超低空でやって来たのは、隊員たちが、ちょうどドミトリーに集まった「翌朝」のことだった。しかし、

「さて弱ったな、どうするかな、という感じになりましたよね。というのも、内戦から、逃げる手段がないんですよ。それ以前から、日本とのやりとりの中で、一応、脱出に備えて航空券を買っておけ、と本部に言われていたんですが、現場にいる私たちからすると、航空券を買ったはいいけれども、飛行機が来なかったらどうするんだ？　ということなんです」

その時の困惑を、伊東はこう表現する。

「航空券を買って金はなくなった、一方、飛行機は来ない、となったら、どうにもなりません。私は、あまり本部の言うことを聞かずに、自分の判断でやっていました。これは、航空券よりも現金を持っていたほうがいいな、と思ったんです。すると、一番先に入ってきたのは、やはり、空港閉鎖の話でした。

通常のコマーシャル便は、全部キャンセルになったんです。旅行会社とは、そういう相談を以前からしていましたので、すぐ教えてくれました。もう、当分来ない、とのことでした。車をチャーターすれば、陸路で、北側のサウジアラビアへ抜けていくこともできるかと思いましたね。しかし、情報をとってみたら、脱出するイエメン人たちで、

陸路はもう数珠つなぎで動きが取れない、とのことでした。さあ、どうするか、となりました」

サウジアラビアへの道は、幹線道路だ。サナアの西およそ三百キロのところにあるイエメン西部の都市ホデイダから、紅海沿いに北上するのである。道路自体は、一応、安全だった。

サナアは、標高約二千三百メートルの地にあり、西の紅海の方角に向かって山岳地帯から降りていく。そして、海岸線を北上するわけである。

しかし、陸路はサナアから脱出する人々で道路が渋滞し、とても使えなくなっていたのである。

頭を下げる大使

伊東は、秋山進・イエメン大使を「珍しいタイプの外交官だった」と振り返る。赴任して間もなく、こういう事態に陥った大使は、自分の見通しの甘さを率直に詫びている。

しかも、それは内戦勃発の初日のことだった。

「私の見通しが甘かった。誠に申し訳なかった。私は、なんとかして、皆さんを安全に脱出させます。大使館が責任を持ってやりますから、待っていてください」

在留邦人たちを前にして、秋山大使は、そう宣言したのだという。それまで、外交官といえば、傲慢なイメージしか持っていなかった在留邦人たちは、驚いた。

「それは、内戦が始まった一日目のことです。大使の部屋に、商社の所長などの組織の長とか、私も呼ばれて行ったら、大使の謝罪があったんですよ。大使が立ち上がって、私たちに頭を下げたんです。普通、大使はこんなことはしません。実際に、秋山大使はそれから各国の大使館をまわり、ほかの国の外交官に頭を下げまくって、日本人を乗せてくれそうな飛行機なり、艦船なりを、片っ端からお願いしてくれたんです」

集まった代表者に、秋山大使は意見を求め、率直な「希望」を聞いていった。

「今後どうするのか、商社にしても、それぞれの方針が違いますから、それを大使が聞いていきました。商社にだっていろいろあるわけです。内戦状態になっても、そこにいる、というところもありますからね。私たちの場合、もう活動ができるわけがないので、できるだけ退去したい、という希望を伝えました。それに基づいて大使館が動き始めてくれたのです」

その時に呼ばれていたのは、JICA関係は伊東一人で、あとは、三菱商事、丸紅、日商岩井、住友商事、結核プロジェクトのコーディネーターなど、六人ほどだった。

伊東は、隊員のほかにも、専門家なども含めJICA関係者をたくさん抱えている。専門家とは、「JICA専門家」のことだ。一般の「隊員」より高い技術的専門性を有し、省庁や機関などから特定の技術協力案件に対して派遣されることが多い。彼らの安全対策に対しても、伊東が関わっていたのである。

「みんなの配属状況はどうですか。どこにいるんですか」

「所在や安否の確認は、できているんですか」

そんなことを聞かれ、伊東は、

「いつでもJICA関係者全員が逃げる態勢はできています」

そう答えたのである。

「話の中心は、これからどうするのか、ということでしたが、もう、コマーシャル・フライトは来ない、道路は渋滞で詰まっている、ということで、脱出する手段はありません。ところが、よその国の飛行機は来始めていたんです。アメリカとか、UN（国連）とかね。

滑走路に穴が開いたらしい飛行場に着陸して、助けるべき自国民の救出を始めていたんですよ。あとで空港で見たんですが、アメリカは軍用輸送機のバカでかいのが来ていました。あれが着陸しているのを飛行場で見て、びっくりしてしまいました。やはり、オイル関係者がいましたから、アメリカ人が一番多かったように思います」

しかし、なんらかの方策をとって「日本が来る」ということはあり得なかった。

これまで似たような事例でも、そもそも救援機が飛んだことはない。政府専用機でさえ、運用には制約が多かった。

また、「自衛隊の海外派兵につながることは許されない」という強固な政治思想を持つ勢力や、それをあと押しするマスコミ・ジャーナリズムによって、自衛隊の邦人救出への関与は事実上、「不可能」にされていたのである。

そんな邦人の事情とはお構いなく、首都サナアは、内戦の只中に放り込まれていた。

「初日は、午後ぐらいになると対空砲火が収まり、戦闘機も飛ばなくなりました。あの日は、車が少なくて、かえって静かだった記憶があります」

伊東は、そう語る。しかし、すでに、町の「破壊」が始まっていた。

「次の日だったと思いますが、サナア市内に住んでいる隊員から、私のところに連絡が入って来たんです。〝今まさに、装甲車が、隊列をつくって前の通りを走っています〟というものでした」

そこは伊東の住居から数百メートルしか離れていない場所だが、伊東には装甲車は見えていない。しかし、装甲車が隊列をつくって進んでいるということは、少なくとも戦闘が始まる可能性が高いことを示している。

「窓からは離れろ。部屋の一番奥に行って、弾が撃ち込まれても届かないところでじっとしているんだ」

伊東は、即座にそう指示した。

隊員の住むすぐ近くには、北イエメンに対する反政府勢力の事務所があった。よく政治パーティーなどを開いていたところである。

装甲車の目的の場所は、やはり、その事務所だった。あっという間に建物を取り囲み、間もなく一斉砲撃が始まった。凄まじい砲撃音が鳴り始めた。

「そこは南イエメンの人たちの政党事務所だったんです。うちの隊員は、道を隔てて、政党事務所の向かいに住んでいました。そこを撃ちまくって、建物ごと攻撃したわけです。内戦勃発の翌日は、町の中で煙が出ているところがずいぶん、ありました。店のシャッターは降りていますし、動くこと自体が危なかったですね」

南イエメンが、首都サナアに向かってスカッドミサイルを撃ち出したのは、それからのことだ。噂では、「アデンのあたりから撃っている」とのことだった。

第十四章
大使の執念と教訓

南イエメン軍の戦車と兵士。発射された砲弾の薬莢が転がる（1994年5月13日撮影）。2か月に及ぶ内戦の末、南イエメン勢力は北イエメンに制圧された

「救出」にかけた大使

在留邦人の代表者たちに頭を下げた秋山進大使は、今度は各国の大使に必死で頭を下げまくっていた。

自らの言葉どおり、秋山大使は、東奔西走した。それは、並みはずれた執念と言えた。

「なんとしても、邦人全員を無事、脱出させる」

それは、秋山の信念だったに違いない。

外務省きってのアラビア語の使い手だった秋山は、得意のアラビア語を駆使して、アラビストの大使を中心に懸命にまわっていた。アラビストとは、アラビア語を習得した人たちのことを指し、各国の駐イエメン大使には、アラビストが多かった。

岡山生まれの秋山は、地元の岡山南高校から大阪外国語大学の英米科に進んでいる。在学中に外交官試験に合格し、一九五八(昭和三十三)年、外務省に入省した。一年の研修ののちに配属されたのは、それまで縁もゆかりもなかった「アラビア語」の世界だった。

「ちょっと待ってください。私は英米科ですから、英語で仕事をしたいです」

若き秋山はそう言って抵抗したが、「これは命令だ」と拒否された。こうして秋山は、アラビア語と生涯、向き合うことになるのである。

アラビア語は、辞書が引けるようになるまでに「長い年月がかかる」と言われる難解な言語だ。秋山は、これを完全に習得しようと懸命になった。

一九五九（昭和三十四）年四月九日、当時の皇太子殿下と美智子さまのご成婚の前日、秋山はエジプトのカイロに向けて出発する。それから丸三年、秋山は昼夜を問わず、アラビア語に没頭した。

「外務省の特殊言語の研修は二年なんです。でも、アラビア語は難しいから三年だったそうです。一生懸命、勉強したと聞きました」

秋山の夫人、美保子はそう語る。

本省に帰った時は、アラビア語の通訳を買って出るほど上達した秋山は、都合二十三年もアラブで暮らした。

「主人は、長年、中近東のあちこちにおりましたので、ものの見方が欧米諸国からの見方ではなくて、アラブとか中近東の立場から考えてしまうんですね。イエメンでも各国のアラビストの大使と、深くつきあっていました」

二〇一四年、脳梗塞で倒れた秋山本人に代わって、美保子が振り返る。

「内戦が勃発してからは、各国の大使に頭を下げて、一人でもいいですから乗せてください、とお願いしてまわったようです。主人は、アラビア語ができる大使たちとは、とくに親しかったですね。こういう時のために、仲よくしていないといけませんでしょう。アメリカには、イエメンにいる自国民が多すぎて、自分のところだけで一杯だと断られた、と言っていました。当時の主人の手帳には、ジョルダン（ヨルダン）、UN（国連）、ドイツ、フランス、イタリア、イギリスとか、いろいろな国の名前が出てきます」

内戦が勃発して以後、秋山の手帳には、邦人救出のために走りまわったことを示すメモが克明に記されている。

（五月八日）
11：00 HISHAM
12：30 伊大使
12：00 独大使
14：00 8名（鈴木 福山 菊池 棚木 伊東）
UN機7名
仏船1名
電 仏大使
電 独大使
（五月九日）
独大使 〈独機〉64名
伊大使・夫人 〈伊機〉4名

〈仏船〉2名
07:45 勧告
12:00 病院→医務官
〈独船〉3名
公邸（4） 田口医務官
（五月十日）
12:00 ジョルダン大使
12:30 独大使
13:00 伊大使
14:30 英国大使
17:00 IHI ●●（※判読不明） 日商岩井 棚木
電 仏大使
電 ジョルダン大使

イタリア大使やドイツ大使、フランス大使、イギリス大使、ジョルダン（ヨルダン）大使……等々に面会し、あるいは電話をかけて、邦人を乗せてもらえるよう依頼しているさまが窺える記述である。

また、それぞれに乗せてもらった人数も記されている。UN機7名、仏船1名、独機64名、伊機4名、仏船2名……など、具体的な人数の記述が生々しい。

それにしても、「独機64名」には驚かされる。手帳には、こうした秋山のメモが延々と続いているのである。

ところどころにサナアに駐在する商社員など、日本人の名前も書かれている。伊東の名前も記述されていた。

「主人は几帳面なので、こうして手帳にメモしてあるんです。夜、公邸から大使館に向かっている時、目の前にスカッドミサイルが落ちて、命拾いしたこともありました。大統領官邸が近かったものですから、そこを狙ったものが目の前に落ちたようです。病院のすぐ近くでドカーンときまして、驚いて、電気を消して、また公邸に戻って来たんですね。主人は、歌を詠むのが好きだったんですが、その時のことを詠んだ歌も手帳に走り書きされていました」

それは、五月九日の手帳の中にある。

砲火裂け　サナアの空に　消えいかん
故国にとどけ　君、流れ星

危機一髪のありさまとともに、故国日本への秋山の深い思いが窺える歌である。邦人救出のために夜中まで奔走する秋山の、命がけの姿を彷彿させる。

不思議な空間

青年海外協力隊の隊員たちの〝籠城〟は、すでに五日におよんでいた。

事務所二階のドミトリーに集まってきた隊員たちは、そこで「脱出の時」を待った。

事務所にはキッチンもあったため、食事は自分たちでつくった。隊員も、こうなったら、開き直るしかなかった。若者たちだけに、みんなでワイワイとやっていた。

伊東も、あまり不安なく、ようすを見ていた。

「男が圧倒的に多くて、女性隊員が四人しかいなかったんですよ。私は内心、非常にありがたいと思いました。とくに、この時の男の隊員というのは、結構、タフなのが揃っていましたから、安心していられたんです」

隊員には、さまざまな職種の人間がいた。食品加工、視聴覚教育、看護師、手工芸の指導……など、多岐にわたっていた。また、スポーツの指導で来ている隊員も、種目が、バレー、柔道、卓球、陸上競技……等々、これまた多彩だった。さまざまな技術やスポーツなどを現地で指導し、根づかせる「最前線」に立っていたのである。

彼らは、伊東がイエメンでJICAの活動範囲を拡げ、地道に、一人、また一人、と本部に増員要求をおこなってイエメンに呼び寄せた面々だった。

その隊員たちが、連夜の対空砲火の中で、いまは無事脱出するために、一か所に集まっていた。

緊張しておとなしくしていても、気が滅入ってくるだけだった。彼らは、トランプや麻雀などで気を晴らしながら、それぞれの過ごし方で、脱出の時を待っていた。

「内戦が始まったその日のうちに、携帯電話が一切通じなくなって、東京とも連絡がつかなくなりました。所帯を持っている専門家の人たちは自宅待機でした。やはり、子供がいる方もいましたからね」

陸路の脱出をあきらめたのは、途中で動きが取れなくなっているうちに食糧が尽き、燃料が尽き、前にも、うしろにも行けなくなってしまう懸念があったからである。

直子はこう言う。

「もし、陸路の脱出しかないならば、賛成もなにも、それで行くしかないと思っていました。小さい子供がいるから、イエメン人は絶対に手出しをしてこないんです。むしろ、行くところがないんだったら、自分たちと一緒に田舎に行こう、というはずです。あの頃、不思議なんですけれども、みんな落ち着いていたし、隊員の誰かがケガするとか、やられるとかという感触はなかったですね」

隊員たちが「すべてを任せてくれていた」ことも大きかった、と伊東は言う。

「私たちはイエメンに三年いましたからね。だから、〝お任せします。ついていきます〟という感じだったんです。大使館も、ちょくちょく連絡をくれました。〝なかなか乗せてくれるところがない〟という途中連絡です。毎日、なにがしかの連絡はあったと思います。飛んで来る攻撃機も、最初のうちはジェット機が来ていましたが、そのうち来なくなり、懸念といえば、スカッドミサイルぐらいになっていきました。これは、要するにロシアンルーレットみたいなもので、そんなに精度は高いものじゃありません。それだけを警戒する感じになっていきましたね」

一九九四年五月八日、大使館から待望の連絡が来た。

「飛行機が手配できたので、明日、集合してください。JICA関係者は、これで脱出できます」

懸命の要請で、やっとドイツが首を縦に振ってくれたのである。

集合場所は、「ドイツ大使館の庭」だった。どうやら、ドイツの軍用機によって、アフリカ北東部のジブチ共和国に「脱出する」らしい。

「あの時、脱出できそうな国というのが、いくつかありました。しかし、私たちは公用旅券だったので、渡航先を追記する必要があったんです。ジブチは公用で行く用事がないから、そこに入っていませんでした。それで、みんなでパスポートを持って大使館に行って、渡航先を追記してもらいました。その時、可能性のある国を全部、載せてもらったんです」

伊東がこれを告げた時は、さすがに隊員の顔は明るくなった。

「隊員たちに、〝明日朝九時にドイツ大使館に集合するから、準備をしてくれ〟と言った時、みんな〝おっ〟という感じで、顔がパッと明るくなりましたよね。やはり、いつ、どうなるか、わからないまま日々を過ごしていましたからね。みんなの表情に光が差したのを覚えています」

軍用機に乗るというのは、他国の世話になるということである。

「最小限のバッグ一つだけにしろ」

そんな指示が飛んだ。それは、家族を持つ伊東家も同じだ。

「とりあえず、子供のものを持ちました。おむつ、ミルク、着替え、それから熱が出た時のちょっとした薬……。そういうものを入れたザック一つを担いでいきました」

それが絶対欠かせないものだけを詰め込んだ、直子の荷物だった。

伊東は、大使館にお礼を言いに行った。

「大使館にご挨拶に行き、〝私たちはこれで失礼させていただきますけれども、お気をつけて〟と言ったら、参事官が〝もう二日も寝てないですよ〟と言って、疲れ切っていました。お疲れさまです、というようなことを言って、お別れしました。大使館の人は、秋山大使と奥様が残られましたね。私は、秋山大使は、男気のあるタイプだと思いました。怒る時は怒る、謝る時は謝る、残る時は残る、そういうタイプですよ。だから、私は怒られたこともありましたが、あんまり嫌な感じはないんです」

一九九四年五月九日朝九時、一同は、ドイツ大使館の庭に集まった。

そこには、ネパール人や日本人など、全部で五十人ほどがいた。自国民優先のため、とっくにドイツ人の輸送は終わっていたのだろう。この中にはドイツ人は、一人もいなかった。

きっと秋山大使たちが奔走して、邦人が乗る飛行機を手配してくれたに違いない。

この時、伊東は、困ったなあ、と思うことがあった。酒臭く、顔が赤くなった男性隊員がかなりいたのである。これには理由があった。

「彼らは、自分たちがあとで飲もうと大事にしていた酒を置いていくのが悲しかったんです。それが、急に脱出が決まったものだから、最後まで残していた大事な日本酒や洋酒を捨てるのが忍びなかった。それで、朝までに、それらをみんな飲んじゃったんです。お酒は現地職員などには残していけません。イスラム教徒はお酒はご法度ですからね。だから、結局、自分たちで処理するしかない、とすべて飲み干してしまったわけです。輸送してくれるドイツの人たちにバレはしないか、と気が気ではありませんでした」

女性隊員たちは、コメを炊いて、おにぎりにしてくれていた。脱出に際して、彼らは〝完璧な〟準備をおこなっていたのである。

連れてこられた空港は、ごった返していた。まさに〝喧噪〟である。

人々は地べたに座り込み、荷物を持って、飛び立てる時が来るのを待っていた。おそらく、出稼ぎに来ていたインドネシア人やマレーシア人、フィリピン人……といった人々ではなかったかと思われる。

誰もが初体験の事態である。

伊東は、こう語る。

「百人単位で座っていましたね。全部で三百人くらいはいたんじゃないでしょうか。日本大使館の参事官も、私たちの出国の確認と見送りのためか、来ていました。空港はもう、イミグレーションもへちまもないんです。チェックインカウンターも何もない。そもそも飛行場の建物も通らず、いきなり飛行機のところに行ったんですから。ここで待つように、と言われたところで待っていたら、手続き一つなく、〝乗ってください〟となったのです」

飛行機も準備ができ次第、ただちに離陸するという態勢だ。直子に鮮烈な印象を残したのは、飛行機の〝うしろから〟乗ったことだった。

「飛行場のどこかの場所で三十分ほど待たされたと思います。地面の上に荷物を置いて、自分の荷物に座ったりしていたんです。そうすると、〝準備ができたから〟と言われて、いきなり飛行機のところに案内されました。戦車なんかも積み込むような、あの大きな輸送機です。うしろが開いていて、その斜めのスロープをみんなで歩いて、乗り込みました。ドイツの軍服を着た人たちが、案内してくれたんです」

まるで戦争映画に出てくるような大型の輸送機だった。深い茶色に近い、いわゆるカーキ色系の迷彩色の機体だった。

夫妻を驚かせたのは、「一列に並んで座れ」と指示され、そこにベルトのようなロープが横に渡してあったことだ。

「要するに、床に座ってそのロープにつかまれ、ということなんです。ロープというより、飛行機の座席で締めるシートベルトを少し太くしたようなもので、それが端から端に渡してあるだけです。これにつかまれ、と言われても、別にピンと張っているものでもなく、少し緩んでいるんですね。しかも、何本かあるだけで、すべての列に渡されているわけでもない。なんだか、つかまってもしょうがない、と思うようなものでした」

伊東は、進行方向に向かって左、そして真ん中くらいの床に座った。夫妻の膝では、それぞれ二歳の息子と一歳の娘が眠っていた。まわりを見ると、日本人だけでなく、ネパール人、マレーシア人、インドネシア人、インド人たちがいた。ドイツ大使館の庭に集まった人々は、全員乗れたようだ。

進行方向に向かって全員が胡坐をかいて座り、たまたま自分の目の前にそのベルトがある者は、それをつかむ、という具合だった。

間もなく飛行機は、滑走を始めた。伊東が感心したのは、操縦技術である。離陸したかどうかもわからないほどのスムーズさで、輸送機はあっという間に宙に浮いた。

「操縦というか、運転があまりにうまいのでびっくりしました。やっぱり、普通の民間機とは技術が、まるで違っていました。離陸した時は、やれやれとは思いましたが、心配なことはまだいくつかあったんですよ。高射砲で撃たれる可能性もあるし、追尾ミサイルみたいなのを撃たれたら、どうしようか、ということです。本当にホッとしたのは、紅海を半分以上越えて、もう安全圏に入ったな、という時でしたね。外が見えますから、その時にやっと安心しました」

伊東はこの時、ドイツ兵の姿を写真に収めている。

「そこに乗っていたドイツ兵が何人かいたんですけれども、彼らにカメラを向けて、写真を撮っていいか？　と、ジェスチャーで聞いたんですよ。機内の音がすごいから声は聞こえづらかったですからね。そうしたら、ジェスチャーで〝オーケー〟というわけです。それで、私がフラッシュを焚いて写真を撮ったら、みんなが気がつきましてね。〝あっ、誰かが写真を撮った〟となって、緊張が一気に解けたんです。それからワイワイ、ガヤガヤという感じになりました」

その時、隊員の一人が、つくってきたおにぎりを配り始めた。ラップで包んであるのもあったし、アルミホイルで包んであるのもあった。

そこにいたネパール人の夫婦に渡したのをはじめ、〝乗客〟に配っていったのだ。実に「不思議な空間」だった。

「何かのプロジェクトでイエメンの地方に入っていた日本の土木関係の方たちが荷物を開け始めたんです。何かと思ったら、日本酒につまみなんですよ。ワンパック大関みたいなのを出して、四、五人が車座になって飲み始めたんです。つまみが、裂きイカみたいなやつで、匂いがプーンとしたんですよ。ドイツ兵も匂いに気がついて、ああ、食い物か、みたいな感じで見ていました。そのうち誰かがトイレに行きたいと言って、カーテンを開けたら、中に簡易トイレがあるのが見えました。便座はついていましたね。ドイツ兵は、とっつきにくいわけでもなくて、気のいい感じでしたよ」

　こうしてドイツ軍機のおかげでイエメンからの邦人脱出は成功した。フライトは、二時間ほどで終わった。

　着いた先は、ジブチだった。フランスの軍事基地である。うしろの大きな扉が開いたら、熱風のような外気が、ぶわっと入ってきた。

「ジブチはすごく暑いんです。イエメンとは全然違います。サナアは高地だし、乾燥しているから暑さはそれほど感じませんでした。しかし、ジブチは摂氏四十度近かったんじゃないでしょうか。サナアの摂氏二十五度ぐらいのところから、そんな暑いところに来てしまったわけです」

　着いたら、今度はフランス兵が、まず冷水の五百ミリリットルのペットボトルを一本ずつ、配ってくれた。ピストン輸送で〝難民〟が運ばれてくるから馴れたものである。

「あ、子供がいるね、じゃあ二つ」

　そんな感じで次々とサービスしてくれるのである。伊東たちが真っ先にやらされたのは、難民登録だった。

　難民とは、英語で refugee。その「レフュジイ・レジストレーション」を伊東たちは求められたのだ。公用旅券を持っている極めて珍しい難民である。

「俺たちはどうやら難民らしいぜ、という声がその時、隊員の間から上がったんです。そこで初めて、難民扱いだということを知りました。みんなで難民登録しましたよ。あとでＪＩＣＡには、飛行機代、軍事施設利用料など、結構な額の請求が来た、と聞きました。とにかく、すべて有料なんですよ。難民も代金を払わされるのです。何か所かテーブルがあって、みんな並んで手続きをしましたね」

〝難民〟の伊東たちが入ったのは、軍のキャンプである。体育館のような巨大なテントにエアコンが四つか五つ、ついていた。

しかし、それがフル回転していても、巨大テントの中は、蒸し風呂のようだった。そこに野戦病院みたいな簡易ベッドがずらりと並んでいた。

「簡易ベッドは何列もあって、一列に三十台ぐらいありました。咄嗟に、ここに長くいたら病人が出る、と思いました」

即座に、伊東はそう感じ取った。どこかに移れそうなところがあったら、移ったほうがいい。そう判断したのである。

「とにかく暑くて、体温よりかなり高かったですね。しかも、体育館のようなその巨大なテントは、軍の基地の中なので、下は土じゃなく、アスファルトなんです。照り返しもあって、余計に暑かったですね。小さい子供たちがとても耐えられるところではありませんん。みんなで相談して、一緒に出よう、ということになりました」

伊東は、独自にフランス軍と交渉を始めた。軍は、別の場所に案内してくれて、そこを見にもいった。少しこぢんまりした感じだったが、伊東は妥協しなかった。

「町にホテルか何かないのか？」

そう聞くと、「ある」という答えが返ってきた。伊東は基地から出ることを告げた。

「軍としては手配できないから、自分たちでやれ」

「わかった。ありがとう」

市内のホテルの電話番号と住所を教えてもらった伊東は、直接ホテルと交渉した。だが、ホテルの返答は、

「部屋は空いていない」

というものだった。どうやら、伊東と同じようにイエメンから脱出してきた人たちが、殺到しているようだ。しかし、

「電話で交渉した時、断られはしたんですが、歯切れが悪くて、半分あるような言い方だったんです。これは、行けばなんとかなりそうだな、という感触を少しだけ持ちました。それで全員でホテルに向かったんです。フランス軍がバスで送ってくれました」

それは、長年の海外生活で培った経験と勘によるものだった。こうして、伊東たちは一泊もすることなく〝難民キャンプ〟をあとにした。

ホテルは、ジブチ・シェラトン。そこ以外、まともなホテルはなかったのである。

小さい子供を抱えている直子も、このホテルに賭けた。

「一緒に来た商社の方も、小さなお子さんがいらっしゃいました。〝難民キャンプ〟は、小さな子供がいられるようなところではなかったと思います。それに、エールフランスが、ジブチから外国へピストン輸送をやっているということも耳にしたので、どんどん

お客もはけていくに違いない、と思いました。だから、ホテルで待っていれば、しんどい日がたとえ一日、二日あっても、最終的には部屋に入れるな、と思ったんです」

ジブチの基地に着いて巨大なテントに案内されたのは午後四時頃で、軍のバスでホテルに送ってもらった時には、夜の帳が下りていた。

ホテルに着いたら、やはり「部屋はない」という返答だった。しかし、

「宴会場なら、ある」

とのこと。

「宴会場でいい。マットを敷いてくれ」

伊東の粘り強い交渉が始まった。

「これだけの人数がいるんだ。なんとか頼む」

ホテル側は、伊東の要求に応じてくれた。

(助かった……)

少なくとも野宿をすることは免れたのである。

「ありがたかったのは、先にイエメンから逃げてきていた何組かの日本人たちが、部屋を確保していて、その人たちが女性や子供たちにトイレやシャワーを使わせてくれたことです。ホテルも、マットを敷いて、毛布やシーツみたいなものを出してくれました。宴会場は結構、広かったですよ。商社の方も含めて、日本人全員をそこに泊めてくれたんです。このホテルで三泊ぐらいしました」

部屋も空いて、だんだんそこに移れるようになっていくと、温泉旅行に来たような気分になった人たちもいた。

「伊東さん、私は個室よりもこの大部屋のほうがいいんだけど」

そんなことを言う人もいたほどである。

伊東は、ホテルからJICAのフランス事務所に、やっと連絡をすることができた。

「全員無事に脱出して、いま、ジブチのホテルにいます」

JICAにとって、それは待ちに待った朗報だった。フランス事務所から連絡を受けた東京の本部も湧き立った。

さっそくJICAの職員が、フランス事務所から全員の飛行機代を持って飛んで来てくれた。こうして、伊東たちは、パリへと脱出できたのである。

一九九四年五月十七日、パリ経由で日本に帰った時、成田空港にはJICAの人たちが大勢で迎えにきて、無事を喜んでくれた。

イエメンで隊員の命を預かっていた伊東は、少なくとも最低限の責任を果たせたことに喜びを感じていた。

残った大使夫妻の二か月

邦人の脱出のために奔走した秋山進大使は、どうなったのだろうか。

「私たちは、残りました。コックさんも、医務官の方も日本に帰しました。ですから、残ったのは、主人と私と電信官の三人だけだったのではないでしょうか」

夫人の秋山美保子は、そう語る。

「メイドとボーイはいましたので、ご飯は自分たちでつくっていました。日本人は、ほかには、現地の方と結婚した女性が二人いました。その方たちが、私たちがおりましたので、〝心強い〟と、言ってくださいましてね。その方は、イエメンの方と結婚していましたので、逃げようがない、というか、ずっとサナアにいらっしゃいました。私たちは、ミサイルがドーンとなりますと、そのたびに、毛布を持って地下に避難していました。七月七日にアデンが陥落して、内戦は、やっと終わったんです。それから、少しずつ館員が帰ってきました」それまでの二か月間は三人だけでした」

結局、内戦は北イエメンの勝利に終わった。幸いにイエメンに在留していた邦人からは、一人の犠牲者も出なかった。

「主人は、頭を下げて、やっと出国を希望する人たちを退避させることができた、と言っていました。各国の大使は、主人に頼まれて、〝どうして日本からは、救援機が来ないんだ？　大きな国なのになぜだ〟と、言っていたそうです。外国の方にとっては、やはり、そのことが不思議なんでしょうね。ほかの国は、危ないから軍用機が来るんです。とても、民間の飛行機が来られるような状態ではありませんからね。でも、日本だけは、来ないんですよね」

秋山は、イエメン大使を最後に、一九九七（平成九）年に外務省を退官し、故郷・岡山に帰った。

「時々、講演を頼まれていました。イエメンのことを話す時は、各国大使に頭を下げてまわって、在留邦人を各国の軍用機に乗せてもらって退避することができたことを語っておりました。なぜ日本からは、救援機が来ないんだ？　と、先方の大使から言われていたことも、もちろん、〝その後〟についても、よく話をさせてもらっていましたよ。そういうふうにして、邦人を退避させることができたんだけれども、イエメン内戦をきっかけに、それ以後、自衛隊法の百条が変わって、日本も飛行機を出せることにはなったんです、と。しかし、それには〝縛り〟がある。その縛りのために、〝危険なところには行けないんですよ〟ということを説明していました」

夫人の言う「自衛隊法の百条」というのは、秋山たちの熱心な進言もあって、一九九四（平成六）年十一月に、一部改正された自衛隊法の条文のことである。

〈在外邦人等の輸送〉という項目が「百条の八」に追加され、〈輸送の安全〉が確保されていると認める時は、〈航空機による当該邦人の輸送〉ができることになり、さらに、輸送は政府専用機でおこない、困難な時は、その他の自衛隊輸送機でもおこなうことができるようになったのである。

それは、邦人救出にとって、本来は大きな進歩だった。

しかし、その要件の中で、ことさら〈輸送の安全〉が強調されたため、紛争国への派遣は、事実上、認められなかった。マスコミや一部野党の強硬な反対論の影響である。〈疑念残す自衛隊機の派遣〉と題して、朝日新聞が一九九四年十一月十二日付社説で、こんな主張を展開したのは、その代表例と言える。
〈自衛隊機の派遣は、邦人の救出という人道的活動のためであっても、海外での軍事行動を禁じる国内法制をあいまいにし、現地で思いもよらない反応を引き起こすおそれがある。そうした政治的なリスクを考えれば、まず現地の情報収集や的確な退去勧告が欠かせない。救出が必要な事態になっても、民間機を活用する態勢づくりを最優先すべきである〉

ここでも、肝心の自国民の「生命を守る」という最も大切な視点が〝欠落〟していることに驚かされる。〈救出が必要な事態〉に、たとえなっても、〈民間機を活用〉する態勢づくりを〈最優先〉すべきである、などという主張が受け入れられる国は、おそらく日本以外にはあるまい。

つまり、イエメンのような事態がふたたび起こった場合を想定しておこなわれた法改正でも、実際にイエメンに類似した事態が起こった時に、それは何も「用を成さない」ことを示している。

各国の軍用機が自国民救出のために飛来し、使命を果たして飛び立っていく姿を目のあたりにした秋山たちにとっては、残念極まりないことだった。外務省の内部文書に、秋山は、自らの意見として、こう記述している。

〈先の内戦の際、独、伊、仏及びジョルダンの協力を得て約100名の邦人を無事国外に脱出させることが出来た。イエメン内戦を契機として改正された「自衛隊法第100条」は「当該輸送の安全について、これが確保されていると認めるときは」航空機による輸送を行うことが出来るとしているところ、他の先進諸国が実施している様に、「危険があれば、それを排除してでも邦人を救出する」ことの出来る制度が早急に確立されることが望まれる〉

それは、紛争地で、自ら邦人救出の現場に立った外交官の、心の底からの叫びだったに違いない。

秋山が記した〈他の先進諸国が実施している様に〉という表現と、〈「危険があれば、それを排除してでも邦人を救出する」ことの出来る制度〉という文言（もんごん）――これこそ邦人救出問題の核である。

しかし、その後、二十年余を経てもなお、これが実現していないことを、私たちは、どう受け止めればいいのだろうか。

秋山の〈早急に確立されることが望まれる〉という言葉が、あまりに虚（むな）しい。

「自衛」という意味をどう考えるのか

あれから四半世紀近い歳月を経た伊東一郎、直子夫妻は、子供も独立し、長野県内の山村で静かに暮らしていた。

大きなバンガローのような自宅は庭も広く、時折、そこを野生の鹿が通り抜けていくのだそうだ。

二〇一五年九月半ばの日曜日、東京から訪ねていった私に、夫妻はこんな話をしてくれた。

「私は、〝自衛〟ということの意味をどう解釈するかという問題だと思うんですよ」

そう伊東は言う。

「それは、紛争地にいる自国民は守らなくてもいいのか、という問題ですよね。つまり、見捨ててかまわないのか、勝手にやりなさいよ、と放り出していいのか、ということです。イエメンの場合には、大使や大使館員があちこちの大使館を訪問して、頭を下げまくって、かろうじて救援機に乗せてもらうことができました。しかし、何日もかかりましたし、犠牲者が出なかったのは、たまたま運がよかっただけです。毎日、スカッドミサイルの危機の下にいましたからね。それを考えると、自国民を助ける手段がないというのは、いくらなんでも情けない気がするんです」

伊東は、自らの体験を踏まえて、こう続けた。

「なんで日本は金があるのに、救援が来ないの？　もっと貧乏な国だって来ているじゃないか。それがあの時、イエメンにボランティアで来ていた他国の人たちの率直な感想でした。大使館も、私たちを乗せてくれるように各国の大使館に頭を下げまくっていた時、〝なんで日本は自国の飛行機を飛ばさないんだ？〟と随分、言われたそうなんですよ。それが国際常識です。みんなそういうふうに考えるし、自国民を助けに行くことは不自然でもなんでもなくて、〝自衛〟なんですよ。なにも戦争をしかけに行くわけでもないですし、当たり前の話だと、誰もが考えているのです。でも、その国際常識がないのが、日本だと思うんですよ」

これは、国民の生命・財産を守る「国家の役割と使命」を日本は果たしているかどうか、という根本的な問いかけでもある。しかも、自国民の救出は、言うまでもなく「自衛」である。日本に存在するどの国内法にも違反していない。それでも、日本は、それが「おこなえない」のである。

「私は、こんなことが起こった場合、日本はどうするんだろう、と心配になるんですよ」

と、伊東はこんな事例を挙げた。

「たとえば日本に近い中国でそういうことが起きて、そこに日本人がたくさんいた時に、それすら助けに行かないというのであれば、どうなりますか。仮に、そこに私たちを助けてくれたドイツの人たちがいても助けることができない。もし、日本人を救出に行くことができて、シートが空いていれば、ドイツ人を当然、乗せるべきだろう、と思います。それをやらなかったら、国際社会の中で〝なんだ、あの野郎は〟という話になっちゃいますよ。困っているドイツ人がいる、イギリス人がいる、しかも一刻を争う。そんな時に、うちは憲法上こうですからと、お役人のようなことを言っていたら、本当に世界のつまはじきというか、馬鹿にされるばかりだし、そもそも人間として許されないと思います」

窮地に追い込まれた時の心情を思い出して、伊東はこう語る。

「あの時、経験して思ったのは、〝悲しい〟のひと言です。よく、安全保障問題で、日本は普通の国になるんだ、と言うじゃないですか。しかし、普通の国とはどういうものなのか、国民のほとんどが知らないと思います。私はむしろ、そっちのほうが大きな問題じゃないかという気がするんですよ。戦争は嫌だ、なんて言っている人たちが多いですが、戦争なんか誰だって嫌なんですよ。誰も戦争なんかやりたくないですよ。それとこれとは次元の違う話だ、ということがわかっていないんです。日本のようにボケるほど平和な国というのは幸せなんだろうけれども、あまりに考え方が現実離れしていると思うんですよ」

あまりに現実感がなさすぎる、と伊東は繰り返した。

「私たちが助けてもらったケースなどは、自国民の救出を〝他国に委ねた〟わけです。それが許されるのであれば、逆の場合もなければ、少なくとも対等なつきあいとは言えないですよね。私たちにかぎらず、イエメンにいた日本人の脱出のオペレーションに使われたのは、ドイツとフランスの飛行機、それから、フランスの艦船もアデンから使われました。アデンにいた二人の隊員は、結果的にフランスの艦船に助けられましたからね。ほかにも、私が目にしたのはアメリカの飛行機です。また、アメリカが提供した飛行機がUN機（国連機）として、日本人の女性たちを乗せて、サウジアラビアに飛んでくれたようです。私たちが乗せてもらったドイツ機も、UNという国連の頭文字が白く、大きく入っていましたが、その頭文字をシートで覆って隠し、ドイツ機として救助に来ていました。おそらくUNに提供していた輸送機を急遽、戻してもらって、切迫した状況にあったサナアにドイツが差し向けたのではないでしょうか。つまり国際社会が、力を合わせて私たちの命を守ってくれたわけです」

世界の各地で活動を続ける青年海外協力隊の貴重な体験者は、淡々とそう語ってくれた。

それは、発展途上国をはじめ、世界の最前線で日本人が貢献している「現実」と、それを支援すべき国家の態勢の「アンバランスさ」に対する、静かだが、痛烈な指摘にほかならなかった。

第十五章 リビア動乱の恐怖

チュニジアから始まった「アラブの春」の動乱は、2011年2月、リビアにも飛び火した。乗用車に〝箱乗り〟して、首都トリポリで示威行動をする若者たち

突然の銃撃音

その時、大手電機メーカーに勤める牧紀宏（まきのりひろ）（四九）は、部屋の電気を消した。

いきなり、花火を上げる時のようなパンパンパンパン……という乾いた音がしたかと思うと、「うわーッ」という奇声が上がったからである。

（花火じゃない。これは銃撃戦だ……）

牧は、咄嗟にそう思った。

二〇一一（平成二十三）年二月二十日、間もなく日付が変わる深夜〇時頃のことだ。

煙草を吸う牧は、ホテルに泊まる時、テラスへの出入口の戸を少し開けておく癖がある。煙草の煙が部屋に充満しないようにするためである。

しかし、音を聞いた途端、牧はその出入口を閉めた。そしてカーテンも引いて、電気を消したのである。

（弾が飛んできたらマズい）

それが怖かった。牧の頭には、ここ数日のことが一挙に蘇（よみがえ）ってきた。

リビアの首都トリポリに一か月ほど前から出張に来ていた牧は、心の片隅で、「何かが起こるかもしれない」と考えていた。

牧にとってトリポリは、馴染みの土地だ。すでに、これまでに四回ほどの出張経験がある。一度来ると、数週間の滞在になることもあったため、一種、トリポリの駐在員のような感覚で仕事をおこなっていた。

一月下旬にトリポリ入りした牧は、三月中旬までの長期滞在の予定で、自社システムの営業にあたっていた。いつものホテル「フォーシーズンズ・ツー」に滞在していた牧は、そろそろ床に就こうかと、寝支度をしていた。

ホテルは六階建てで、一フロアに十四部屋ほどある。二階から五階までが客室で、六階には食堂があった。全部合わせても五十部屋そこそこのこぢんまりとしたホテルである。度重なる出張で、従業員も顔見知りになっていたこのホテルのアットホームなところが、牧は気に入っていた。

「うちの会社の関係者はいつも、そこのホテルですね。車で移動するので、みんなが同じところに泊まっていないと不便なんですよ。トリポリ事務所には現地スタッフを入れて、四、五人いて、あとはわれわれ出張者が、結構、出入りしていました」

リビアの企業や政府に、ネット通信ビジネスをはじめ、さまざまなシステム系の売り込みや据えつけをおこなうのが、牧たち出張者の仕事だった。

牧が日本を発つ二〇一一年一月、リビアを挟む両隣の「チュニジア」と「エジプト」では、すでに騒動が巻き起こっていた。

二〇一〇年十二月に勃発したチュニジアのジャスミン革命をきっかけに広がった「アラブの春」と呼ばれる騒乱だ。

チュニジア各地で始まった反政府デモが全土へ拡大して、二十三年間続いた独裁政権が崩壊し、さらに、エジプトに飛び火し、約三十年におよぶムバラク政権も倒れてしまったのである。

「日本を出る時は、自分が行くリビアが不穏なことになる、ということはまったく考えていなかったですね。なにしろリビアは〝カダフィの国〟ですから。独裁政権の中でも、カダフィは〝絶対〟ですので、ジャスミン革命がリビアに波及するという予想は全然してなかったんです。一月下旬には、リビアを通り越して、エジプトにジャスミン革命が飛び火していました。しかし、それでも、リビアには関係がないと思っていました」

あれ？と思ったのは、二月十五日、リビア東部の大都市ベンガジでデモが起きたことだ。東京からの問い合わせで、牧たち出張者は、そのことを知ったのである。

〈ベンガジでデモがあったそうだけど、トリポリは大丈夫か？〉

そんなメールが届いたのである。

トリポリとベンガジは距離にして千キロは離れている。首都トリポリには、その時、不穏な空気は微塵も感じられなかった。

〈まったく問題ありません〉

牧たちは、この時点で、そんな返信をしている。

（リビアの支配者は独裁者のカダフィだぞ。民主化の動きなど、そう簡単に来るはずがない）

それが牧にかぎらず、リビアにいる日本人の共通の感覚だったと言えるだろう。

しかし、そんな〝安心感〟が変わり始めたのは、二月十六日のことだ。

「夕食を町のレストランで食べている時、車に〝箱乗り〟して、リビアの国旗を持って、若者が奇声を発してクラクションを鳴らしながら走り始めたんです。国旗を持っていたので、たぶん、カダフィ派の若者だと思うんですが、独裁者の国でも、こんなことがあるのか、と思ったことを覚えています」

最初に目撃したのは、一台だけだった。しかし翌日には、そんな車が増えてきた。目撃しただけでも、五台、いや十台はあっただろう。それにつれて、町が次第にザワザワとしてきたのである。

「あれは二月十八日の金曜日でしたが、突然、ツイッターにアクセスできなくなったんです。入ろうとすると、〝申し訳ありませんが、そのページは存在しません〟というような表示が出てくる。通信の統制がかかり始めたと思ったら、同じ日に、フェイスブックがダメになって、会社のメールも受け取れなくなりました。会社のメールは、情報セキュリティの問題があって、結構、タイトなセキュリティで社内のサーバーに入っていくんですが、それも全然アクセスできなくなったんです」

これはやばくなってきたぞ――。出張者たちは、さすがにそう囁きあった。

金曜日は、イスラム教徒にとって「礼拝の日」で休日でもある。しかし、土曜と日曜は、仕事がある。

「翌十九日の土曜日も、通信手段が全然ダメだったので、事務所に行ってもやることがない。メールは見られないし、土曜日で日本は休みだから、電話をする相手もいないわけです。やることがないし、事務所に洗濯機が二台あったので、〝じゃあ洗濯でもするか〟ということで、みんなで洗濯しました。それで、翌二十日の日曜日にも事務所に出たんです」

トリポリ事務所はビルではなく、三階建ての一軒家だ。ホテルのほうが中心街にあり、事務所が郊外にあった。車で三十分はかかる距離だ。

しかし、事務所に出ると、リビア人の現地スタッフが、なにやら深刻なようすで牧たちに話しかけてきた。

「今日は何かが起きるかもしれないから、危ない。日本人はすぐにホテルに帰ってください」

牧たちにとって、初めての〝危険情報〟だった。

ただごとじゃない、と思った牧は、現地スタッフに「何が起きるんだ？」と聞いてみた。

しかし、彼らも要領を得ない。

「わからない。しかし、デモが大きくなる」

そう言うばかりである。だが、現地スタッフの忠告に耳を貸したほうがいいことだけは確かだ。

ただちに、牧たちは事務所から車でホテルに戻った。

ホテルは、のちにデモの中心地として世界的に名前を轟かせることになる「グリーン広場」から程近いところにある。

牧の部屋は二階だった。

「私の部屋からは、裏にあるお店が二軒か三軒見えるんですけど、そこも閉まっていました。夜は、日本人みんなで飯食いに行こうか、となったんですが、どのレストランも、食事どきになっても開いていなくて、肉をそいで、パンに挟んだサンドイッチみたいなものとかを買ってきて、部屋で食べたんです」

突然、銃撃音が鳴り響いたのは、その日の午前〇時前だったのである。

リビアと日本は、時差が「七時間」ある。リビアが夜中の〇時だとすると、日本は朝七時だ。すぐに日本に電話をしようとしたが、ここ数日、電話がかかりにくい状態が続いていた。

ホテルは無線LANがつながっている。そのため、Gメールは使うことができた。牧は、これを使おうと思った。

〈朝八時半に会社が開くから、会社に電話をして、出た人、誰でもいいから、トリポリで銃撃戦が始まった、と伝えてくれ〉

そんなメッセージを家族に送ろうとしたのである。しかし、牧はなかなかそれを打つことができなかった。

「震えて、キーボードが打てないんですよ。映画やドラマでは、震えて何かができないという場面を観たことがあるんですが、その時、本当にできなくなるんだ、と思いました。初めて、〝こりゃ、打てないや〟と思いましたね」

それでも震えを抑えながら、懸命にキーを叩いてメッセージを送った。ひょっとしたら、打ち終わるまでに十分以上かかったかもしれない。

そのメールは、日本にリビアの〝異変〟を伝える第一報となった。

銃撃戦の跡

銃撃戦は、ホテルから二、三百メートルぐらいのところにある「グリーン広場」あたりで起こっているような気がした。歩けば数分の距離だ。

少なくとも、それより遠い場所からの音ではなかった。

「銃撃戦には波があって、ババババッと音がしたと思ったら、静かになる時もあるし、また、もっと遠いところから響いてくるように感じる時もありました。とにかく夜中、そんな感じで銃撃戦が続いたんです」

言うまでもなく、牧にとっては初めて耳にする銃撃戦の音である。

(窓際には近寄らないようにしよう)

牧はそう思った。

その夜、牧はまだシャワーを浴びていなかった。さすがに、銃撃音を至近距離で聞きながら、素っ裸になってシャワーを浴びる勇気はない。

しかし、そのうちに、銃撃戦にはインターバルがあることに気づいた。

「それで、十分、二十分と静かになった時に、パパッとシャワーを浴びることにしました。やっと身体を洗い流すことができたんですが、なんとか寝ようと思ったら、今度はババーンと始まったりする。眠ろうとしても、結局、最初の日は、眠ることができなかったですね」

しかし、不思議だったのは、翌朝だ。

夜が明けたら、ひと晩、撃ちあっていたことがウソのように、町が落ち着いているのである。

「驚きました。町が〝平穏〟なんです。暗いうちは、あれほど撃ちあっていたのに、明るくなったら、町が静かになっていました」

牧たちは、なにかキツネにつままれたような感覚に捉われた。

「朝になって、私のところに、トリポリの駐在員から電話が入りました。二十一日の月曜日です。〝本社からも、外出をするな、と言ってきているから、とにかく外出をしないでくれ〟と言われました。本社との連絡は、その駐在員を通してやらないとダメなので、彼から連絡をもらって、私がホテルにいる全員に連絡をまわす、ということになりました。うちのホテルには四名、それから、ワンブロック離れたところにある別のホテルにも、出張者が泊まっていました」

朝、六階の食堂で、出張者たちは、顔を合わせた。

「とうとう銃撃戦が始まってしまった。いよいよ飛び火したね……」

「携帯はちゃんとチャージしておいて、お互いに連絡を取りあおう」

「水はあるよね」

「少なくとも、今日は外出するのをやめておこう」

そんな話を仲間で朝食をとりながら交わした。

ホテルの朝食はバイキングだ。日本のホテルのように豪華ではないが、生野菜があったり、コーンフレークがあったり、パンがあったり……と、それなりの食事をとることができた。

しかし、普段と同じ朝食だったのは、その日だけだった。次の日からは、食糧が目に見えて枯渇してきた。

不思議なことに、昼間は本当に平穏だった。何事もなかったように、レストランも昼間は開いているのである。

「ところどころに、車が入って来られないようにブロックを置いている道路があるぐらいで、あとは何も普段と変わらない」

駐在員からも、そんな〝報告〟が寄せられた。

牧は、翌二十二日に出張者を一人、日本に帰している。若い社員だし、何かあるといけないので、まず、帰国させることにしたのだ。

二十二日段階では、普通に飛行機に乗ることができて、彼は無事、トリポリを発った。

若い社員の帰国の手配をしていた時に、牧は本社にいた部下に、

「二十三日水曜日の自分のチケットも一応、取っておいてくれ」

と、頼んでおいた。トリポリ発フランクフルト行きのルフトハンザ機である。

すると火曜日に本社から、

「みんな帰国するか、隣国に出てくれ」

という指示が出た。隣国といっても、ジャスミン革命の嵐が吹き荒れているチュニジアでも、エジプトでもなく、地中海を隔てた〝隣国〟イタリアのことである。

本社からの指示によって、二十三日に牧、そして翌日二十四日にはほかのメンバー……

……という具合に次々、出国していくことが決まったのだ。

「事務所にいろいろ物を置いてあったので、ホテルに来てくれた駐在員と、火曜日にいったん事務所に行くことにしたんですよ。危ないからと言われて帰った日曜日以来です。そしたら、途中、夜やっている銃撃戦の跡があったんです。よく見ると、街はかなり荒れ果てていました」

ところどころに貼ってあったカダフィの肖像画が破られ、火を放たれたところもあった。

「たとえば、途中に警察のビルがあったんですが、その警察署も焼き打ちに遭っていま

した。焼かれたり、襲撃されているのは、カダフィ系の事務所や政府系の建物で、まだ煙が少し出ていたり、焼け焦げた車が放置されているところもありました。昼間は街自体が静かですから命の危険は感じなかったですが、夜は、きっとすごいんだろうな、と思いましたね」

そんな光景を見ながら、

「これはやばい。早く出たほうがいい」

牧と駐在員は、車の中でそう語りあった。

翌日、翌々日と続く社員のトリポリ脱出が成功するかどうか。まず、牧がその先陣を切ることになったのである。

その日も夜の帳が下りると、また銃撃戦が始まった。明日にはトリポリを出る——牧は、そう思いながら、ホテルのベッドで銃声を聞いていた。

信じられない風景

トリポリ空港は異様な空気に包まれていた。

「殺気立った」という表現が最もふさわしいだろう。リビア最大の空港だが、日本で言えば、地方空港よりやや大きいぐらいの規模である。

ほかの社員より一日早く出て、いわばトリポリからの脱出法を皆に伝える役目を負っ

ていた牧は、空港の敷地の手前まで来た段階で、早くも、

（脱出は無理かもしれない）

と思った。

車が空港に近づいていくと、建物に入れない人たちが外に溢れているのが見えたのだ。

「リビアから脱出するため、空港のまわりに人々が寝泊まりしていたんです。出稼ぎの人たちとか、みんなが脱出しようとしていました。空港の入口は一か所か二か所しかありません。そこが封鎖されていて、そもそも空港のターミナルビルの中に入れないんですよ。当然、ターミナルビルのまわりには食糧とか、汚い物が散乱しているわけです。これはやばいなと、ひと目でわかりました」

しかし、前日の二月二十二日に、日本の大使館には「うちの会社からは、二十三日に牧が出ます」という連絡をあらかじめしていた。大使館からは、

〈大使館は、邦人の出国のためにサポートをおこなっております。空港で、日本の旗を持って待っていますから、探してください〉

そんな連絡が来ていた。

（とにかく空港に行って、大使館員を見つけさえすれば、大丈夫だ）

牧はそう考えていた。しかし、人が溢れていて、肝心の建物の中に入れないのだ。

さあ、困った……。航空チケットは持っている。だが、日本の大使館員を見つけなければ、出国は無理だ。

その時、牧は建物には入れなくても、駐車場には大使館員が乗ってきた車があるだろう、と思いついた。まず、日本大使館の車を探そう。そこには関係者がいる可能性がある。

広い駐車場に牧は入っていった。

案の定、そこには、大使館の車があった。しかし、すぐ目に留まったのは日本ではなく、ほかの国の大使館の車だった。

「駐車場をウロウロすると、大きな国旗を目印にして、各国の大使館の車があったんですよ。たとえば、ドイツやイタリアの車には、車体を覆い尽くすような大きな国旗がかけられていたんです。どんなに遠くからでも目に飛び込んでくるような目立つものでした。各国の大使館が、自国の国民が見つけやすいように、大きな国旗を車全体にかけていました。でも、日本の日の丸はどこにも見えませんでした」

駐車場内を歩きまわっていた牧は、その時、あるものに気がついた。

「そのうち雨が降って来ちゃって、スーツケースは持っているし、どうしようかなと思っていたら、偶然、ナンバープレートの番号が〝55〟の車を見つけたんです。私は、たまたま、日本大使館の車のナンバーが〝55〟であることを知っていました。あっ、これは日本大使館の車だ、とわかったんです」

地獄に仏である。牧はその車に近づいていった。この番号は、リビアに大使館を開いた順番でそれぞれの国に割り当てられたもので、日本が〝55〟であることを牧は偶然、知っていたのだ。

（助かった……）

しかし、誰もいない。雨が降ってきたから、車の中に入ろうと思ったが、それも叶わない。だが、そこで待とう、と思った。

すると、しばらくして、ドライバーが戻ってきた。リビア人だ。

ドライバーは英語ができず、アラビア語しか通じない。しかし、

「私を中に入れてくれ」

という牧の訴えはわかってくれたようだ。

車の中で一時間は待っただろうか。やっと日本人の大使館員が戻ってきた。手には、沿道でマラソン選手に振るような小さな日の丸を持っている。

えっ、これ？

ドイツやイタリアの、車をすっぽり覆うほどの大きな国旗を思い出した。どんなに遠くからでも目につく外国の国旗と比べて、あまりに小っちゃな日の丸――。

（この差は、いったい何なんだ）

牧はそう思ったが、口には出さなかった。代わりにこう聞いた。

「どこにいたんですか」

なにも気にするようすもなく、大使館員は答えた。

「ビルの中にいました。チェックインカウンターのあたりで日本人を待っていたんです

よ」

「だけど、そもそもビルに入れないでしょ。だから見つけられないですよ」

牧は、そう言ったが、まあ、いいや、と思い直して続けた。

「じゃあ、中に行きましょう。僕、飛行機（のチケット）を取ってるので」

すると、大使館員は、

「行きますか？」

と尋ねてきた。

「ええ、行きますよ。だって帰りたいもの」

「でも、中に入れるかどうかわかりませんよ」

大使館員は、そう答えた。

あれ？　と、牧は不思議に思った。

「それは、大使館に対する私らの〝期待値〟と、あまりに違う反応だったからです。ディプロマット（外交官）というのは、それを証明する何かを見せれば、特別な入口があるとか、あるいは〝日本大使館です〟と言えば、スッと入れるようなイメージがあるじゃないですか。しかし、そんな特権だとか、あるいは、特別なコネは何もないんですよ。だから、人がウワーッとなっているところを、かき分けて進んでいくのを手伝うだけなんです」

牧にとっては、新鮮な驚きだった。

「大使館の人が先頭に立って、次に私がいて、うしろにもう一人大使館の人がいて、先頭の人は、小さな日の丸とコーランを見せながら、〝日本人だから通してくれ〟と叫びながら、〝強行突破〟することしかできないんですよ。あれには驚きました」

牧は、思わず聞いてみた。

「横から入れるところはないんですか」

しかし、

「いや、ないんです。ここから入るしかないんです」

大使館員はそう言うのである。

三人は、放射状に人が群がっているところを、人をかき分け、押しのけ、進んでいった。

ところが、そこでトラブルが起きた。押し合いへし合いの小競りあいの中、空港の警備員が、群衆の一人を叩いてしまったのである。

その瞬間、人々が逃げ出した。人の波のバランスが崩れて、パニックが起こったのだ。

「危ない！」

叫んだ時には、もう遅かった。人々が将棋倒しになった。

「われわれは、空港ターミナルビルの入口に向かっていたんです。そしたら、ビルの入口近くの小競りあいになっていたところで警備員が警棒を振りまわしたものだから、誰かが血を流し、それを見た群衆が蜘蛛の子を散らすように逃げ出した。その先頭集団が、私たちのほうに向かってきたのです。その人たちの圧力と、私たちがいた側の圧力がぶつかって、バーッと人が倒れ始めた。私も倒れそうになって、一瞬、〝このまま倒れたら死ぬ〟と、頭をよぎりました」

片手にスーツケースを持っていた牧は、幸いにそれをつっかえ棒にして転倒を避けられたが、倒れている人を踏んづけざるをえなかった。

「幸いに将棋倒しに巻き込まれず、なんとかスーツケースを引きずり出して、その輪から逃げることができたんです。もうちょっとでターミナルビルの入口まで行けるところだったんですが、本当に残念でした……」

牧は、逃げた時に、大使館員とは散り散りになってしまった。それほど凄まじい〝人の波〟だった。

仕方なくスーツケースを引っ張って、大使館の車に戻った。

二人の大使館員は、なかなか戻って来なかった。

ひょっとして将棋倒しに巻き込まれたのか……。牧は、だんだん心配になってきた。

しばらくして、やっと二人は戻ってきた。一人は靴がなくなって裸足（はだし）の状態で、もう一人も、日の丸の旗など、さまざまなものを失っていた。

「これは危ない。いまは、空港はダメだ」

大使館員の一人がそう呟いた。すでに、牧が搭乗予定のルフトハンザ機の出発の時刻が来ていた。あの混乱では、確かに突破は難しかった。

「暗くなる前に帰りましょう」

大使館員は、あらためて言い直した。牧も正直、これは乗れないな、と思った。

「いいですか？」

念を押された牧は、わかりました、と応えるよりほかになかった。

牧のセーターの腰と背中の左のところに、血がべっとりとついていた。大使館員は、その血を見ながら、

「これはパニックです。今日はやめましょう。車で送ります」

そう絞り出した。

前日に大使館員が空港で待っていると聞いた時、牧は、〝ああ、これで大丈夫だ〟と思っていた。しかし、現実はそんなものではなかった。

「日本の外交官なんですから、てっきり、〝日本人の方はこちらへどうぞ〟ということで、案内をしてくれるものとばかり思っていました。しかし、実態は、真っ向勝負で、予想とはまったく違うものでした。そもそも、ドイツやカナダの大使館員は、目立つジャケットを着ているんです。夜、工事現場で見かける蛍光色のジャンパーのようなものを着ていて、自国の人間に、できるだけすぐわかってもらえるようにしていました。しかし、日本の大使館は、全然違うんだなあ、と思いましたね」

帰りの車の中では、こんなやりとりがあった。

「ホテルに帰られますか？　それとも大使館に泊まられますか？」

大使館員がそう聞いてくれるので、牧は冗談半分で、

「大使館に泊まると、お金取るんですか？」

と聞いてみた。大使館に緊急避難的に泊まった邦人が、宿泊料を請求されたという噂を耳にしたことがあったからである。すると、

「いただきます」

大使館員は、そう応えた。

冗談っぽく聞いた牧は、まじめに「いただきます」という答えが返ってきたので驚いてしまった。

「なんだこりゃ、と思って、〝食事はあるんですか？〟と聞いたら、〝少し食糧が残っていたと思います〟と言うんです。そんな窮屈な大使館よりも、ホテルにはまだうちの仲間が残っているから、ホテルのほうがいいと思って〝ホテルに送ってください〟と、お願いしたんです」

第十六章
決死の脱出行

リビアからの脱出を目指す人々がトリポリ空港に殺到し、ターミナルビルは幾重にも取り囲まれていた

「どう突破するか」

ホテルの従業員たちは、日本に帰国するために出ていった牧が、夕方になって舞い戻ってきたので仰天した。

安全のために、ホテルは厳重に鍵を閉めていた。そこへ牧が姿を現わしたのだ。中から鍵を開けてくれた従業員たちは、

「どうしたんだ？」

と聞いてきた。今日一日のことの次第を英語で説明すると、彼らはますます驚いていた。

「一度チェックアウトしたが、とにかく今日は泊めてくれ。ただし、もう金がほとんどないんだ」

牧はそう言った。

「お金は、どんな通貨でもいいですよ」

馴染みのホテル従業員は、そう言って中に入れてくれた。牧は、国家が崩壊しようとしている時に、その国の通貨の価値が失われていくのを肌身で知った。

部屋に戻った牧は、まだ泊まっている仲間の一人に内線で電話をして、状況を説明した。慌てて全員が牧の部屋に集まってきた。

牧が出国できずに戻ってきたことに対する驚きは、ホテルの従業員たちの比ではない。なにしろ明日、自分たちも出国する予定なのである。いわば先遣隊として出ていった牧が失敗したことは、明日の「自分たちに直結する」ことでもある。

それから「明日」に向けての、鳩首協議がおこなわれた。

「空港はそんな状況になってるんですか?」

「大使館って、そんな感じなんですか」

皆の関心は、そこに集中した。牧もそうだったが、駐在員を除く全員が翌日のチケットを東京で取ってもらっている。しかし、チケットがあっても、飛行機に乗れる保証はどこにもない。

その時、一本のメールが日本大使館から駐在員のところに入った。

〈明日(24日)商用機に乗れなかった人又は商用機を予約していない方に対して、日本国政府はチャーター機を現在準備しています〉

〈24日で、トリポリ市内に居住している国外待避可能な全ての在留邦人を待避させることといたしますので、各企業又はご家庭ごとにグループで行動して、必ず連絡が取れるようにしておいてください。携帯電話が通じなくなっていますので、明日、フライトを予約されていない方々にあっては、早々に大使館にお集まりいただければ助かります〉

大使館からメールが来ている――一同は、駐在員のパソコンを覗き見た。

「おい、チャーター機って、どっちの空港から出発なんだ?」

「何時に出発して、どこへ向かう飛行機なんだ?」

そんな声が誰ともなく上がった。

トリポリには、トリポリ空港のほかに、もう一つ空港がある。大使館からのメールには、どっちの空港に「チャーター機を準備している」のかも書いていないし、肝心の出発時刻や行き先さえ記載されていなかったのだ。

いや、そもそも、それが一機丸々のチャーターなのか、どっちの空港であれ、行きさえすれば本当に乗せてくれるものなのか、具体的な情報は一切、なかった。

その日の体験から牧は直感した。

(これは、いい加減だ。この話に乗ってしまったら、脱出は無理かもしれない)

そう思ったのである。

「日本の大使館には、空港に入るためのコネクションもなければ、パワーもない。そのうえ、知恵さえない。この話に乗るのは危険だと思う」

牧は、皆に言った。

今日一日、さんざんな目に遭った牧が言うことには、説得力があった。トリポリ在住が長い駐在員も、同意した。

「駐在員も翌日の便で出ようとしていました。日本大使館のサポートは何も期待できないということ、それから、空港が大混乱になっているということがわかったので、これは、まっとうなことをしてもダメだね、ということになっていきました」

どうやって脱出するか知恵を絞った面々は、仕事でお世話になっているコネを使って、

「空港の人波を突破しよう」と思いついた。空港に顔が利くリビア人に来てもらって、その人物と共に突破しようというわけだ。一同の意見は一致した。

ただちに、その人への連絡をおこなった。彼は、日頃、つきあいの深い牧たち日本人のために、ひと肌脱ぐことを快諾してくれた。

（よし、これで、なんとか空港の人混みを突破できるに違いない）

牧は、その日の体験と、味わった苦渋を思い起こしながら、ようやくほっと息をついた。

頼み込んだリビア人の力を信じて、トリポリ空港から脱出する。そうと決めたら、なんだか気持ちが少し楽になった。

それから、牧たちは、酒を飲んだ。

リビアは、ほかのアラブの国々と同様、基本的に酒が飲めない。しかし、仲間の一人が五百ミリリットルの紙パックの日本酒を持ち込んでいた。

「よし、明日のために、これを飲もう」

そのひと言で、部屋に集まっていた四人は、翌日のリビア脱出を祈って乾杯したので

ある。

「明日の朝は六時に、ホテルのロビーに全員集合。ローカルスタッフと運転手も全部呼び、車を二台仕立てて、空港に向かおう」

それは、悲壮な決意を固めた飲み会となった。

早朝、二台の車に分乗した一行は、空港の少し手前で、空港に伝手(つて)のあるリビア人と合流して、一緒に空港に行った。

「この人は、リビアの人で、空港に影響力をおよぼせる人です。彼と共に、空港ビルのちょっと手前で車を降りて、全員で空港に向かって歩いていったんです。人の数は、前日より、さらに増えていました。駐車場で、みんながキャンプしているんですよ。もちろん、食べかすとかは、前日より、さらに散乱していました。駐車場には、出国した人が乗り捨てた車が、あっちこっちに放置されていましたね。どんどん空港に近づいていくと、前日よりもすごい数の人が渦巻いていました」

昨日も、ビルのまわりを人が取り巻いていたが、今日はそれ以上に膨れ上がっていたのだ。完全にビルの前の通りまで人が溢れていた。前日のやり方なら、絶対入れない。

（やはり無理か……）

それぞれの胸にそんな不安が湧き起こった。

しかし、不安は一瞬で消え去った。牧たちはそこを、ものの〝一分〟で突破したのである。

「私たちが頼ったリビア人が部下に命令して、その部下たちが、そこにいる人たちを全部よけさせて、VIPのように中に入ることができたんです。前日、私が日本大使館の人と一緒に十分、二十分と格闘して、死に損なって戻ってきた行程を、たった〝一分〟で突破したんですよ。大使館なら、そういうコネを持っているだろうと思っていましたが、実は大使館にはなくて、自分たち民間の企業のほうがそういうものを持っていることがわかりました……」

リビア人とは、そこで別れた。感謝してもしきれなかった。

ビルの中には、やはり人が溢れていた。

外にはアラブ系の人間が多かったが、中では、その数の多さに驚いてしまうほどの白人がひしめいていた。

皆、飛行機へのチェックイン待ちの人々である。今度は、白人たちとの闘いが待っていた。

牧の頭の中には、昨日の悪夢が蘇った。チケットを持っていながら、チェックインに至らなかったことである。

（あのチェックインカウンターまで行き着かないかもしれない）

牧は、そう思った。わずか二十メートルぐらいしかないが、そこまでが「ラッシュ時の満員電車の中のような状態」になっているのだ。

チェックインカウンターの方角にまったく進めないのである。

「空港ビルの中には、うちのリビア人の現地スタッフも含めて、全員が入ってきていました。予約していた飛行機があるにはありますが、それに乗れるかどうかわからないし、そもそも飛行機がローマを発っていないとか、発っているとか、いろいろな情報が飛び交っていました。当時、電話はかかったり、かからなかったりする状態でしたが、たまにうまく着信できると、日本からの情報が入るんです。うちの会社で飛行機の手配を支援している人たちが全面的にバックアップしてくれていて、どの便がキャンセルになったとか、どこどこの飛行機がトリポリに向かって出発したとか、いろいろ教えてくれるんです。それらの電話は、すべて駐在員の電話に来るわけです。私たちは固まって、情報を共有していました」

牧たちは、リビア人の現地スタッフに、情報収集を頼んだ。アラビア語をしゃべることができる地元の人間なら、遠い日本からの情報よりも、より確かな出発便の情報をつかんでくるかもしれない、と思ったのである。

思惑は、当たった。間もなく、現地スタッフの一人が、

「ローマ行きの便に空席がある。一人乗れる」

そんな情報を持ってきたのである。

五人の中で、日本から予約してくれたチケットがないのは、駐在員だけである。

「それに乗ってください」

牧は、即座に頼んだ。だが、駐在員は拒む。

「自分はリビアの駐在員だ。出張者が出国するまで、自分が先に行くわけにはいかない」

そう言い張るのである。だが、事態は切迫している。

「そんなことを言っている場合じゃない。あなたはチケットを持っていないんだから、とにかく乗れるうちに乗って、早く行ってください」

牧は必死で頼み込んだ。出張者の四人は、東京からの手配で、イタリアのアリタリア航空のチケットを持っているのだ。

駐在員は、牧たちの意見に折れて、ローマに行く飛行機に乗るために、その列から離れた。作戦は成功した。結果的に、駐在員は無事、昼前のローマ行きに乗れたのである。

残ったのは、四人だ。彼らは一か所に固まって、トイレにも行かなかった。人が多すぎて、トイレに行こうにも、行きようがなかったのだ。

「韓国スーパーで買ったスルメを分けあって食べました。さらに私は、現地スタッフに〝何でもいいから、空席のある飛行機を探してきてくれ〟と頼みました」

空港が満員電車のように混んでいるのに、「空席を探せ」とは無茶な話のようだが、それは、牧自身の前日の経験から導き出されたものだった。牧の確信は、現地スタッフへのこんな説明で納得できるだろう。

「昨日、俺はチケットを予約していたが、チェックインそのものができなかった。ということは、飛行機に俺の分の〝空席が出た〟ということだ。この人の波では、たぶん、昨日と同じことが起きているはずだから、どこでもいいから、空いてる飛行機のチケットを手に入れてきてくれ」

四人は、それぞれ自分のクレジットカードをリビア人の現地スタッフに渡し、

「値段はいくらでもいい」

そう言って、チケットを頼んだのである。

自分たちがチケットを持っている便もアテにはならない。できるだけ早く脱出する――

――前日に厳しい経験をしている牧には、当然の判断だった。

「われわれがやるよりも、とにかくアラビア語がしゃべれる人間のほうがいい。行動力もあるし、たぶん、いろいろな情報を持って来るので、彼に託したのです。彼が帰ってくるまで、われわれは、そこから動かないつもりでした」

しかし、その時、目の前に、昨日の日本の大使館員二人が突然、現われた。

牧は、二人と一緒にいてさんざんな目に遭っている。

大使館員は、牧たちに向かって、こう言った。

「日本政府のチャータートした飛行機がありますけど、乗りますか？」

はっきりとそう言うのである。

日本政府のチャーター便？　昨夜、駐在員のところに送られてきたメールのことだ。

しかし、その駐在員は、ローマ行きの飛行機に乗れたかどうかはわからないが、もう別行動になっている。

「チャーター便はどこから出るんですか？」

そんな質問が牧たちの側から出た。

「ここではなくて、別の空港です。そこから出ます」

大使館員は言葉を続けた。

「乗られるのなら、ターミナルビルから一回出て、そちらに移動してください」

牧たちは、顔を見合わせた。

自分たちのコネを利用して、苦労の末に、牧たちは空港ビルの中に入っている。いまは、自分たちが乗る予定の飛行機のほかに別の飛行機のチケットも探すべく、現地スタッフにクレジットカードを預けて、奔走してもらっているところだ。

「そのチャーター機というのは、どんなものですか」

牧たちは、大使館員に聞いてみた。

「イギリス政府がチャーターした飛行機に、もし〝空き〟があったら乗せてもらうことになっています」

大使館員は、真顔でそう言った。

（イギリスのチャーター機？　空きがあったら乗せてもらう？）

話が昨夜（ゆうべ）のメールの内容とは、まったく違う。アテにならない。牧は直感した。

「それはチャーター機とは言いません。〝相乗り〟ですよ」

「正しく説明してください」

牧が口を開く前にそんな声が仲間から上がった。

よくよく聞くと、話の全容がわかってきた。

それは、イギリスがチャーターした飛行機に「空きがあったら」日本人も乗せてもらうという「交渉」を現在していて、そうなった場合には「乗りますか？」という話に過ぎなかったのである。

牧たちは、啞然とした。そんな話に乗れるはずがなかった。

「どうしますか。人数をカウントしますので」

大使館員はなおも、そう聞いてきた。

昨日の一部始終が脳裡に蘇ってきた牧は、

「乗りません。私たちは結構です」

と、きっぱり断った。

牧は、その時の決断を振り返る。

「大使館の言っていることは、アテにならないんです。その飛行機は、日本政府がチャーターしたものではないわけですからね。日本政府がチャーターしたというのであれば、それは政府が丸々一機、借り切って、〝日本の方はこちらへどうぞ〟と、先導して乗せてくれるもの、というイメージを持ちます。しかし、まったくそんなものではない。他国の政府がチャーターしたものを、自分たちがチャーターしたように言っているわけです。どうも言ってることが怪しくなってきたので断ったら、大使館員は〝ああ、そうですか。わかりました〟と言って、いなくなりました。大使館員の表情は、淡々としたものでしたよ」

牧は、その前から、日本と他国の「対応」の根本的な違いに驚いていた。

「たとえば、ホテルでテレビのスカイニュースとかを見ていると、〝リビアにいるイギリスの方々へ〟というようなメッセージが流れて、〝政府の支援が必要ならば、スカイプはこちら、ツイッターはこちら、これこれはこちら……、何でもいいですから、連絡をしてきてください〟というようなメッセージが流れるんですよ。イギリスがすごいなと思ったのは、コミュニケーション手段として、スカイプのIDだとか、ツイッターだとか、メールとか電話番号とかを、全部公開して、〝何かヘルプが必要だったら、ここに連絡してくれ〟というメッセージを流していたんです。さらに空港でも、ほかの国は、大きな旗とか、目立つ格好をしているとか、いろいろ工夫しています。しかし、日本の大使館の人は、一生懸命やってくれているんでしょうけど、あまりにも目立たないし、コミュニケーションがとりにくい。そして、空港にコネさえないわけです。いざという時にアテにできるとは、とても思えませんでした」

それは、そういう緊急事態に追い込まれて、初めてわかることだった。なんとしても自国民の命を助ける――各国の大使館員たちには、そんな執念や気概のようなものが感じられたが、日本の大使館員には、まったく窺えなかったのである。

「結果的にどうなるかはともかく、各国の大使館員からは、そういうものが感じられたし、なんとかして助けたい、という気持ちが、はっきり伝わってくるんです。それがどんな手段を使ってでも、困っている自国民にアプローチするぞ、という大使館員の行動に通じていたんだと思います。日本の場合も、日本人なら誰でもわかるものを大使館員が羽織(はお)ってやってくれたら、必死さがわかりますよ。ハッピでもいいし、あるいは小さな和太鼓を叩くとか、お囃子(はやし)が鳴る音楽を流すのでもいいですよ。極端なことを言えば、カランコロンと、下駄(げた)でも鳴らしながらいてくれればいいんです。どうにかして自国民にわかってもらう、なんとしても自国民を助けるという手段や気持ちが、日本にはなかったですね。それが寂しかったですよ」

政府機能がマヒした空港

牧たちのもとに現地スタッフが戻ってきたのは、午後一時頃のことである。

「マルタ航空の午後六時マルタ行きの便が取れました」

これ以上はない「朗報」だった。

「取れたか！　ありがとう！」

一同は湧き立った。

四人にクレジットカードを返してくれたそのリビア人に、牧たちは聞いた。

「スリップは？」

スリップとは、クレジットカードの控えのことだ。これを見なければ、いったいいく

らでチケットを手に入れたのかわからない。しかし、彼は、

「スリップはない」

と言うばかりだ。混乱の中だから仕方がない、と思うしかなかった。

お金より「命」だった。

だが、このあとさらに、牧が、その現地スタッフにもう一度、ある〝お願い〟をしたことが、結果的に自分たちを救うことになるとは、誰が予想できただろうか。

チケットは確保したが午後六時までには、「五時間」もある。その間に、リビアの情勢がどう悪化するか予想もつかない。午後六時まで待つより、一刻も早く脱出する方法を、まだ模索する必要がある。牧はそう考えていた。

トイレにも行けなかった。ここでハグれたら大変だ。彼らは一か所に固まったまま、時が経つのを待っていた。

彼らのいたフロアの端っこにも、航空会社のチェックインカウンターがあった。

午後三時頃だっただろうか。その端っこのカウンターに「マルタ行き」航空便のチェックインのサインが突然、ついたのである。

「これか？」

牧は、乗る時まで、ずっと一緒にいてくれることになっていた現地スタッフに、そのサインを指さしながら聞いてみた。

「いや、これの一本あとの便です」

彼はそう答えた。この便は「午後四時発」だ。自分たちのチケットより二時間早い。その時、牧は、「これには空きが出る」と直感した。

「絶対、この便に空きが出るよ」

牧は、彼にそう伝えた。

前日の経験から、この便のチケットを持っていても乗れない人間が必ず出てくるはずだ、と。

「絶対、空きが出るから準備しておいてくれ」

牧はそう言って、カウンターに注目していた。

乗客がどんどんチェックインしていく。

その列は、なかなか途切れなかった。しかし、やっと、ひと区切りがついた。

「いまだ」

牧の指示で、現地スタッフがすぐにカウンターに行った。午後六時発のチケットを見せながら、こう尋ねた。

「四人だけど、この便に乗れるか？」

航空便の〝前倒し〟である。午後六時発のチケットで、午後四時発に乗ろうというわけだ。現地スタッフは、カウンターの中にいる職員と、なにかやりとりをしている。やがて、こちらに向かって、現地スタッフからＯＫのサインが発せられた。

「これに乗れる」

それぞれ一つずつ、計四つの荷物を預けて、牧たちは搭乗券をもらった。しかし、そこには、座席番号も、名前も、入っていなかった。

何も書いていない白紙の搭乗券――。もちろん、そんなものを手にしたのは初めてである。

「とにかく、荷物を預けて、搭乗券を四枚もらって、現地スタッフに〝ありがとう〟と言って、そのままイミグレーションまで行ったんですよ。そうしたら、イミグレに誰も人がいない。びっくりしました。政府機能が、すでに完全にマヒしていたのです」

無記名の搭乗券に驚いている場合ではなかった。リビアは、その時点で出入国審査もない〝無政府状態〟に陥っていたのである。

「通常は入管と警察、両方の出国検査を受けるのですが、その時はX線による手荷物検査と、検査官が出国を示すスタンプを便宜的に捺すだけで、待合室まで行けたんです。そのままロビーまで歩いていったら、食事のゴミなども散乱していて、中には、捨てられた荷物もありました。これは行くしかない、とそのまま進んでいったんです」

牧たちは、やがて「搭乗待合室」まで行くことができた。通常の出国の手続きもないだけに、不思議な感覚だった。

「ここまで来ると、あともう一歩、という思いになりました。しかし、まだ安心はできません。というのも、電光掲示板に電気が点いていなかったんです」

航空便の案内どころか、電光掲示板に電気そのものが点いていなかったのだ。これでは、どの飛行機に乗っていいか、皆目わからない。

かろうじて放送はあったが、英語ではなくアラビア語だったので、何を言っているのかわからなかった。

周囲を見渡した牧は、自分たちと同じマルタ航空の柄のチケットを持って立っている人を見つけた。

あっ、あの人は同じ便に乗るに違いない。そう思った牧は、英語で、

「マルタに行くの？」

と、聞いてみた。

「そうだ」

よし、と牧は思った。

「あの人がマルタに行くから、あの人が動いたら、俺たちも動こう」

四人はそう相談しあった。目を凝らして、四人のうち誰かが、その人を、ずっと見ていることにした。

やがてアラビア語のアナウンスがあった。

ターゲットの人物が動いた。

「よし、行こう！」

四人が素早く動く。〝ターゲット〟のあとを追った。

搭乗待合室を出ていくと、搭乗券をチェックしている係員がいた。

政府機能はマヒしているのに、航空会社はまだ乗客のコントロールができていた。

「あなたは行っていい」

「あなたは、ここに留まれ」

見ていると、係員によって、そんな分別がおこなわれている。マルタ航空の職員に違いない。

牧たちのチケットは、なにも記入されていない。

一瞬、不安がよぎったが、もはや「運を天に任せる」しかない。

（大丈夫か）

牧たちの番が来た。

係員は、チケットを一瞥（いちべつ）すると、そう言った。

「行っていい」

助かった……。

だが、ほっと息をつく暇などなかった。実際に座席に座るまでは安心ができない。牧たちは先を急いだ。

その時、四人は、あるものに気づいた。

軍用機である。出発の場所、すなわちボーディング・ブリッジでつながっている、手前の一番いい場所にずらりと停まっているのは、いずれも「軍用機」だったのである。

各国から自国民救出のために軍用機が来ているのか、それともリビア軍機なのか。牧には、それを確かめる時間も、余裕も、なかった。

マルタ航空の飛行機までは、バスで行くらしい。牧たちは、ターゲットにしていた人物が動いた瞬間にあとを追ったが、それでも、うしろのほうだ。

チェックインカウンターに並んで搭乗手続きをした人はかなりの数にのぼることを、牧たちはその目で見て、知っている。

牧たちの搭乗券には名前がない。果たして本当に自分たちの座席はあるのだろうか。そんな不安がこみ上げてくる。

バスに乗り込むと、牧は残りの三人に小声でこう言った。

「俺たちの搭乗券には、名前がないよね。座席番号もないよね。だから、下手すると席がないかもしれないよ」

それは、三人も不安に思っていたことだった。しかし、牧が言うまで、誰もそれを口にはしていなかった。牧は続けた。

「このバスには三十人ぐらい乗っている。ひょっとしたら、早く行って、早く座ったもの勝ちになるかもしれない。俺たちは最初にバスを降りて、飛行機に向かって走ろう」

昨日の体験がなければ、ここまであれこれ考えなかったかもしれない。しかし、政府機能もマヒしている現状では、何があっても不思議ではない。まして、牧たちは「無記名」のチケットでここまで来ているのである。

（チケットに名前と座席番号がないのはおかしいから、たぶん座席の数以上にチケットを配っている。飛行機に乗ったら、きっと〝自由席〟だ。早いもの勝ちになる可能性がある）

牧はそう考えていた。

バスは、前とうしろのドアが同時に開く。四人は、バスが動いている間に、ドアのほうに少しずつ移動していった。とにかく、バスから最初に降りて、タラップに早く行こう、と四人は考えていた。

やがて、飛行機の近くまで来て、バスが停まった。

よし、行こう！

四人の動きは機敏だった。バスを飛び出すと、小走りで飛行機のタラップの下に来た。

その時、もう一度係員に呼び止められた。

（まずい。定員オーバーか）

しかし、係員は、出国を示すスタンプがパスポートに捺されているかどうかをチェックしただけだった。

（助かった……）

牧たちは胸を撫で下ろした。そして、一気に飛行機に駆けあがった。

「入った瞬間、あっと思いました。やはり、機内は、うしろから順番に乗客を詰めていました。私らが機内に入った時には、前のほうの三列ぐらいしか空いてなかったんです。

入ったもの順に、窓側、真ん中、通路側、窓側、真ん中、通路側、というふうに順番に詰めて、座っていたんです。女性のキャビンアテンダントが、〝あなたはあそこに座れ〟〝あなたはここ〟と、有無をいわせず指定して、そこに乗客が座っていくのです」

チケットに「座席番号」も何も書かれていないのは、牧たちのものだけではなかったのである。

「確かなことはわからないですが、きっと、あのバスに乗っていた中で、飛行機に乗れなかった人が出たと思うんですよ。座席は前三列しか残っていなかったから、そのぐらいの人数しか入れなかったはずですから……」

機転と危機意識が、牧たちを救った。前方の同じ列の席に、四人は座ることができた。

「これは飛び立つまで、どうなるかわからないよね」

四人は、そう囁きあった。まだ安心するわけにはいかなかった。

(早く動いてくれ)

牧は、ひたすら願った。

この状況では、まだどんなことが起きるかわからない。「一回、降りろ」とか、あるいは、「この飛行機はキャンセルになりました」といった〝不測の事態〟があるかもしれない。とにかく、トリポリ空港を飛び立って、地中海の上に出るまでは、何が起きるかわからない。まさに、まな板の上の鯉の心境である。

(早く動け！　早く動け！)

必死にそう念じていた牧は、なにかが普通の飛行機と違うように感じていた。なんだろう、と思った時に、それが「匂い」であることに気づいた。

機内全体が、臭いのである。

（そうか。脱出するために、空港のまわりで、テント暮らしをしていた人たちは、風呂にも入ることができなかっただろう。その体臭が、機内に充満しているんだ……）

間もなくドアが閉まった。滑走路に向かって、飛行機が動き始める。それでも四人は、まだ「緊張」を解いていなかった。

牧は右側の窓際の席だった。やがて、飛行機は滑走を始めた。

ゴーッという音とともに、マルタ航空のマルタ行きの飛行機が、トリポリ空港を飛び立った。

牧は、窓から下を見ていた。飛行機は、ぐんぐん高度を上げていた。

牧の目に、渦を巻くように空港を取り囲んでいる群衆が見えた。

また増えている。すごい数の群衆だ。少なくみても、数千人は下らないだろう。

（申し訳ないな……）

そう考えながら、牧は、その光景を瞬（まばた）きもしないで、じっと見つめていた。

消えた荷物とキャンセルされた飛行機

トリポリ空港からマルタまでは、三十分ほどのフライトだ。飛び上がれば、水平飛行の時間がほとんどないくらいの距離である。

真っ青な地中海のど真ん中に位置するマルタ島の空港に着陸してタラップを降りた時、牧の胸には、やっと安堵の思いが広がっていった。

迎えのバスが来て、空港ターミナルのビルに入ると、牧は真っ先に会社に電話した。

「無事に脱出しました」

日本は深夜だったので、トルコにある会社の事務所に一報を入れた。中東をすべて管轄しているところだ。

「とにかくよかった」

トルコ事務所のトップは、そう言って喜んでくれた。

マルタ行きの飛行機がどうとか、チケットはどうなったとか、そんな話は、会社には一切、伝わっていない。連絡そのものが取れていないから、牧たちがどういう手段で、どこに出るのか、まったくわかっていなかったのである。

それだけに、会社サイドは胸を撫で下ろしただろう。トリポリ空港で別れた駐在員も、無事、イタリアに脱出できていたことを、牧はこの時、知った。

そのあと、家に電話を入れた。留守宅には、妻と、成人している二人の娘がいる。

「いま、無事にマルタに着くことができたよ」

開口一番、牧がそう言うと、

「よかった！　よかったね、よかったね。お疲れさま」

受話器の向こうから、妻の喜びの声が届いてきた。日本は深夜だが、牧の家族は、ずっと〝臨戦態勢〟だった。

きっと心配していたんだろう。妻のほっとした声を聞いた牧は、一瞬、涙腺が緩みそうになった。

あとで、娘たちから聞いたことだが、心配した親戚から「どうなってるんだ？」と問い合わせを受け続けていた妻は、相当、心理的に参っていたらしい。

やはり、「二月二十三日に飛行機で出る」はずだった夫が「出られなかったこと」が親戚には理解できなかったようだ。

「チケットを持っていて、そのうえ大使館の人が一緒にいたのに、なんで出国できなかったのか」

それは、親戚だけでなく妻にも、理解できなかったに違いない。

詳しい話はしていないが、二十二日にGメールで、

〈明日の飛行機を予約した。大使館員が空港にいるらしい。それで帰れる〉

と、用件だけのメッセージを送ってあった。

たしかに、「チケット」があって、「大使館の人」がいれば、よもや出国できないとは、普通の人は思うまい。しかし、翌日、

〈空港に入れない。死ぬかと思った。ホテルで銃声を聞いている方が安全。もう二度とヤダ〉

そんな簡潔なメールしか、牧は送っていなかった。

〈なんでなの？〉

妻からは理由を問う怪訝そうなメールが返ってきた。親戚を安心させるために、出国できるという情報を伝えていた妻は、逆に質問攻めにあってしまったのだった。

確かに「なぜ出国できなかったのか」というのは、牧自身が大使館員に聞きたかったことだろう。

「うちの娘は、途中から、〝ママに聞かないで私に聞いて〟と、おじいちゃんやおばあちゃんにも言っていたみたいですが、とにかく留守宅も、参っていたようです。本当に、無事に連絡がとれて嬉しかったです」

牧たちは、飛行機に預けた荷物を受け取ろうとした。その時の乗客のほとんどは、マルタで飛行機を乗り継いで、ヨーロッパに帰ろうとしている人たちだった。

マルタで降りた乗客は、牧たちを含めてわずか十人ほどだった。四人は、預けた荷物が出てくるターンテーブルの前で、荷物を待っていた。

しかし、荷物は出てこない。

「トリポリから来たのか？」

やがて、空港職員に声をかけられた。

「そうです」

牧が応えると、彼はこう言った。

「荷物はない」

なぜ、と聞くと、

「荷物は積んでない」

と言うのである。

「びっくりして、あちこち聞いてみましたよ。すると、本当かどうかわかりませんが、荷物を飛行機に積み込もうとしたら、空港が閉鎖になりそうだったから、機長は飛ぶことを優先して、荷物を置いて飛んだ、という説明でした」

空港職員に、

「荷物は明日の便で来るから」

と言われた牧は、とりあえず、この日は荷物をあきらめることにした。

しかし、そのあと流れたアナウンスを聞いて、四人は愕然（がくぜん）とする。

「午後六時トリポリ発マルタ行きの便は、欠航になりました」

背筋が寒くなるような知らせだった。牧たちが乗るはずだった午後六時発の飛行機がキャンセルになったというのだ。

もし、あの時、無理をして午後四時発の飛行機に乗っていなければ、トリポリから脱出することはできなかったのである。

四人は、呆然として互いの顔を見た。

空港の前のツーリストセンターでマルタのホテルを紹介された四人は、初めて無事を祝ってビールで乾杯した。

五臓六腑(ごぞうろっぷ)に沁(し)みわたるビールの味を、牧は忘れられない。

翌日、荷物を取りに四人は空港に赴(おもむ)いた。

そこには、昨日はいなかったマスコミが押しかけていた。牧たちの姿を見つけると、CNNや日本のメディアが一斉に寄ってきた。

四人は、そこで、荷物が届いていないことを知る。結局、荷物は戻ってこなかった。身柄と引きかえに、牧たちの荷物は、トリポリ空港で「どこかに」消えてしまったのである。

気がかりだったのは、リビアに残っている会社の人間がまだ「一人」いたことだった。地方の都市に出張していたため、トリポリにはいなかったが、なんとかリビアから脱出させなければならなかった。

牧は、同乗してきた二人を日本に帰して、もう一人と共に、リビアに残された彼が脱出できるまで、マルタに残ろう、と決意する。

「彼をどう救うか、という作戦を立てました。その時点で、どこにいるのかは、わかっていましたが、脱出するには、どうしてもトリポリに来なくてはなりません。彼がいるところは砂漠のほうで、トリポリまで千キロほど国内移動するしかありません。そこで、トリポリまでの移動は、私たちのお客さんにお願いしたんです。その調整を現地スタッフや、もとの駐在員がやったわけです。そして、状況を逐一、日本政府にも伝えていたので、外務省が彼のために飛行機を予約してくれたんですよ」

しかし、二月二十五日には、トリポリの日本大使館は「閉鎖」されていた。日本人はまだリビア国内に残っていたものの、大使館そのものは「クローズになった」のである。

「そのことは、みんな疑問に思っていましたよ。しかし、日本政府がチケットを手配してくれたお蔭で、結局、地方出張していたうちの社員は三日後ぐらいにトリポリからパリに出ることができたんです。地方都市からトリポリまでの移動は、うちのお客さんの協力で、そして、空港に入る時は、私たちの時と同じ人が、同じ方法でやってくれたんです。助かりました」

牧はマルタで、日本大使館の手配した船でトリポリから脱出してきた邦人に会うこともできたという。

「ホテルの朝食の時に会ったんです。聞いてみたら、大使館が用意してくれた船で脱出してきた、と。そう言えば、出発ぎりぎりの時間になって、〝いまから、トリポリ港からマルタに向かって船が出ます〞という連絡が来たことがありました。しかし、とても、間に合うような時間じゃなかったので無視しました。すっかり忘れていたんですが、どうも大使館関係の人は、それで脱出していたようです。その船も、予定の時間が来ても二、三時間出航できなくて、途中、大きく揺れて、みんなが酔って、吐いて、大変な思いをしながら、マルタに着いた、という話でした。トリポリを出たのは、私たちよりも早かったようでしたが、着いたのはあとだったようです」

あの〝チャーター機〟とやらは、どうなったのだろうか。

「それも、あとになってわかりました」

牧は、こう語る。

「大使館員が言っていた〝チャーター機〟は、結局、スペインの軍用機のことだったようで、マドリードに行ったそうです。私らが思ったとおり、チャーター機ではなく、やはり、余ったところに日本人を乗せてもらうという〝相乗り〟みたいなものだったそうです。それも、イギリスの飛行機ではなくてスペインの軍用機だったと聞いて、びっくりしました」

各国が軍用機を出して、自国の人間を助け出そうとしていたことを、牧は知った。

「ああ、やっぱり、トリポリ空港で、あのいい場所を占めていた軍用機は、各国の救出用のものだったんだなと、その時、思いました」

牧は、マルタからフランクフルト経由で、日本への帰路についた。疲労困憊だった牧は、自分でチケットをファーストクラスにアップグレードして、全日空便に乗った。

しかし、姿は、脱出した時のままの〝着たきり〟だった。

「それこそ、血糊のついたセーターで乗り込んだので、〝どうされたんですか？〟と、キャビンアテンダントにびっくりされたんですね。それで、実は、リビアから脱出してきて、荷物もなくてこれだけなんです、と事情を話したんです。そうしたら、チーフパーサーの方が挨拶に来て、〝お話を伺いました。私たちにできることがありましたら、なんでもさせていただきますので、なんなりとおっしゃってください〟と声をかけてくれました。それで〝私、成田に着く前に泣くから、その時はほっといてくださいね〟と、答えたんです。そうしたら、〝わかりました。ご自由になさってください〟と言ってくれました。ずっとつらい目に遭ってきたので、優しい声をかけてもらって、なんだか心が温かくなりました」

牧は、最初に食事のサービスを受けた時のことも記憶している。

「わざわざメニューにないものを持って来てくれて、〝こういうのもありますけれども、ご飯が炊き上がりましたから、お召し上がりになりますか？〟と、言われました。ほんと、ものすごく良くしてくれたんです。その時、本当にいろんな人に励まされたり、お世話になったなあ、と思って、帰ってから出すお礼の文章を、飛行機の中で書き始めたんです。そうしたら、涙が出てきちゃいましてね。成田に着いて、クルーに〝助かりました〟と、お礼を言わせてもらいました」

混乱の中で忘れていた人間の優しさを、牧は思い出したのである。

「手荷物も何もないから、国際線を降りて、すぐに外に出られるんですよ。それで外に出た時に、妻が迎えに来てくれていてね。その時、〃ああ、帰ったー〃って、しみじみ思いました。ドンパチが始まったのが二月半ばで、日本に着いたのが三月四日ぐらいだったんです。その間は、わずか二週間ほどですよ。でも、妻の顔を見たら、いやあ、長かったなあ、と思いました」

さすがに、少しだけ、うるっときた。

「日本がこんなに遠いとは思わなかったですからね。彼女の第一声は、〃お帰りなさい〃でしたね。ニコニコしていました。その瞬間、〃ああ、着いたなあ〃と、こみ上げるものがありましたね、やっぱり」

駆け込み寺の役割

牧は、日本はなぜ邦人を助けるための救援機を出さないのか、疑問に思っている。

「私は大使館の人と一緒に行動していた時に、〃日本から飛行機は来ないんですか？〃と聞いてみました。大使館の人は、〃いや、出せないんです〃と言いましたね。そんな曖昧な感じでした。なぜなんだろう、と思いながら、追及しなかったんですが、その時に、大使館の車の中にインマルサット（衛星通信）の携帯電話が置いてあったのに気づいたんです」

牧は、〃これで連絡をとってもいいですか〃と聞いたという。

「そうしたら、大使館員は、〝これ、壊れているんです〟と言う。だから、使えないんですよね、とのことでした。〝ええっ、いま、こういう有事なんだから、インマルサットで連絡するべき、まさにその時ではないか〟と思ったんですが、そんな感じなんです。だから、大使館の人の言ってることが、こっちにはよくわからないんですよ。こちらから訊ねると、〝政府専用機は来られないんです〟と言うし、また、衛星電話は壊れていると言う。チャーター機といっても、実際はチャーター機ではない。また、空港に対しても、何のコネもない。それなのに大使館への宿泊にさえ、お金をとるとか言う。つまり、危機管理が、私たちの期待値を遥かに下まわっているんです。それぞれの大使館員は一生懸命やってくれているんでしょうけど、残念なことばかりでしたねえ」

牧は、溜息をついた。

「われわれも、自衛隊機が来るとは期待してなかったけれど、政府専用機があるんだから、あれを飛ばしてくれたらいいのに、と単純に思って、尋ねたんです。なぜ来られないんだろう、と思いましたね」

自衛隊が、邦人輸送をおこなえるようになったのは、一九九四年十一月の「自衛隊法百条」の改正以降である。しかし、改正を重ねながら、これらは、いまだに実効性を伴っていない。

それは「紛争地」には、自衛隊は「行けない」からである。紛争地だからこそ、出番があるはずなのに、この国では、逆なのだ。

「海外での自衛隊の武力行使にあたる」

そんな本末転倒の理屈のもと、いまだに紛争地に孤立する邦人を救出するために、日本の自衛隊は向かうことができないのだ。

最も大切な国民の「命」を守れない国――。いや、守ることをさせまいとする勢力が日本には現に存在しているのである。

「今後、同じようなことが起きたら、やっぱり、正しい情報がほしいですよね。日本は絶対に助けに行かないから、自分たちでやれ、というなら、最初からそう言ってほしいのです。いつまでも中途半端な情報しか寄こさないから、こちらは期待してしまうんです」

自らの経験を踏まえて、牧はこう繰り返した。

「チャーター機の件も、たとえば、〝いま、イギリス軍に邦人の席の確保を頼んでいて、そういう飛行機が何時に出そうだから、どこどこに来てください〟と言うんだったら、それをベースに、自分たちがどうすればいいか、という判断が下せるじゃないですか。あるいは、〝どこそこから船が、何時に出ます〟などと、はっきり情報を伝えてほしいのです。オプションAとしては、〝船が何時に出ます〟、Bとしては、〝飛行機は、こういうのがあります〟と、はっきり言ってくれれば助かるのに、実際には、すべてが中途半端だし、なんでも場当たり的にやっているから、そういうのが見えてしまうと、もう頼りようがなくなってくるんですよ。リビアに来ている日本の会社も、大きな会社から、個人の小さな会社まで、いろいろですから、やむをえず、大使館の情報にすがっている方も、かなりいらっしゃったと思うんですよね。そういう点で、あの対応は、いかがなものだったのか、と思いますね」

大使館は、究極的には、「駆け込み寺」だと、牧は考えている。

「紛争地だから自衛隊は行かせられない、とか、そういう線引きが曖昧なままだと、今後も、出す、出さない、で、国会で議論してる間に、日本人がどんどん危険な目に遭っていくんでしょうね。いったい、いつまでそんなことをやっているんでしょうか。ジャスミン革命の時には、結局、リビアが一番激しくなりました。二月二十四日に、うちも、地方にいた社員が一人残っていたように、各社ともまだ脱出できていない人がいたようです。しかし、大使館がもうリビアを出てしまっている、という情報は、衝撃的でした。あり得ない。船長が先に船から逃げ出したようなものじゃないですか。一等書記官や、二等書記官は出国したけど、大使は残っている、とか、そういうのならわかるんですけれども、大使館がもぬけの殻でしょ。それはひどいんじゃないかと思いますよね。最後はどこへ行けばいいんだ？　ということですよね。大使館が、宿泊にさえお金をとるというのも驚きましたが、大使館は、海外で働く邦人の駆け込み寺であることを、思い起こしてほしいんです」

リビア脱出によるＰＴＳＤ（心的外傷後ストレス障害）で、不眠症に悩んだ時期もある牧は、国民の「命」に背を向けて仕事をしているかのような日本の在外公館に対して、そんな苦言を最後に呈してくれた。

第十七章
見殺しにされる「命」と「今後」

アルジェリアでイスラム過激派に拘束、殺害された邦人たちの棺を乗せた政府専用機が、2013年1月25日、羽田空港に到着。黙禱を捧げる政府関係者ら

邦人救出の歴史

その人は、東急東横線・田園調布駅の上に立つテラスつきの喫茶店に、颯爽と姿を現わした。濃い大きめのサングラスをかけ、白いポロシャツ姿で、頭には、ブラウンの中折れ帽をかぶっている。

かつて駐ペルー特命全権大使を務めた青木盛久（七六）である。

二〇一五年七月二十一日、夏の連休が終わった「海の日」の翌日、私は、元外務省の高官であった青木に、邦人救出問題について意見を伺うべく、指定の喫茶店に赴いていた。

ヘビースモーカーの青木が話しながら煙草も吸えるようにと、テラス席での取材となったのだ。

青木は、一九九六（平成八）年にペルー日本大使公邸占拠事件に遭遇し、ペルー政府の要人やペルーで活動する日本企業の駐在員らと共に、百二十七日間もの人質生活を体験している。

「大使たる私だけが人質になるので、ほかのすべての人質の解放を要求する」

青木は犯人側にそう求めたが、拒否され、事件はペルーの特殊部隊が突入し、犯人全員が射殺されるという決着を迎えるまで、四か月の期間を要した。

青木はのちにケニア大使も務め、外務省での外交官生活は四十年近くにおよんだ。その間、さまざまな紛争や事件に遭遇しており、邦人救出問題にも詳しい。

私は、邦人救出の歴史や課題について、青木に意見を求めたのだ。

「邦人の保護という意識が外務省の中に生まれたのは、それほど昔のことではないんですよ」

青木は、そう語り始めた。

「私は一九七二年から七四年まで南ベトナムにいたんですよね。首都サイゴンにも、毎日のようにベトコン（南ベトナム民族解放戦線）のロケット弾が飛んできてね。戦場では、日本人のカメラマンやジャーナリストが何人も死んでいましたが、サイゴンでも日経新聞の特派員が、支局に着弾したロケット弾のために死亡しました。それでも、ずっと〝退避勧告〟でもなんでもなかったですよ。たとえ戦争をやっていても、日本の企業にとっては、ベトナムは非常に重要な商売相手でもあったわけですからね。戦争が危ねえからといって、引き揚げたんじゃ商売にならんわけですよ。大使館として、商売の邪魔までして〝帰れ〟という退避勧告を出すのは、なかなか難しくてね。余計なお世話だよと、言われる可能性もあったわけです。ベトナム戦争では、結局、在留邦人は、大使館員と共に取り残されていますからね。北ベトナムが入ってきて、しばらくしてから日本に帰ってくるわけですが、当時は、在留邦人を引き揚げさせるということ自体が、あまり外務省の〝職責〟として考えられていなかったんじゃないでしょうか」

意識が変わり始めたのは、一九八〇年代の後半のことだという。強い「円」を背景に、年間の海外旅行者数が「八百万人」を超えるようになってきてからのことだ。

「変わってきたのは、領事移住部に邦人保護課ができた頃からですよ。それまでの邦人保護というのは、お金がなくなって困っている日本人を保護してお金を貸して帰国させるとか、病気になった日本人を帰国させる手伝いをするとか、そういった〝要〟保護邦人に対するものが中心だったんです。それが、邦人保護課ができた頃から変わってきましたね」

大臣官房領事移住部に「邦人保護課」ができたのは、一九八九(平成元)年のことである。

領事移住部の大幅な機構改革がおこなわれ、新たに領事移住政策課、邦人保護課、外国人課、旅券課と邦人特別対策室が設置、あるいは名称変更され、同部が〝再スタート〟を切ったのだ。

海外での事件・事故への対策と邦人保護が、全面的に打ち出されたことになる。

「日本自体が一九八〇年代までは、右肩上がりでガンガンやってきていました。とにかく商売優先でしたね。しかし、九〇年代になると、まさにバブルがはじけるわけですが、日本は押しも押されもせぬ大国という扱いになってきていました。同時に、日本の国民自身も、そんなにあくせくしなくてもいいというか、海外に出ている在留邦人の安全をしっかり守ることが大事だというふうに、精神構造も変わってきたんじゃないかという気がしますね」

皮肉なことに、それは「冷戦」が終わってからではないか、と青木は指摘する。

「冷戦が終わって、めでたしめでたしと思っていたら、今度は、テロ事件だのなんだのが頻発してきたわけです。ユーゴスラビアだとか、いろんな戦争も起こってくるでしょう。ベトナム戦争の時は、自分の命は自分で守れということで、カメラマンも自分で行って、それで死んだ人間もいた。それが、命というものを一番大切にしないといけないぞ、というのが、八〇年代頃から生まれてきて、そこに冷戦が終わって、ベルリンの壁も崩れ、イスラムの問題も含め、米ソ超大国同士の冷戦時代には〝なかったもの〟が起こってきて、在留邦人の保護を考え始めたというふうに思うんですよ」

邦人救出の難しさ

邦人を保護するためには、さまざまな条件が必要だ。危険を察知する能力と、それをもとに的確な判断ができることが、なにより求められる。いち早く情報を入手し、「邦人保護」に役立てることである。

しかし、外務省に、その能力が決定的に欠けているのは、本書で記述してきたとおりである。それは、なぜなのか。

「それは、外務省には、〝起こってほしくないことは、起こらない〟という考え方というか、体質があるからですよ」

そう前置きすると、青木はこんな経験を挙げた。

「私は、ベトナムのサイゴン勤務を終え、駐ワシントン大使館の経済班に移りましたが、一九七五年に、いよいよ南ベトナムのケソンが陥ちた、と『ニューヨーク・タイムズ』に出たわけです。私はサイゴン勤務の時に、駐在の武官から、ベトナム戦争の状況で一番の鍵は内陸のケソンにある、ここが陥ちたら北ベトナムは海岸にあるダナンを経て一挙にサイゴンを突くから、南は崩壊する、と繰り返し聞かされていました。そこで、さっそく私は、〝南ベトナムはこれで崩壊です〞と参事官に報告したんです」

すると、最初の反応は、

「君は経済班だ。担当が違う」

であり、その次は、

「現地から〝大丈夫だ〞と言ってきている。余計なことをするな」

そう言われたのである。

「のちに駐米大使にもなる政務担当参事官でしたが、彼はそう言うわけです。畑違いの人間が余計な口出しはするな、ということでしょう。外務省には基本的に、〝起こってほしくないことは、起こらない〞と考える体質があるわけですが、これなどは、その典型でしたね」

その後、ケソンの陥落によって、実際にたちまちダナンが陥ち、一挙に南ベトナムが崩壊に進んでいったのは周知のとおりである。また、青木はこんな別の経験も明かした。

「あれは、私が大臣官房調査企画部の分析課長を務めていて、イランのホメイニ革命があった時のことです。パーレビ国王がまだ国内にいる段階で、私は、分析課長の立場で外務省の内部資料に、イランの崩壊について書いたのです。マル秘の資料ですがね。すると、イランの担当課長から電話が来たんです」

それは、「資料を引っ込めてくれ」という電話だった。

「君、あんなこと書いてもらっちゃ困るよ」

「まだイランは、アメリカとの関係もしっかりしている」

「現段階で危ないと言うのは、日本とイランとの友好関係にも支障が生じる」

担当課長から、青木はそんな抗議の電話を受け取ったのである。

「要は、これも〝起こってほしくないことは、起こらない〟ということなんです。結果は、一週間もしないうちに、シャー（パーレビ国王）が、国外に逃げ出しました。誰が見ても、もう終わっているのに、担当者にとっては、そうじゃない。最後の最後まで起こってほしくないものは起こらないんだ、という考えでやっているのです。分析課長というのは、全世界を対象として、内外の公開情報、あるいは非公開情報を総合的に分析する仕事です。しかし、担当課長にしてみれば、担当先のイランがかわいいから、変なことは起こってほしくないっていう気持ちなんです。その気持ちは、わかるんだけど、残念ながら外それだけじゃダメだからということで、わざわざ分析課があるわけでね。残念ながら外務省というのは、公平・無私の気持ちで、邦人のため、国のために情勢をきちんと見ているんじゃなくて、こうであるはずだ、こうでなければならない、みたいなことで見ているわけですよ。だから、外務省では、〝起こってほしくないことは、起こらない〟のです」

邦人保護の観点からも、情報を入手し、きちんと分析をおこない、いち早く正確な状況把握が必要なはずだが、そもそも外務省の体質の中に、その「基本」が欠けていることを青木は告白するのである。

「大きな犠牲が必要だろう」

先進各国がおこなっている自国民の救出が、日本だけおこなわれていない実情について、青木は、こう語る。

「国として、邦人救出のために法を整備し、そして、さまざまな選択肢を持つことについては賛成しますが、これは、五年や十年でできる話じゃありませんよ。自国民の救出方法を選択肢として持っていない国は、主要国としては日本だけでしょうね。しかし、ほかの国と同様な救援策を可能とする法案は、また〝戦争法案〟と非難されてしまいますからね。要は、国民の意識がもっと変わってこなきゃいけないんです。しかし、私は、政府というものは、国民よりも前に行っちゃいけないと思っています。〝半歩〟遅れて進んでいってちょうどいいんじゃないか、と思います。それが民主主義だというふうに私は考えているんですよ」

民主主義国家とは、国が先に行くのではなく、国民から〝半歩〟遅れて進むものだという青木は、こんな悲観的な見通しを口にした。

「邦人救出のために、自衛隊機も行くことができ、そして、そこで何があろうと、自国民を救い出してくる。そういう選択肢をたぶん日本は、〝大きな犠牲〟が生まれるまでは、持たないだろうと思うんですね。つまり、その選択肢を持っていなかったために、海外で、多くの邦人が命を失うということにならなければ、国民の意識は変わらないと思います。だって、集団的自衛権の極めて限定的な行使を認める法律でさえ、これだけの騒ぎになるんですからね。邦人救出のための選択肢として、さまざまなものを持つ、つまり自衛隊の出動を可能にするなんて、とてもじゃないけれど無理でしょう。残念ですが、日本人の意識が変わるには、大きな犠牲が必要でしょうね」

在留邦人の生命を救うというのは、本文でも触れてきたように、日本にとって究極の「自衛」である。しかし、その自衛さえも、先進主要国の中で、日本だけが行使できないのである。

「外務省と同じで、日本の国民には、〝起こってほしくないことは、起こらない〟という考えが、基本にありますね。ノー天気といえば、そのとおりです。このまま、あと百年も保ってくれればありがたいと、国民は思っているわけです。しかし、海外でビジネスや国際貢献の最前線にいる人たちは、そうは考えていないでしょう。日本というのは、貿易をしなければ生きていけない国ですから、彼らは立派に日本のパスポートを持ち、現地での査証（ビザ）も取得し、そして、現地では、きちんと大使館に居住登録をして、活動しているわけでね。商社やメーカーも、自己責任で行って駐在しているとはいっても、やはり、彼らを守るのは、国としての責任だと思いますね。渡航が禁止されている危険なところへ行って危ない目に遭うのとは、自己責任の意味が違いますからね。何かがあった時に、彼らを見殺しにするということは許されないと思いますよ」

それでも、さまざまな「選択肢」を持つための法整備には、気の遠くなるような日々と、国民の意識を変えさせるための「犠牲」が必要だろう、と青木は語るのである。

「やはり、これからは、〝国対国〟の戦争というより、テロなんだろうと思うんですね。テロ集団が、どこかで邦人を殺すという可能性は十分あるわけです。その時に対応しようという危機意識が日本国民にないわけですから、国民の半歩あとを進むべき政府には、酷（こく）ですよね。おそらく、さまざまな選択肢を持つための法整備をおこなうには、十年以上はかかるでしょう。残念ですが、それが日本という国なんです。ただただ、大きな犠牲が払われることがないように祈るだけですが……」

自らも海外で人質生活を送るという稀有（けう）な体験を持つ青木は、邦人の命を守るためには、なによりも国民自身の意識が変わらなければならないことを、ずばりと指摘した。

自ら手足を縛る「要件」

邦人救出問題については、紆余曲折を経て二〇一五年九月に成立した平和安全法制でも、改正がなされた。

自衛隊法の改正で、第八十四条の三として〈在外邦人等の保護措置〉が新設されたのである。

これによって、防衛大臣は、外務大臣の依頼を受けて協議し、総理大臣の承認を得て、自衛隊の部隊等に〈在外邦人の「保護措置」〉、すなわち〈「邦人の警護、救出その他の当該邦人の生命又は身体の保護のための措置」〉をおこなわせることができるようになった。すなわち、在外邦人が危機に陥った時、これまでの「輸送」だけでなく、「救出・保護」を自衛隊はおこなえるようになったのである。

しかし、その要件として、以下の三点が同時に定められた。

①　保護措置を行う場所において領域国の権限ある当局が現に公共の安全と秩序の維持に当たっており、かつ、戦闘行為が行われていないこと

②　当該領域国の同意があること

③　予想される危険に対応して保護措置をできる限り円滑・安全に行うための自衛隊部

隊等と領域国当局との連携・協力の確保が見込まれること

この三要件をかいつまんで言えば、当該国が安全と秩序を「維持」しており、当該国の「同意」があり、さらに当該国との「連携・協力」の確保が見込まれる場合にのみ、自衛隊は、在外邦人の「救出・保護」をおこなえるということである。要するに、この三要件が満たされなければ、自衛隊は在外邦人の「救出・保護」にはあたれない。

だが、当該国が安全と秩序を「維持」している場合に、そもそも自衛隊が行く必要があるのだろうか。当該国が、それが不可能になっているからこそ、在外邦人の「救出・保護」が必要な事態になっているのではないか。

「輸送」についても、〈当該輸送を安全に実施することができる〉と認める場合以外は、依然、許されていない。簡単に言えば、本書で取り上げた事例では、いずれの場合も自衛隊は、助けを待つ邦人のために出動することは極めて難しいのである。あのトルコ航空による救出劇から「三十年」を経ながら、日本は、いまだに在留邦人の救出手段が滞ったままなのだ。

だが、手枷、足枷をかけられたこの改正案に対しても、たとえば、日本弁護士連合会は二〇一五年六月十八日、弁護士会館で緊急記者会見を開き、こんな反対意見を展開した。

〈在外邦人の保護措置とは、「緊急事態に際して生命又は身体に危害が加えられるおそれがある邦人の警護、救出その他の当該邦人の生命又は身体の保護のための措置」をいう（自衛隊法84条の3第1項）。

これらの活動等に従事する自衛官は、安全確保業務では自己・他人の生命・身体・財産を防護し、又は業務を妨害する行為を排除するため、在外邦人の保護措置では保護対象者の生命・身体の防護又はその職務を妨害する行為の排除のため、それぞれ武器を使用することができるとされる（国連平和維持活動協力法第26条、自衛隊法第94条の5）。

ここでは相手の武装集団等を抑止、撃退、凌駕（りょうが）するだけの強力な武器の使用がなされることになる。それに対して相手側も応戦し、交戦状態へと発展する危険性は否定できない。

憲法第9条は海外における武力の行使を禁止しているところ、海外での武器の使用は、武力の行使との区別が困難であり、基本的に許されない。自分の身を守るための自己保存のための武器使用は、自然権的な権利として、例外的に許容されるとされてきたものである。

したがって、それを超える「任務遂行のための武器使用」は、これまで禁止されてきたのであり、それを可能とする法的根拠は不明である。

相手が国家ないし準国家か否かにかかわらず、自衛隊員が戦闘行為による殺傷の危険にさらされることは避けられず、また武装勢力の背後の国家等との戦争への発展を否定することもできない。すなわち、武力の行使に至る現実の危険性があり、そのような自衛隊の活動は、憲法第9条に違反するものである（一部略）〉
（『安全保障法制改定法案に対する意見書』日本弁護士連合会）

不思議なことに、日弁連のこの反対意見の中には、肝心の「危機にさらされている自国民の命」についての考慮や視点がまったく欠落している。自分たちの家族の生命が海外で危機に陥っても、日弁連は果たして、同じことが言えるのだろうか。

また日本共産党の機関紙『赤旗』には、「邦人救出」への自衛隊の派遣について、こんな記事が掲げられている。

〈「救出」は「輸送」に比べ、「武器の使用が想定される場面が多い」（3月13日配布の政府資料）とされるように、他国領土に踏み込む危険な任務です。

政府は与党協議の場で、▽大使館等の占拠▽日本の航空機のハイジャック――といった人質事件への投入も想定。その場合、自衛官だけでなく人質の命も危険にさらされます。

そもそも在外邦人保護は在留先の政府に一義的責任があります。退避が必要な場合は渡航情報などをもとに自主避難し、さらに緊急の場合は日本政府が民間機などをチャーターする方法もあります。政府は、自衛隊投入には▽その場で武力紛争が発生していない▽領域国が治安維持にあたっている――の条件をあげており、自衛隊でなければ救出できない事例はほとんど想定できません。

自衛隊元幹部は、在ペルー日本大使公邸占拠事件（1996年発生）の場合、相手の人数・配置・武器がわかり、地下トンネル掘削などの準備の上での成功だったと指摘。アルジェリア人質事件（2013年）では、現地情報に詳しい当事国軍隊でも失敗しました。

逆に、法整備で自衛隊は「敵は殺して人質だけ救う」という最も困難な任務へ準備が迫られます。特殊作戦部隊の強化や海外での情報収集拡大といった「軍隊化」へ格好の口実となります（一部略）〉（二〇一五年四月四日）

『赤旗』によれば、「邦人救出」において、政府が自衛隊の派遣という選択肢を持つことが、「軍隊化」への格好の口実になるのだそうだ。

このように、日本では、国家としての「究極の自衛」である自国民の「生命」を守ることに反対する人は、いまだに驚くほど多い。逆に見れば、このような反対派への考慮から、自ら手足を縛る「要件」が課せられてしまうとも言える。

国民の幸福追求の権利を規定し、生命や自由の尊さを根底とする憲法十三条によって「自衛権」は認められ、自衛隊の存在も容認されているはずなのに、それでも「邦人救出」には、いまだに大きな壁が存在しているのである。

最も守るべき「救出を待つ人々の生命」よりも、硬直した表面的な法律解釈と「軍隊化への口実」などという倒錯した言辞が大手を振る国家は、先進国では日本以外には存在しない。

元統合幕僚長の提言

「邦人輸送のやり方なり、対象なりというのは、起こった事例を受けて改正を重ねながら、私は、少しずつ進歩していると思っているんですよ」

そう語るのは、折木良一・元統合幕僚長（六五）である。

折木は、第三十代陸上幕僚長のあと、第三代統合幕僚長に就任。二〇一二（平成二十四）年に退任後も、防衛省顧問、防衛大臣補佐官、国家安全保障局顧問を務め、第二次安倍内閣でも防衛大臣政策参与として、国の防衛政策の根幹にかかわってきた人物だ。

折木は、安保法制で、たとえさまざまな要件がつけられたとしても、「在外邦人救出の規定」が設けられたことを評価している。

「いろいろな出来事があって、そのことを受けて、少しずつ進化していますからね。よく、安全が確保されているなら民間航空機でも、民間船舶でも、なんでもいいじゃないか、という指摘があります。しかし、安全というものには、幅があります。事前退避など、本当に安全といえる場面だったら、確かに民航機でも行くことができます。しかし、ぎりぎりまで手段を重ねて、相手国との調整とか、外務省が一生懸命外交的に頑張ってくれて〝自衛隊を運用できる条件〟ができた場合、厳しい状況の中で自衛隊の政府専用機なり、船舶なりが行って、邦人救出ができる、やらねばならないという場面もあると思うんですね」

折木は、過去の改正についても、こう言及する。

「一九九九（平成十一）年に、自衛隊法は、一回目の改正をやっています。なかなか周辺情勢も難しくなりつつあるから、輸送手段は飛行機だけではダメだ、船とか、船に搭載しているヘリコプターとかも使うようにしないといけない、という具合です。あるいは、自分たちを守らなければいけないから、最小限の武器の使用というのを整備しなければいけない、さらには、邦人輸送の準備行為のために、たとえば、タイで救出しなければいけない状況の時に、フィリピンまで行って待機ができるようにもなりました。前に進んで待つ、ということです。そういう改正がなされたわけです。だから、その面では進歩していると思っています」

地道に改正を重ねながら、邦人輸送任務も二〇〇七（平成十九）年に自衛隊の本来任務になったんです、と折木は続けた。

「これで任務が大きく変わったわけですが、二〇一三（平成二十五）年に残念ながらアルジェリア人質事件が起こり、対応は十分ではなかった。その反省を踏まえて、輸送対象者が拡大されて、たとえば、政府の職員とか、お医者さんとか、企業関係者とか、家族とか、そういう人たちを輸送できるようになったんです。それに加えて、車両も使えるようになりました。要するに陸上輸送ができるようになった。こういうふうに、少しずつではありますが、確実に変化してきた、と私は思っているんです。しかし、根本的な問題は、何か起こった反省として任務を改正していくということではなく、起こりうる事態を予測して前もって制度化しておくということが本来の姿でしょう」

折木は、自衛隊に対する国民のアレルギーについても、徐々に変化していると感じている。

「軍隊も、人を助ける、人命を救出するというのが、本当の姿なんです。冷戦の時代、昭和の時代というのは、戦うための、いわば有事のための軍隊だったんですよね。しかし、自衛隊も平成の時代になって、役割が変わってきていると思います。平成になって、PKOや国際的災害派遣である国際緊急援助隊としての活動、人道支援や国づくり支援とか、そういうことをやるような自衛隊になったんですね。自衛隊ばかりではなく、よその国の軍隊もそうです。軍隊の役割が世界的に変わってきたんです。やっぱり時代が変わってきているということだと思うんですよ」

それにつれて、国民が自衛隊を見る目も変わってきている、と折木は言う。

「私は、阪神淡路大震災とサリン事件があった一九九五（平成七）年、あそこが転換期だったと思っています。一九九二（平成四）年のカンボジアPKOの時は、私は大阪地方連絡部の募集課長だったんですが、あの時は、（隊員の）父兄でさえ、なんでうちの息子がカンボジアに行かなきゃいけないんですか？　という感覚でした。当時は、防災の関係で大阪市役所に自衛隊の制服を着ていくのも、一大事でね。それが、阪神淡路大震災やサリン事件以降、次第に変わっていきました。それまでは、国民の自衛隊アレルギーは続いていたと思います」

折木は、こんな変化を見て驚いた。

「中部方面総監として、二〇〇五（平成十七）年から兵庫県の伊丹に赴任した時、イラクから派遣部隊が帰ってくるわけですね。そうすると、アーケード街に〝自衛隊のみなさん　お帰りなさい　ご苦労さまでした〟という垂れ幕が掲げられていました。ああ、ここまで変わったんだ、と驚いた記憶があります。一部の人たちのアレルギーは、いまも変わりませんが、一般の人のアレルギーというのは、かぎりなく小さくなってきていると思います」

そんな中で、邦人救出問題についての自衛隊員の心情を、折木はこう説明する。

「自衛隊員の心情として、〝行って助けたい〟という、そういう思いはものすごくあると思います。日本人だし、自衛官だし、それが任務ですからね。しかし、安全確保だとか、法律の縛りがあります。そこが一番のジレンマだと思います。そりゃあ、恐怖心だとか、不安感だとか、当然ながらありますよ。でも、自衛官だし、日本人だし、人間ですから、なんとか助けてあげたいと思っていますよ。しかし、実際に実行するためには、本当に、現場の情報、通信、それからその国の警察とか治安部隊との連携など、準備も訓練も情報も必要ですから、そんなに簡単な話じゃないんです。やることが、ものすごくあるんですよね。不用意なまま駆けつけて、格好だけつけても、自分もやられるし、守るべき対象もやられてしまうこともあります。要するに、救いに行ったのが裏目に出ることがあるわけです。本当にやるんだったら、自信を持ってやれる態勢をつくらなければならないと思います」

まだまだ解決しなければならない課題はたくさんあるのである。

救出を待つ在留邦人と、助けに行きたくても行けない自衛隊員。その「壁」になっているのは、いったい何なのか。

「安保法制の議論もそうだったですが、やはり、どうやったら、国家として国民の命が助けられるのか、という議論がないんですね。戦争法案だとか、そんな抽象的なことじゃなくて、どう国の安全を守り、どうやって国民の命を守るのか、という具体的な議論がなかったですね。もう一つ、価値観といったらおかしいけれども、中国のような、あいう国家体制の下での価値観ではなくて、日本の価値観を守らなければいけない、ということなんですよね。ほとんどの国民はわかっているとは思うんだけれども、やはり、なにか情感的に刷り込まれているような部分がありますね。その意味で、マスコミの責任も大きいと思います」

マスコミや一部政治勢力の強固な反対によって、自衛隊による在留邦人の保護は、これまでさまざまな制約を受け、車両や航空機、艦船による「輸送」だけに限られていた。

しかし、安保法制によって、自衛隊が武器を使って日本人を「救出」できることが初めて規定された。

自衛隊の武器使用は、原則として自己または自己の装備品を守るためにしか許容されないが、邦人救出にあたっては、任務の妨害を排除するための武器使用が認められたのである。つまり、「自己保存型」から、「任務遂行型」の武器使用が初めて認められたのだ。

しかし、画期的ともいえるこの改正も、前述のとおり、自衛隊による救出の条件として、当該国が安全と秩序を維持し、戦闘行為がおこなわれない地であり、当該国による自衛隊受け入れへの「同意」、さらには連携や協力の「確保」が見込まれることが定められている。

すなわち、これが得られない場合は、憲法九条の禁じる「武力行使」につながる恐れがある、との理由で、事実上、行使は不可能なものになっている。

私たちにとって、最も大切なものとは何だろうか。

それは、「命」である。自分自身の命であり、愛する家族の命である。そのことに異論がある人は、極めて少数だろう。そして、その命を救うことは、究極の「自衛」にほかならない。

自衛のための武力の行使は、憲法でも認められ、そのために自衛隊も現に存在している。だが、そのことを認めず、「命は見殺しにしていい」という人々やマスコミが大手を振っているのが日本である。

あなた自身が、そしてあなたの子供たちが、もし、その最も大切な「命」を見捨てられるとしたら、どうしますか——それは、これまでの「邦人救出」の現場で、かろうじて他国の好意で命を救われた当事者たちが発する根本的な問いかけでもある。

本質を見失った法解釈や観念論に固執する人々によって、国際貢献やビジネスの最前線に立つ邦人たちは、これからも、〝何か〟があった時に極めて厳しい局面に向き合わざるを得ないだろう。

日本が人として最も大切なものを見据えることができる国に生まれ変わるのは、いったい、いつのことなのだろうか。

エピローグ

二〇一四（平成二十六）年四月十一日――。

それは、森永堯・伊藤忠イスタンブール元事務所長にとって、忘れられない日となった。

山口県下関市の火の山公園トルコチューリップ園が、「オルハン・スヨルジュ記念園」と命名される日だったからである。

オルハン・スヨルジュとは、一九八五年三月十九日、イラン・イラク戦争の空爆で窮地に陥った在留邦人を救出するため、危険を顧みず、テヘランへ飛んだトルコ航空の元機長である。二〇一三年、惜しまれながら八十七歳で亡くなった。

下関市は一九七二（昭和四十七）年以来、トルコのイスタンブールと「姉妹都市」の関係にある。その縁もあって、日本人にとって大恩がある、イスタンブール出身のスヨルジュ元機長の名を公園の名称に冠したのである。

その陰では、日本・トルコ協会の理事を務める森永の尽力が大きかった。スヨルジュ人だったのだ。

元機長の功績を説明し、公園にその名を冠することの意義を諄々と説いたのは、森永本人だったのだ。

悲願が実現したこの日、記念式典に招かれた森永は、午後五時から関門海峡を望む「下関グランドホテル」四階の芙蓉の間で、「スヨルジュ機長 日本人救出」と題して記念講演をおこなった。

赤地に小さな河豚をあしらった絵柄のネクタイに、ダークブラウンの背広を着こなした七十二歳の森永は、髪の毛の一部こそ白くなったものの、大好きなスキーのせいで、以前と変わらず、真っ黒に日焼けしていた。

公園での命名記念碑の除幕と植樹式を終えて、この場に現われた森永の表情は、晴れやかそのものだった。

「下関市は、イスタンブール市と姉妹都市関係にありますので、下関市と聞くと、すぐにイスタンブール市を思い出します。美しい下関市には、これまで何度かお伺いしていますが、また今回、伺うことができ、九年間過ごしたイスタンブールに舞い戻れたような気がしまして、とても幸せに思っています」

森永は、およそ二百人の聴衆を前に、そう話し始めた。わかりやすく、スライドを交えた講演である。そして、スヨルジュ元機長の功績をこう語った。

「イラン・イラク戦争のさなか、日本人を救出してくれた、当時のトルコ航空の機長オルハン・スヨルジュさんが、昨年二月に他界されました。享年八十七でした。戦争で、イラクの空襲が激しくなって、テヘランに在留していた日本人は脱出しようとしましたが、脱出の手段が見つからず途方に暮れていました。

危機迫るテヘランに取り残された日本人を救出するために、イラク軍の空爆の危険も顧みずに、彼は救援機の操縦桿をにぎって、テヘランに飛び、無事日本人二百十五名を脱出させ、イスタンブールに連れて帰ってくれたのです。それは、いまから二十九年前の一九八五年三月のことでした」

伊藤忠のイスタンブール事務所長だった森永が、スヨルジュ元機長がテヘランに飛ぶことになる経緯を語っていく。本文にも記述したように、それは、本社からの緊急電話に始まり、当時のオザル首相へ直接働きかけるという、想像を超えた話へと続いていく。

そのことを淡々と説明した森永は、

「私は、ずっと不思議に思っていたことがありました」

と、いよいよ〝核心〟に切り込んでいった。

「それは、日本人がこれほどの危機に直面しているというのに、日本はなぜ救援機を出さなかったのか、ということです。そこで、日本に聞いてみました。すると、〝救援機を出しても、サダム・フセインが設定した時間に間に合わない可能性があるし、安全の保証がなかったので救援機を出しませんでした〟という答えが来ました。

数日後、私はトルコ航空のオラル総裁にお礼に伺い、『いすゞ』のジェミニという乗用車を二台、当時は画期的なディーゼルの乗用車だったんですけれども、それを二台差し上げました。その時に、今度は、私は総裁に聞いてみました。〝トルコ航空は、なぜ日本のために救援機を出してくれたのですか〟と」

するとオラル総裁はこう答えたのです、と森永は、ゆっくりと聴衆を見渡した。

「日本人が危険に陥り、彼らの安全の保証がなかったから、一刻も早く日本人を救出するため、救援機を出したのです、と。私は、彼の答えを聞いてびっくりしてしまいました。日本とトルコが、〝安全の保証がなかったから〟という、奇しくも、まったく同じ理由を挙げたからです。しかし、それからとった行動は逆でした。

日本が、安全の保証がなかったから、救援機を出さなかったのに対して、トルコは安全の保証がなかったから、救援機を出したのです。つまり、日本にとっては〝日本人よりも飛行機の安全のほうが大事だった〟のに対して、トルコにとっては〝飛行機よりも日本人の安全のほうが大事だった〟ということになります。皆さん、この違いを、どう思われますでしょうか」

会場は、静まりかえった。

「テヘランには当時、大勢のトルコ人が滞在していました。では、彼らはどのようにしてトルコに脱出したのでしょうか？　一部の人は飛行機で帰国しました。しかし、ほとんどの人は、なんと陸路で、つまり、車で脱出したのです。テヘランからイスタンブールまでは山道も続き、当時は山賊も出ました。猛スピードで飛ばしても三日はかかります。つまり、トルコは、自分の国民であるトルコ人を危険な車で帰国させ、外国人である日本人のために特別機を出して、救出したことになります」

　皆さん、考えてみてくださいと、森永は続けた。

「日本だったら、こんなことが許されるでしょうか。マスコミは放っておくでしょうか。外国人である日本人を優遇して、自国民であるトルコ人を粗末に扱ったなどと、スキャンダル事件として、マスコミは報道しないでしょうか。あるいは、野党が〝けしからん〟と言って、この点を取り上げて、首相を批判したりしないでしょうか。私は、そのことを心配しました。しかし、それらはまったく杞憂でした。なんと、何日経っても、トルコでは、誰も問題視しなかったのです」

　森永は、日本とトルコの決定的な〝違い〟を、こうして二点、挙げたのである。それは、アンカラとイスタンブールに計十六年も駐在して、トルコを知り尽くし、同時に、愛してやまない森永らしい視点だった。

「私は、オザルさんが、こうした政治的リスクを覚悟してまで決断してくれたことに尊敬の念でいっぱいでした。そして、トルコのマスコミ、国会議員、トルコ国民の度量の大きさに感銘を受けました。世界には親日国が、何か国かあります。その中でもトルコは日本の安全保障上、最もアテにできる国だと、この事件以来、私は位置づけています」

　森永は、トルコをそう讃えた。そして、講演をこう締めくくった。

「下関市はイスタンブールと姉妹都市になっています。トルコの国の花はチューリップです。下関市は、そのチューリップ公園をつくっています。そこにオルハン・スヨルジュ機長の名前をつけてくれました。今日の式典で、スヨルジュ機長に感謝しながら、彼の名前をつけた公園を少しでも多くの方に知ってほしいと心から思いました。下関市が全国でも率先してトルコとの友好関係をはかっておられることに、私は、心から敬意を表する次第です」

会場は拍手に包まれた。森永は、真っ黒に日焼けした笑顔で聴衆に応えた。

救援機を「安全の保証がなかったから」飛ばしたトルコと、飛ばさなかった日本。同じ理由で、まったく逆の行動を取った二つの国のことを、森永は、わかりやすく説明したのである。

それは、邦人救出について、いまだに〝迷走〟を続ける「日本」に対する痛烈な皮肉でもあり、問題提起でもあっただろう。

日本にとって、最も大切なはずの国民の命。しかし、たとえ、それが危機にさらされても、手を拱く(こまね)しかない国家。その大事なものを他国に委ねなければならない実情を、森永は、多くの人々にわかってほしかったに違いない。そして、一刻も早く日本が、国際貢献の最前線で闘う邦人の命を親身になって考える国になってほしい、と願っていたに違いない。

この講演は、結果的に、森永にとって生涯〝最後〟の仕事となった。

翌月の二〇一四年五月二十二日、森永は妻と二人の娘を残して急逝(きゅうせい)したのである。食道癌(がん)だった。

スキー焼けして、どこから見ても健康そのものの森永の訃報は、誰をも驚かせた。

「発覚したのが四月三十日だったんです。その時、病院で、心臓が強ければ（余命が）一週間、早ければ、三日と言われました」

そう幸代夫人が言う。

「食道の裏側に癌ができていたために、わかりにくかったそうです。肝臓にも転移していました。告知を主人も一緒に聞いていたんですが、そうか、ということで……。一か月前に、ちょっと胸がむかむかするということで近くの病院に行き、そこからの紹介で検査になったんです。病院は、〝癌と聞くと、皆さん、すごく動揺しますから、アフターケアの人をつけます〟と言ってくださったんです。そしたら、〝いや、僕は要りません〟と、主人は断っているんですね。あとの仕事もいろいろあったんですが、自分で全部、それを片づけていました」

最後の日々も、いかにも森永らしいものだったのである。

「先生が、〝痛かったら、痛み止めの注射を打ちますから、言ってください〟とおっしゃったんですけど、頭が朦朧とすると、自分の仕事がきちっと終わりまでいかないから、嫌だったんでしょう。それを頼みませんでしたね。もともと痛いとか、疲れたとか、そういうことは一切、言ったことがないんです。最後まで、痛いとは言わなかったので、たぶん、そういうことを言う〝自分〟が嫌だったんじゃないでしょうか。だから、動揺は、最後まで見せませんでしたね。自分を制したい、ということだったと思います」

息を引き取ったのは、五月二十二日の早朝六時三分のことだった。

「病院の面会時間は、夜八時か九時で終わりなんですが、私が帰る時は、いつも〝ありがとう〟と、言ってくれました。その日も同じでした。でも、夜中の二時半頃、病院から突然、電話が来たんです。娘たち夫婦も駆けつけましてね。朝六時三分に、そのまま眠るように息を引き取りました。弱音を吐くこともなく、短い時間で、全部自分で処理して、終わらせて、それで……。主人は、短い時間で、書類もすべてファイリングして、それを見ればわかるようにしてあるんです。名刺も全部です。私は、いま、本当に助かっています。だから、娘たちと、パパらしいわね、と言いました」

下関でのあの最後の講演は、実は、娘との共同作業で、できたものだったという。

「下関の講演のために、上の娘が、流すスライドと、主人が話す間隔を全部、秒単位で計って、講演の練習を家でやっていました。皆さんが飽きないように、スライドを入れて、聴いていただきたかったようです。なんといっても、主人にとって、トルコは、第二の故郷でしたので……」

やはり、あの講演は、森永にとって、渾身（こんしん）のものだったのである。

私は、二〇一五年九月下旬、「オルハン・スヨルジュ記念園」を訪れた。どうしても、森永の〝最後の仕事〟となった「現場」を見てみたかったからである。

オルハン・スヨルジュ記念園は、関門海峡を眼下に見下ろす「火の山」の中腹にある。火の山という名は、かつて山頂に敵の襲来を知らせるための狼煙（のろし）台が設けられていたことに由来しており、標高は二百六十八メートルに過ぎないものの、古来、軍事の要衝として為政者に重視されてきた山である。

下関市総合政策部国際課の安永尚史課長が、私を「オルハン・スヨルジュ記念園」に案内してくれた。安永課長は、前年の命名の記念式典の折、森永を北九州空港で出迎え、下関での滞在を世話した人物である。

下関の中心部から関門海峡に沿って走る国道九号を北上し、壇ノ浦古戦場を通り過ぎて左折し、火の山へ上がっていくと、間もなくオルハン・スヨルジュ記念園に着く。濃く蒼い関門海峡には、見事な関門橋が架かっている。

建設後、四十二年が経っても、この本州と九州を結ぶ長さ千六十八メートル、海面から六十一メートルという吊り橋である関門橋は、古さを一切、感じさせないばかりか、気品さえ感じさせる美しさを、いまだに保っている。

公園に入っていくと、入口の左側にスヨルジュ機長の顔写真と救援に飛んだＤＣ‐10の写真が埋め込まれた記念碑があった。説明書きには、

〈オルハン・スヨルジュ（1926～2013）
元トルコ航空機長（2006年旭日小綬章受章）〉

と、名前が記され、こんな文章が書かれていた。

〈1985年イラン・イラク戦争時、テヘラン在留の日本人を救出するためにトルコ航空救援機の第一機長として、危険が迫るなか、215名の日本人をテヘランからイスタンブールへ運び、多くの尊い命を救いました。

この救出劇は日本とトルコの友情を象徴する出来事であり、スヨルジュ機長の功績は両国友好の歴史に永遠に刻まれるものです〉

そして、中尾友昭・下関市長の名で、最後にこう記してあった。

〈下関市は長い友好交流の歴史を持つ姉妹都市であるイスタンブール市出身のオルハン・スヨルジュ機長の功績をここに称え、火の山公園トルコチューリップ園を、オルハン・スヨルジュ記念園といたします〉


「この公園は、そもそも五万球のチューリップの球根を姉妹都市のイスタンブールが二〇〇七年に寄贈してくれて、できたものなんです。春には、桜の花とチューリップが咲き誇って、素晴らしい景観になります。森永さんを公園にご案内したら、本当に喜んでくれました」

安永課長は、そう語る。それは、斜面を埋め尽くした色とりどりの圧倒的な数のチューリップと、散りぎわの桜の花びらが宙を舞う姿があまりに美しかったからだろう。

だが、森永を喜ばせたのは、それだけではない。そこから見える関門海峡が、あまりにイスタンブールのボスポラス海峡と「似ていた」からである。

「懐かしい。本当に懐かしい。ここは、イスタンブールにそっくりだ。まさにボスポラス海峡だ」

森永は、何度もそう繰り返していた。

一九八五（昭和六十）年四月、森永は、あのテヘランからの救出劇の直後に、伊藤忠が中心となって石川島播磨、三菱重工、日本鋼管などと共に、巨大吊り橋「第二ボスポラス橋」の建設をイギリス、アメリカなどの企業グループを退(しりぞ)けて、見事、受注している。

自らが命名のために奔走した公園が、自分が最も愛し、〝第二の故郷〟とも想うイスタンブールの丘にそっくりな地にあり、しかも、そこから眺める関門海峡と関門橋の姿が、森永の商社マン生活で一番の思い出となる大事業「第二ボスポラス橋」が架かるボスポラス海峡の景観と〝瓜二つ〟だったのである。

「本当に喜んでくれて、森永さんは、ありがとう、ありがとう、と何度もおっしゃいました。私は、森永さんにどうしても、下関に宿泊してほしくて、ぜひにと、お願いしたんです。その翌日もご案内させてもらいましたが、関門海峡のすぐ横に立つ観覧車に一緒に乗って、海峡と関門橋をあらためて観てもらったんです。森永さんは、それを観て、一泊してよかったよ、本当によかったと、喜んでくれました。ボスポラス海峡に本当に似ていたようで、イスタンブールのどこかの地名を具体的におっしゃって、そこからの風景とまったく同じだ、と言ってくれました」

それだけに、翌月に森永が急逝したことが、安永課長には、どうしても信じられなかった。

「知らせを受けた時は、びっくりして声も出ませんでした。本当に残念です……」

国際舞台で活躍し、ビジネスの最前線に立ち続けた森永は、いわば〝現役〟のまま世を去ったことになる。

海外で国民を「救出する」ことは簡単なことではない。しかし、ビジネスにかぎらず、グローバル化された現代に生きる日本人は、海外に活躍と貢献の場を広げ、日々、闘っている。森永自身も、その一人だった。

国際交流を通じて、日本人は、国際間の友情や勇気など、さまざまなことを教えられてきた。これまで、他国に委ねてきた邦人の救出問題は、まさに、その友情や勇気によって支えられてきたのである。

私たちは、国際社会の現実と出会い、厳しさとともに、多くの「人」としての素晴らしさを知った。そして、それらの恩を、今度は日本が返さなければならない時が来ているのも確かだろう。

中東で起こった数々の事態が、私たちが住む東アジアで起こらないと、誰が言い切れるだろうか。

その時、日本は、どうするのだろうか。東アジアで「何か」が起こった時も、相変わらず、日本は、ほかの国に自国民の命も含め、すべてを「委ねる」のだろうか。

日本という国家のあり方がいま、問われているのかもしれない。そして、それは、日本人自身のあり方が問われているということでもある。

人生の最期に、森永堯が言い遺したかったのは、あるいは、そのことだったのかもしれない。

おわりに

私は、本書でイラン・イラク戦争でのテヘラン脱出（一九八五年）、湾岸戦争の「人間の盾」（一九九〇年）、イエメン内戦からの脱出（一九九四年）、そして、リビア動乱からの脱出（二〇一一年）という四つの大きな「邦人救出」をめぐる物語を書かせていただきました。

そして、これらの物語と、九十五年の時を越えた恩返しである「エルトゥール号の奇跡」とを照らし合わせることで見えてくる〝人にとって最も大切なこと〟について描かせてもらいました。

長い歳月をかけた本書の取材と執筆の最終段階が、ちょうど安保法制の国会論議と重なりました。

日本の安全保障問題だけでなく、海外で働く人々のことを念頭においた「邦人救出」問題についても、どんな議論が闘わされるのか、私は注目し、期待していました。

国家の使命は、言うまでもありませんが、国民の生命と財産、そして領土を守ることにあります。国民の命と幸福追求の権利をしっかりと支えてくれるのが、国家という存在であるはずです。

　本文で記述したように、日本は、国際貢献と国際ビジネスの最前線に立つ邦人が危機に陥った時、その救出を長い間、他国に委ねてきました。

　先進主要国の中で、そんな国は日本しかありません。

　見事に国際化を果たし、海外に居住する邦人の数が、およそ百二十九万人にもなるという国において、いざという時の自国民の救出を「他国に委ねる」という〝異常な事態〟に終止符が打たれるかどうか、私は注目していたのです。

　しかし、期待は、裏切られました。

　国会では、国民の命や領土をどう守るか、という議論ではなく、「戦争法案」「憲法違反」「徴兵制」などという、抽象論、観念論が飛び交い、あるいは重箱の隅をつつくような質疑が続きました。

　与党推薦の憲法学者が法案を「違憲」と意見表明したことから、マスコミが大騒ぎとなり、冷静な議論から、さらに遠ざかっていきました。

「肝心の国民の〝命〟は、どうなるんだ」

　そう思いながら、国会論議を見つめていた人は少なくないでしょう。

　もし、憲法学者の多数決で国家の政策が決まるなら、大多数の憲法学者が「違憲」とする「自衛隊」の存在も否定されます。

つまり、日本と日本人は、この厳しい東アジア情勢の中で〝丸裸〟になり、海外での邦人の安全確保や救出などは、もはや、夢のまた夢となります。

「いったいどこの国を利するために、こんな議論をしているんだろう」

私は、そんな素朴な思いを抱きながら、国会論議を見つめていました。

戦力の不保持を規定した「憲法九条」と、国民の生命と自由、そして幸福追求の権利を謳った「憲法十三条」の兼ね合いから認められている「自衛」の意味を理解せず、そんな観念論ばかりに終始した政治勢力やマスコミに対して、失望した人もいたことと思います。

太平洋戦争の深い反省のもとにスタートした戦後日本は、ひたすら平和を希求して「戦後の七十年」を歩んできました。しかし、その道は、一部に国際常識から逸脱した硬直した考え方や観念論を生み、育ててしまったことも事実です。

それは、国にとって、いや、私たち国民にとって、

「最も大切なものは何なのか」

ということさえ、時に見失わせるものだったのかもしれません。

言いかえれば、邦人の命を守ることは〝究極の自衛〟であるということまで、理解されない風潮を生んでしまったのです。

私は、本書の取材で、海外で活動する多くの邦人に、こんなことを教えられました。

それは、海外で危機に陥った時、外国人は、

「心配するな。必ず国が助けに来てくれる」

と信じており、一方、日本人は、

「絶対に国は助けてくれない」

そう思っている、ということです。

「外国で暮らせば、日本が〝一番大切なもの〟を忘れた国であることは、すぐにわかりますよ」

そんな嘆きを私はあちこちで聞きました。中には、本文で記述させてもらったように、

「自分は、日本人に生まれてよかったのか」

とまで言う人もいたのです。

また、この取材を通じて私が知ったのは、国としての情けなさとともに、海外で活動している邦人たちの懸命な姿でもありました。

ビジネスで、ボランティアで、さまざまな邦人が国際貢献の最前線で闘っていました。彼らの挫（くじ）けない、前向きな姿に、感動させられることが、度々、ありました。

本書を書き上げたいま、私が本当に描きたかったのは、実は、そうした国際舞台の最前線で懸命に活動する「日本人群像」であったことに気づきました。

よりよい日本に、そして、最も大切なものを守ることを忘れない国になってほしい、という思いを私は強くしています。

ちょうど、この文章を書いている時に、故オルハン・スヨルジュ機長の夫人、ヘル

ガ・スヨルジュさん（七七）から手紙が届きました。

私は、エルトゥールル号遭難から長い歳月を経て、自分の夫が日本人を救いにいく役目を負い、そして、その夫の死後、日本に夫の名前が冠された記念園ができたことへの思いを質問させてもらっていたのです。

そこには、こう書かれていました。

〈夫は、イラン・イラク戦争下のテヘランから二百十五人の日本人を救出したことを誇りとしていました。いつも自分自身の務めに最善を尽くしていた彼にとって、この仕事がどれほど危険なものだったとしても、それを拒む理由はなかったに違いありません。

いつも夫は、正義について強い意識を心に抱いていましたし、何が正しく、何が間違っているのかについて、道徳的な感覚を持っていました。彼は危機にある人々を救うことに、何の疑いも持っていなかったはずです。実直な性格で、自分で何をなすべきかを熟慮し、決定し、そのように行動できる人でした。そして気配りに満ちた夫であり、三人の子供、シベル、アッティラ、スーザンにとって良き父でした。

ほとんどのトルコ人は、一八九〇年のエルトゥールル号の遭難について知っていますし、その折に、日本人が勇敢に救援に尽力してくれたことも知っています。

夫と私は、一九七三年三月、国際定期航空操縦士協会連合会（ＩＦＡＬＰＡ）の会議に参加するため、初めて日本を訪れました。私たちは日本の方々の親切さと、そして日本が清潔で素晴らしい国であることに胸を打たれました。

　私は、下関にオルハン・スヨルジュ記念園がつくられたことを、とても誇らしく思っております。きっとこの記念園は、日本の皆さんの心の中に、夫とあの救出劇の記憶を結ぶための大きな役割を果たしてくれると確信しています。私もぜひ訪れたいと思っています。

　トルコでは、このテヘランからの日本人救出を知っている人が、それほど多くいるわけではありません。しかし、トルコ人は皆、一九九九年のトルコ大地震の折に、日本政府や日本の方々が救援の手を差し伸べてくれたことをよく知っています。そして、その時に、助けに来て下さった日本の方が、不幸にも、その尊い命を落とされたことも……。

　もちろん、日本の技術者の手で第二ボスポラス橋が建設されたことも、ほとんどのトルコ人の記憶に強く印象づけられています。

　私は、トルコ人と日本の人々は、お互いのことを知ることで、より強い友情を培うことができるに違いないと、固く信じています。日本の皆さまが私の夫に敬意を抱いて下さることは、本当に幸せなことです。両国の友好のために少しでもお手伝いができれば、と考えています。


〈ヘルガ・スヨルジュ〉

トルコ大地震の時に「不幸にも、その尊い命を落とされた」というのは、NPOの

「難民を助ける会」に所属し、地震の被災地支援に駆けつけ、その活動中に新たに起こった地震で亡くなった宮崎淳さん（当時、四十一歳）のことです。

自分たちを助けるために、遠く日本から来てくれた人が命を落としたことは、トルコ人の胸に深く刻まれ、「ミヤザキ」と命名された病院や公園がトルコ国内に次々と誕生することになったのです。

日本でこそ、トルコ大地震の日本人犠牲者の記憶は過去のものになったかもしれませんが、トルコでは今も忘れられず、宮崎さんと日本への感謝の気持ちは、風化することなく、語り継がれています。ヘルガ・スヨルジュさんのお手紙の中にも、そのことが自然と触れられていたのです。

国を越えて、人々の命を救う――。

人としてのあたりまえの行為の中から生まれる「友情」や「信頼」の大切さ。ヘルガさんの手紙からは、そのことが伝わってくるような気がします。

自国民の命という、何にも代え難い貴重なものを、他国に委ねつづけてきた戦後日本。もし、逆に、「誰かの命」をわが身に委ねられた時、私たち現代日本は、いかなる態度と行動を示すことができるのでしょうか。

私は、そのことをどうしても考えてしまいます。

本書には、海外で活動する多くの日本人が登場します。ビジネスマンもいれば、大使館員もいます。また、国際ボランティアの最前線で活動する人もいます。本書が成立するまでには、長い時間と、彼らを中心とする多くの協力者が必要でした。「この真実を描いてほしい」という皆さんの熱い思いに支えられて、私はなんとか本書を完成させることができました。

ここに、協力者のお名前を記し、せめてものお礼とさせていただきたく思います。

青木盛久　秋山美保子　池城俊郎　市村泰男　伊東一郎　伊東直子　伊藤俊幸　上田明　大川博通　大曲祐子　小笠原啓峰　小野寺秀夫　折木良一　柿沼秀雄　影林久美子　小泉智治　小長啓一　三本松進　高木純夫　高橋雅二　高星輝次　田中新三　田中玲子　栩木誠　沼田準一　野崎和夫　橋本大樹　長谷川捷一　長谷川悠紀子　花岡日出男　濵野昭和　濵野三功　ヘルガ・スヨルジュ　星川勝彦　堀田浩範　牧紀宏　松本彧彦　松山美憲　松山靖美　三寺哲夫　向山精二　ムズラックル・ハリト　村山茂　森永幸代　安永尚史　山本幸男　山本喜清（敬称略　あいうえお順）

なお、本書は、PHP研究所の川上達史氏（現・PHP新書編集長）の協力なしには、成立しえないものでした。企画段階から取材の全行程を通じ、長期にわたって貴重な助言と励ましを頂戴しました。そして、多くの取材に同行してもらい、熱い議論を交わしました。その時々の議論が本書の骨格となっているのは、言うまでもありません。この場を借りて、深く御礼を申し上げたいと思います。

また、今回も専門知識を駆使して拙稿を丹念に校閲していただいた髙松完子氏、そして見事な装幀をつくっていただきましたブックデザイナーの緒方修一氏に厚く御礼を申し上げます。

なお、原則として、本文は敬称を略し、年齢はその登場場面での満年齢とさせていただいたことを付記します。

二〇一五年秋

門田隆将

文庫版あとがき　日本の迷走はいつまで続くのか

この国は、一番大切な「国民の命」を今も守ることができない――。

二〇二一年八月、私はそのことを痛感した。アフガニスタンで見せつけられた光景は、本書が刊行されて六年近く経っても、いまだ日本人の命が「蔑ろにされている」という点において、何も変わっていないことを教えてくれた。

二〇二一年四月十四日、バイデン米大統領が、同時多発テロから二十年の節目を迎える九月十一日までにアフガニスタンの駐留米軍を完全撤退させると表明。撤退後もアフガニスタンへの外交的・人道的支援は継続するものの、「軍事的な関与はしない」という衝撃的発表をおこなった。

七月八日には、あらためて駐留米軍の撤退を「八月三十一日までに完了させる」と正式表明。世界は、その後、反政府武装勢力タリバンの大攻勢でアフガニスタン政府が瓦解し、あれよあれよという間に全土がタリバンに掌握されていくさまを息を呑んで見つめることになる。

戦争とは、言うまでもなく「命」のやりとりである。勝敗を分ける大きな要素は、自らの命を失うことを厭わず戦う「気力」の有無にある。いくら敵に勝る武器・弾薬があろうと、肝心の兵たちの士気が阻喪したら、勝敗は一気に決する。

アメリカの撤退方針は、アフガニスタン政府軍の兵たちの気迫、戦意を一挙に喪失させ、想像をはるかに超えるスピードでタリバンが首都・カブールに迫り、そのまま制圧してしまったのである。

タリバンによる殺戮、報復、処刑……等々を恐れて、外国人やその機関で働くアフガニスタン人の脱出でカブール国際空港は大混乱に陥った。現地にいる国民を救出すべく、それぞれの国があらゆる手段を講じ、救出機を派遣した。

カブール国際空港には、各国の航空機が次々、飛来した。

日本も当初、外務省が民間のチャーター機を使って邦人退避を模索した。だが、タリバンがカブール制圧に成功した八月十五日に、カブール国際空港の民間機の運航は「全面停止」となった。

現地では、「アメリカの軍用機なら航空券、パスポート、渡航ビザがなくても出国できる」との噂が広がり、空港には数千人の群衆が押し寄せた。空港のフェンスを乗り越えて滑走路になだれ込む事態となり、八月十六日、離陸しようとした機体にしがみつき、落下して死亡するアフガニスタン人が相次いだ。

八月十五日から十七日にかけて、在カブールの日本大使館員たちは邦人救出の陣頭指揮をすべき岡田隆大使をはじめ、全員がイギリスなどの軍用機で脱出する。

出国したのは大使館員だけだった。大使館で働く現地スタッフや警備員、そしてその家族たちは置き去りになった。

現地スタッフは、外国公館で働いていたことが明らかになれば、タリバンに処刑される可能性がある。そのため、欧米各国は「一緒に脱出させる」ことに心血を注いだ。しかし、日本は自分たちだけで「逃げ出した」のである。

他国の軍用機に助けてもらうのだから、自分たちだけ脱出するのも、ある意味、仕方ないかもしれない。だが、イギリス大使はカブールに留まり、アフガニスタンの協力者たちにビザを出し続けていたことが、のちに判明する。かつて、本省の命令に逆らってユダヤ人に命のビザを発行し続けた在リトアニア領事代理、杉原千畝を生んだ日本から「使命と責任」という言葉が失われていることを証明する出来事だった。

この時、日本の足枷になっていたのは、本書で指摘した邦人救出を阻む「三要件」である。戦後民主主義教育が育んだ「偽善」は、最も大切な「命」さえ捨て、自衛隊の海外派遣による邦人救出の壁となり続けたことを本書は告発した。

やっと二〇一五年の安全保障法制の成立によって自衛隊法が改正され、〈在外邦人等の保護措置〉が新設されたにもかかわらず、実行にあたっては、領域国の同意があり、領域国が安全と秩序を維持しており、さらに領域国当局との連携・協力の確保が見込まれる――という三要件がつけられたのである。

「そんな条件がクリアされるなら、そもそも自衛隊が行く必要がないじゃないか」

という懸念は、まさにアフガニスタンで現実のものとなった。

そもそも交渉相手であるアフガニスタン政府が崩壊しているのだから同意など得られるはずがない。つまり、自衛隊機は邦人救出に「行けない」のである。アフガニスタン政府、タリバン勢力、双方との連絡を試みているうちに早期救出のための時間は失われていった。

それでも岸信夫防衛相は八月二十三日、自衛隊機による邦人輸送を決断し、航空自衛隊のC2輸送機が埼玉県の入間基地を離陸した。同機は鳥取県の美保基地に移動、そこで別のC2と合流し、美保からアフガニスタンへと向かったのである。邦人救出のための「三要件」の交渉を続けながらの〝見切り出発〟である。派遣されたのはC130輸送機を含め計三機。「輸送対象者は現地スタッフの家族などを含め、最大約五百人」――との決死の任務である。

日本共産党の小池晃書記局長は「なぜ派遣が必要との判断に至ったのか、誰を運ぶのか明らかにせよ」と自衛隊機派遣を糾弾。救出を求める邦人と外国人を助けるための行為に「なぜ?」と問い詰める勢力が日本には現に存在するのである。

自衛隊機がカブールに飛来したのは八月二十五日のことである。ついに日本の自衛隊が邦人や現地スタッフ救出のために戦下のアフガニスタンにやって来たのだ。

歴史的な出来事だった。岸防衛相やまわりを支えるスタッフの強い思いと悲壮な決意が凝縮された瞬間だった。

だが、前述のように日本大使館員たちはすでにカブールを脱出しており、大使館の緊急連絡網が機能していなかった。空港に退避希望者が到着していなかったため、自衛隊機は、イスラマバードからカブールへ物資などを届けただけで再びイスラマバードに戻らざるを得なかった。

八月二十六日夜、自衛隊機飛来の報を知ったカブールの在留邦人や日本大使館の現地スタッフ、その家族等、およそ五百人は二十七台のバスに分乗してカブール国際空港に向かった。

空港で脱出希望者を待ち続ける自衛隊C2輸送機。だが、その時、空港近くで自爆テロが発生。空港、そして周辺は大混乱に陥った。

「ISの攻撃だ」「空港が制圧された」「いや、自爆テロらしい」……情報が錯綜する中、極めて危険な状態となり、バスは空港に辿り着くことができなかった。

爆発でアメリカ兵十三人が亡くなり、市民も併せて六十人以上の犠牲者が出る凄惨なテロだった。

バスには大使館の現地職員や通訳、JICA、NGO、さらには現地で地雷処理などの業務についていたアフガニスタン人たちも乗っており、なんとも残念な結果に終わった。

それでも自衛隊機はこの日にアフガニスタン人十四人を、翌二十七日には空港に辿り着いた邦人一人を隣国パキスタンのイスラマバードへ輸送している。そこで待機し、自衛隊機は、そのまま任務を終えた。

決死の自衛隊機派遣も、現地の日本大使館が機能せず、救出は少数に終わったのである。素早く現地に派遣されていた各国の軍用機は、多くの人々を救った。イギリスは一万五千人以上、ドイツも五千人余を脱出させ、韓国でさえ三百九十人を乗せ、ソウルに帰還した。

英BBCは八月三十日、アフガニスタンから撤退する最後の英空軍機のひとつでローリー・ブリストウ大使が同国を離れたことを報じた。そして、英オックスフォードシャーのブライズ・ノートン英空軍基地に同大使が到着した時の模様を報道した。

私は産経新聞の一面コラム「産経抄」の文章を紹介し、ツイッターにこう投稿した。

〈「首都陥落直後、日本の大使館は現地職員を置き去りにしてさっさと逃げ出し、救出作戦にも失敗。韓国紙に〝カブールの恥辱〟とばかにされても仕方ない大失態。英国大使はカブールに留まりアフガン人協力者のビザを出し続けていたというのに」と産経抄。杉原千畝に恥ずかしい。使命と責任を忘れた日本人〉

立憲民主党の福山哲郎（ふくやまてつろう）幹事長は、〈なぜわずか1人なのですか。退避を希望する日本人やアフガン人のスタッフなど500人程度の想定だったのではないですか。ロシアも韓国もEUも数百人規模で退避しています〉とツイートした。

安保法制に反対し、自衛隊に手枷、足枷をはめた側の人間が、そう言ってのけたことに私は言葉を失った。

これが日本なのである。

いつになったら日本が「最も大切なものは国民の命」であり、これを救うためには「国家はあらゆる手段を講じるもの」という大原則に沿って進む国になるのか、と思う。

一年半を超えて続くコロナ禍の日本での「人災」に対する思いが重なり、私は溜息をついた。

周知のように新型コロナウイルスとの戦いで、官邸、厚労省、分科会が国民の命を蔑ろにする実態を嫌というほど見せつけられていたからだ。

新型インフルエンザ等感染症に分類された新型コロナは、「二類相当以上」の扱いで、エボラ出血熱にも匹敵するような危険な感染症クラスの対応を課せられた。

そのため、保健所への報告が義務づけられ、自宅や宿泊施設での隔離や、入院の手配に至るまで、すべて保健所が担当することになった。いわゆる〝保健所縛り〟である。だが、陽性者が増えれば、保健所が破綻するのは目に見えており、予想どおり、保健所は第四波、第五波の猛威にたちまち機能不全に陥った。

保健所に電話はつながらず、仮につながっても、ただ「自宅にいること」を指示された。一人で何百人もの陽性者を抱え込んだ保健所の職員による入院の手配は、入院受け入れの病院が少ないことも相俟って滞っていった。

陽性者は、薬の処方もないまま自宅に〝放置〟され、自己免疫力だけでコロナと戦い、病状が悪化して「放置死」する人間が相次いだ。歴史に残る〝人災〟である。

なぜなんだろう——そんな素朴な疑問を持つ人は多いに違いない。

私は、「それが日本のエリートというものなんです」と感想を言わせてもらう。今、日本の指導層を構成する、主に昭和二十年代、三十年代、四十年代に生を享けた人間は、「国家とは何か」「国民の命を守るとはどういうことか」という教育を受けたことがない。戦後の教育現場を蹂躙した日教組教育というのは、それとは〝真逆〟なことを教えてきたからである。

侵してはならないものとして日本国憲法を教え込み、国際社会の現実にはまったく触れず、平和を唱えていれば平和がつづくと思わせる偽りの教育が現場を支配した。

そして、その中で優秀な成績を収めたエリートたちが政治家になり、官僚になり、マスコミに入っていった。

国民の命を守るために国家とは何をすべきか。そんなことを真顔で問おうものなら、鼻先で笑われるのが、彼らエリートの社会なのである。

そこでは〝優秀な自分〟がいかに利益を受けることができるかが重要課題であり、国家観もない、どこの国の人間ともわからない「万能感」に満たされたエリートたちが日本の政策を立案し、遂行し、マスコミでは声高に「権力の監視」を叫ぶ社会が創り上げられたのである。

二〇二一年十月九日、辛亥革命百十周年を記念した演説で、中国の習近平国家主席はこう言ってのけた。

「祖国の完全な統一は、必ず実現しなければならない。これは、歴史的任務である。必ず実現できる」

一九四九年の建国以来、中華人民共和国は、一度も台湾を統治したことがない。だが、自由と民主主義のその台湾を習近平は〝必ず〟統一する、というのである。

日本はどうするのだろうか。アジアの自由と人権の牙城・台湾を日本はどう守るのだろうか。もし、台湾が陥ちれば、台湾海峡は中国の〝内海〟になり、東シナ海支配が全域に拡大され、尖閣諸島どころか「沖縄も中国のもの」との露骨な干渉が強まるだろう。

そもそも台湾有事の際、日本は二万数千人の邦人とそれに倍する外国人たちをどう救出するのか。

なんの危機感もない日本の政治家やエリート官僚たちは、その時、本書で紹介してきた、世界を唖然とさせるようなことを、また、やってのけるのだろうか。

〝平和ボケ〟という使い古された言葉を挙げるのは気がすすまないが、実際にこのままでは日本は世界から取り残され、中国の属国への道を進むことが必然だろう。

二〇二一年の自民党総裁選で、そのことに真正面から異を唱え、中国に毅然と対峙できる日本を訴えた高市早苗氏が登場したことは、数少ない救いだと思う。日本人は今こそ、かつての毅然とした国家・日本を思い出して欲しいと思う。

文庫版発刊にあたって、北村晴男弁護士に大変すばらしい解説をいただいた。北村弁護士のYouTube「弁護士北村晴男ちゃんねる」で本書が取り上げられ、大きな反響を呼んだ。そのことにより一気に文庫化の話が進んだ。

司法の世界はもちろんだが、情報発信の面でも大きなパワーを発揮し続ける北村弁護士の応援は、なにより心強く、この場を借りて、心よりお礼を述べさせていただく次第である。本当にありがとうございました。

なお、文庫化にあたっては、KADOKAWAの出版事業グループGM・吉良浩一氏、ビジネス・ノンフィクション部新書ノンフィクション課の菊地悟編集長に大いに力をいただいた。また編集の実務は角川文庫編集部の伊藤泰平氏にお世話になった。ともに厚く御礼を申し上げたい。

なお、本文中の登場人物の肩書や年齢等は、原則として単行本刊行時のままとさせていただいたことを付記する。

二〇二一年　深　秋

門　田　隆　将

関連年表

年		月日	主な出来事
1886	明治19	10月24日	イギリスの貨客船ノルマントン号が和歌山県紀伊大島沖で沈没。日本人乗客25名全員が置き去りにされて死亡したことで世論が沸騰（ノルマントン号事件）
1889	明治22	7月14日	オスマン帝国の軍艦エルトゥールル号、ボスポラス海峡のクズ・クレスィより出港
1890	明治23	6月7日	エルトゥールル号、横浜入港
		6月13日	特使オスマン・パシャ、海軍大佐アリー・ベイら、明治天皇に拝謁、親書と勲章を奉呈
		9月15日	エルトゥールル号、横浜を出港
		9月16日	エルトゥールル号、和歌山県串本沖で難破、沈没。乗組員580名余が死亡。69名救出
		10月5日	エルトゥールル号の生存者をトルコに送還すべく、軍艦「比叡」「金剛」品川を出港
		12月27日	「比叡」「金剛」オスマン帝国着。トルコ人生存者をトルコ側に引き渡す
1891	明治24	1月2日	「比叡」「金剛」イスタンブール着。1か月の滞在の後、5月10日に品川帰着
1894	明治27	8月1日	日清戦争（1895年、講和）
1904	明治37	2月10日	日露戦争（1905年、講和）
1914	大正3	7月28日	第一次世界大戦勃発
1924	大正13	8月6日	日本とトルコ共和国（1923年に建国）、国交を樹立
1929	昭和4	6月3日	昭和天皇、和歌山行幸の折にエルトゥールル号慰霊碑に立ち寄り追悼
1937	昭和12	6月3日	昭和天皇の行幸に感激したトルコ共和国初代大統領アタチュルクが新たな慰霊碑を建立
1939	昭和14	9月1日	第二次世界大戦勃発
1945	昭和20	8月15日	第二次世界大戦終結
1950	昭和25	6月25日	朝鮮戦争勃発（1953年、休戦）
			警察予備隊、発足
1952	昭和27	10月15日	警察予備隊を改組し、「保安隊」発足
1954	昭和29	7月1日	自衛隊、発足
1961	昭和36		ベトナム戦争勃発
1964	昭和39	8月2日	トンキン湾事件をきっかけに、アメリカが本格的に軍事介入
1975	昭和50	4月30日	サイゴン陥落でベトナム戦争終結

1980	昭和55	9月9日	イラン・イラク戦争勃発
1985	昭和60	3月4日	イラク軍機、イランのアフワズを攻撃。その後、イラン、イラク相互の都市攻撃、激化
		3月12日	イラク軍機、テヘランの空爆を開始
		3月17日	イラク軍、「19日20時以降、イラン全土上空を戦争空域に指定し、安全を保障せず」と宣言
		3月19日	期限切れ直前に、トルコ航空機、テヘランに飛来。邦人215名を救出
1987	昭和62	5月20日	政府専用機2機の導入を決定（2機合計360億円）
1988	昭和63	8月22日	イラン・イラク戦争終結
1989	平成元		外務省大臣官房領事移住部に邦人保護課ができる
1990	平成2	8月2日	イラク、クウェート侵攻
		8月23日	クウェート在留日本人、イラクへ移送。「人間の盾」として人質となる
		11月7日	日本人人質の一部が解放される
		12月2、3日	バグダッドにて「平和の祭典」開催
		12月7日	人質の全員解放がバグダッドで実現
1991	平成3	1月16日	多国籍軍がイラク全土の軍事施設を空爆、湾岸戦争勃発
		2月27日	湾岸戦争終結
1992	平成4	4月	政府専用機、総理府から防衛庁に移管
1994	平成6	5月5日	イエメン内戦勃発
		5月9日	大多数のイエメン在留日本人がドイツ機やフランス艦船などで脱出
		7月7日	旧南イエメンのアデンが陥落し、イエメン内戦が終了
		11月18日	自衛隊法改正。外国での災害、騒乱その他の緊急事態に際して、輸送の安全が確保されている時は、航空機による邦人輸送をおこなうことが可能に
1996	平成8	5月23日	中央アフリカの首都バンギで暴動。在留邦人2名がフランス軍機によって国外に脱出
		12月17日	ペルー日本大使公邸占拠事件発生
1997	平成9	3月15日	アルバニア、無政府状態に。邦人14名がドイツ軍機で、2名が米軍機で救出
		5月8日	ザイールで内戦激化。邦人19名がフランス軍機で救出
		7月6日	カンボジアで派閥抗争が軍の衝突に発展。邦人1名が死亡。自衛隊機をタイまで派遣するが、カンボジアには入らず撤収

年		月日	主な出来事
1998	平成10	5月14日	インドネシアで暴動。邦人4995人が日本政府がチャーターした航空機や民間機等で避難。自衛隊機をシンガポールまで派遣するが、インドネシアには入らず撤収
		6月7日	エチオピア・エリトリア国境紛争において、在留邦人3名がアメリカ軍機で国外脱出
1999	平成11	3月6日	東ティモール暴動。邦人23名が政府の民間チャーター機でインドネシアに避難
		5月28日	自衛隊法第百条の八を改正。在外邦人等の輸送に自衛隊の船舶と、その船舶に搭載されたヘリコプターの使用が可能に。隊員と邦人などの生命を守るために「必要最小限の武器使用」も可能になる
2004	平成16	4月15日	自衛隊のC－130輸送機が自衛隊法第百条の八に基づく初めての邦人輸送をおこなう。報道関係者10名を、イラクのタリル飛行場からクウェートのムバラク飛行場まで輸送
2007	平成19	1月9日	防衛省昇格関連法が施行。在外邦人輸送を自衛隊の「付随的任務」から「本来任務」に格上げ
2010	平成22	12月17日	チュニジアで「ジャスミン革命」勃発
2011	平成23	2月11日	ジャスミン革命がエジプトに波及。ムバラク政権崩壊
		2月15日	リビアにもジャスミン革命が波及。首都トリポリで銃撃戦に発展
		2月25日	駐リビア日本大使館が閉鎖。邦人が国外脱出
		10月20日	カダフィが殺害される
		10月23日	リビア動乱の終結
2013	平成25	1月16日	アルジェリア人質事件発生。1月21日までに邦人人質の10名が殺害される
		1月25日	アルジェリア人質事件の犠牲者と生存者、政府専用機で帰国
		11月15日	自衛隊法改正。航空機や船舶による邦人輸送に加え、陸上での輸送も可能に
2015	平成27	1月	湯川遥菜さん、後藤健二さん、「イスラム国」により殺害
		9月19日	安全保障関連法成立。自衛隊が在外邦人の保護措置として警護、救出が新たに可能となる。ただし、「当該国の秩序の維持」「自衛隊の保護措置への当該国の同意」「当該国機関との連携・協力の確保」などが条件

〈参考文献〉

『英船ノルマントン號遭難詳説』（下司盛吾著、顔玉堂）
『日土交渉史』（内藤智秀　泉書院）
『土耳其軍艦アルトグラー號難事取扱ニ係ル日記』（沖周著）
『トルコ軍艦エルトゥールル号の遭難』（森修編著　日本トルコ協会）
『トルコ　世界一の親日国』（森永堯著、明成社）
『歴史街道』（二〇一三年三月号　ＰＨＰ研究所）
『貿易保険』（財団法人貿易保険機構　一九九八年四月号）
『たったひとりの闘争』（アントニオ猪木著、集英社）
『闘魂外交』（アントニオ猪木著、プレジデント社）
『文藝春秋』（文藝春秋　一九九一年二月号）
『安全保障法制改定法案に対する意見書』（日本弁護士連合会）
『日本経済新聞』（昭和六十年三月十二日夕刊・三月十八日朝刊・三月十九日朝刊）
『読売新聞』（明治十九年十一月十八日・昭和六十年三月二十日朝刊・平成二年十一月七日朝刊）
『朝日新聞』（昭和六十年三月十九日朝刊・平成六年十一月十二日朝刊）
『毎日新聞』（昭和六十年三月十八日朝刊・平成二年十一月一日朝刊）
『赤旗』（平成二十七年年四月四日）
「古森義久の内外透視」（古森義久・http://japan-indepth.jp/?p=21896）

解説

北村晴男（弁護士）

本書のメインテーマは、イラン・イラク戦争、イラクによるクウェート侵攻、イエメン内戦、リビア動乱などにより海外で活躍する日本人が窮地に陥り、懸命に脱出しようとしたエピソードを通じて、「自衛隊機を派遣するなどして日本人を何としても救出する」という国として当たり前の事をしない日本の姿勢を鋭く問うところにある。作者は、海外在留邦人の救出を他国に委ね、その結果外国人も一切助けないのを当然とする我が国民に「それで本当に良いのか！」と強く訴えかける。つい最近、作者のこの叫びを映し出すような事件があった。

２０２１年8月の米軍によるアフガニスタン撤退に際し、8月15日にタリバンによってカブールが陥落すると、韓国はその日のうちに軍用機のアフガニスタン投入を決めて自国民を救出するのみならず、24日までに同国に協力したアフガニスタン人３６５人をカブール国際空港に運び25日にカブールを離陸して全員を救出した。信義を重んじる国家であれば当然の行動である。これに対し日本は、8月14日に外務省が自衛隊機の利用について防衛省に打診し、同省から快諾を得ていたにもかかわらず、15日にはこれを撤回し、20日に再度要請するという不手際を犯し、自衛隊機は25日に到着したものの、26日に空港付近で発生した自爆テロのため、日本に協力したアフガニスタン人をその時点で一人も救出できないという事態を招いた。この失態は単に外務省のみのものではなく、そもそも自衛隊法が自衛隊機派遣による邦人輸送について「安全に実施できると認めるとき」という言わば足枷（あしかせ）となるような要件を定めていることに原因がある。この要件は、「雨が降っている間は傘を貸しません」というに等しく、私は「世界一のアホ法律」と呼んでいる。何もむやみに自衛隊を危険にさらすべきだと言うのではない。自衛隊は現地で臨機応変に状況判断をして隊員の生命を守りつつ、危険な邦人救出という任務を可能な限り遂行出来る存在であってほしいと願っている。アフガニスタンでは、この要件（安全に実施できるか否か）の調査に時間を要することから、自衛隊機の派遣が遅きに失することとなった。この信義にもとる結果を招いた事件は、日本の国家としての重大な欠陥を主張する本書の意義を図らずも明確に示すこととなった。言うまでもなく、この重大な欠陥は憲法9条の存在とその解釈のあり方に起因している。これにより、「自衛隊機は何が何でも海外に派遣させてはならない」「いかなる形でも自衛隊による武力行使はさせまい」とするマスコミ、左派野党、日弁連などの声の大きな勢力が活発に活動して、危機に陥った邦人の救出という当たり前の行動を可能とする立法を阻害している。

ところで、本書の重要なエピソードである1890年（明治23年）に発生した「エルトゥールル号事件」とその95年後に起きたトルコ航空による日本人救出劇について、私はそこそこ知っている積もりであった。というのも２０１５年（平成27年）に日本・トルコ共同で製作された映画「海難１８９０」を観て感激していたからである。しかし、本書を読み、エルトゥールル号事件の4年前に起きたノルマントン号事件との対比を示され、串本町（くしもと）の漁民たちによるトルコ人救出劇の素晴らしさに心を揺さぶられるとともに、自分は何も知らなかった、と思い知ることになる。

１８８６年（明治19年）10月24日、英国貨客船ノルマントン号が和歌山沖で座礁遭難した際、イギリス人ドイツ人からなる乗組員26名は救命ボート4隻に乗り移り全員助かったが、日本人の乗客25名及びインド人ボイラーマン12名は全員死亡した。アジア人は誰一人救命ボートに乗っていない。この非人道的・人種差別的措置に対し、日本中の怒りは沸騰した。それにもかかわらず、そのわずか4年後に、しかもすぐ近くの串本町沖で発生したオスマントルコの軍艦エルトゥールル号遭難に際し、漁民たちはノルマントン号事件で感じた憤激をすべて忘れたかのように、懸命にトルコ人の救助と救命に努める。その時の村人の心情は、当時12歳の少年から後にその子に語られ、やがて作者にも伝わることになるが、そこに示された海に生きる日本人の矜持（きょうじ）には胸を打たれる。海に生きる者は常に危険にさらされている。困ったときはお互い様、助け合うのは当たり前という。

村人たちは、自分たちが普段口にできない白米や鶏肉を惜しみなく提供し、１００メートルも離れた谷底の井戸から子供たちも総出で水を汲み上げて風呂を焚き、冷え切った体を温めさせ、それでも足りない者は人肌で温めて命を救った。加えて日本全国からは多額の義援金も集められた。そんな情熱にも似た日本人の誠意が、助けられたトルコ軍人からトルコ全土に瞬く間に伝わり、さらにその15年後には、長年トルコが苦しめられてきたロシアに日本が戦争で勝利したというニュースも加わって、トルコは熱烈な親日国になった。そして、この時の救助劇は同国の小学5年生の教科書に載り、時代が変わり為政者が変わってもトルコ人の心に日本人に対する尊敬と感謝の念として深く浸透していったのである。

時は移り、1985年3月12日、イランの首都テヘランにイラク空軍機による爆撃が開始された。

この当時テヘランの日本大使館には型破りな公使、高橋雅二氏がいた。彼は民間人がテヘラン着任の挨拶に来る度に「国境付近の600km先で戦争をやっていますから、一見平和に見えますが、いずれ日本人の引き揚げが起きる。しかし、いざという時になると日本政府は頼りにならない」「ほかの国からは救援機が来るが、日本からは来ません。自分で努力して下さい」などと、いざという時の真実を彼らに伝えていた。他方で大使館員たちは日頃から各国の外交官に「いざという時は日本人を助けてほしい」と頼んでいたが、相手の反応は「日本は世界第2位の経済大国なのに、自国民を救出するための救援機も飛ばせないとはとても信じられない」というものだった。

そんな中、3月17日にフセイン大統領が「48時間後よりイラン全土上空を戦争空域に指定する。その場合、すべての民間機を攻撃する可能性がある」との声明を発表した。そのためすべての航空会社はテヘラン便の運航を停止し、各国からは自国民のための救援機が飛来することとなった。日本からは、大使館からの救援機要請に対して「イランとイラク両国から日本の航空機に対する安全保証を取り付けよ」との公電が入る。これを受けて野村豊(のむらゆたか)大使はイラン外務省に交渉に行くが、「我々は日本を尊敬している。日本はアメリカと戦って、原爆まで落とされて見事に立ち直った。その日本人がサダム・フセインにミサイルで落とすぞと言われたら逃げ出すのですか」と呆(あき)れられ、万策尽きたかと思われた。

そんな時、伊藤忠(いとうちゅう)本社から同社イスタンブール事務所長森永堯(もりながたかし)氏に「イラン在住邦人のため、トルコ航空に救援機のお願いをせよ」との指令が入る。森永氏はトルコのオザル首相と戦友と言えるほどの関係を築いており、早速電話で「助けて下さい。トルコから救援機を派遣してテヘランにいる日本人を助け出して下さい」「日本は救援機を出そうにも遠すぎてサダム・フセインの出した警告の時間に間に合わない可能性がありま す」と嘘まで挟んで頼み込むと、オザル首相は「わかった心配するな、親友モリナーガさん」と快諾してくれた。その結果、期限ぎりぎりに215名全員の日本人がトルコ航空機で救出された。

そしてさらに25年の月日が流れ、2010年9月27日、トルコ最大の都市イスタンブールにあるアヤイリニ教会で日本・トルコ友情コンサートが開かれる。それは、1890年の「エルトゥールル号遭難事件」と、1985年のテヘランからの「邦人救出劇」を描いた交響組曲「友情」のコンサートだった。その機会に、25年前に救出された日本人とトルコ航空機のオルハン・スヨルジュ機長ほかのクルーは感激の対面をすることになる。その際、元キャビンアテンダントの女性が「あの時、私は、日本人を助けるチャンスだと思いました。どうしても日本人を助けたかったんです。そして、大昔の恩を返したかったんです。日本人を助けに行けることを誇りに思いました」「あの時妊娠していた私は、（助けに行けなくなることを恐れ）妊娠の事実を会社に告げずに、夫にはミッションのことを言わず、黙って参加したのです」と告白し、その時に生まれた娘さんを紹介した。涙なしではとても読む事の出来ないものであった。

我々は今たった一度の人生を生きているが、死んだらすべて終わりでは決してない。今我々が正しいこと、後世に恥じない行動をすれば、それは必ず50年後、100年後の日本や日本人に返って来る。その逆もまた然り。そのことをはっきりと思い知らされた感激のエピソードである。

最近になってこの一冊を読み返し、再び深い感銘を受け、私の中に一人でも多くの日本人にこれを知ってもらいたいという強い使命感のようなものが沸き上がってきた。そこで今年の5月からYouTube（弁護士北村晴男ちゃんねる）を始めることとし、門田隆将先生のご了解を得てこの本の内容を第1回から3回など計14回にわたって紹介させていただいたところ、大好評を得て合計71万回を超える視聴がなされている。門田先生には感謝しかなく、また、文庫本出版にあたって、拙文を解説に使って頂けるのも光栄の至りである。若者の活字離れが言われる中で、このような素晴らしいドキュメンタリー作品が一人でも多くの人々に愛読されることを願って止まない。

章扉写真提供：第一章……………………………………………串本町
第二章、第十章……………………………………AP/アフロ
第三章……………………………………………沼田準一氏
第四章、第六章、第十一章、第十四章…………AFP＝時事通信社
第五章……………………………………………読売新聞/アフロ
第七章、第八章……………………………………森永 堯氏
第九章……………………………………………高星輝次氏
第十二章、第十七章………………………………時事通信社
第十三章…………………………………………伊東一郎氏
第十五章、第十六章………………………………牧 紀宏氏

本書は、二〇一五年十二月にPHP研究所より刊行された単行本を加筆修正のうえ、文庫化したものです。

日本、遥かなり

エルトゥールルの「奇跡」と邦人救出の「迷走」

門田隆将

令和3年 11月25日　初版発行
令和6年 11月30日　再版発行

発行者●山下直久

発行●株式会社KADOKAWA
〒102-8177　東京都千代田区富士見2-13-3
電話　0570-002-301（ナビダイヤル）

角川文庫 22912

印刷所●株式会社KADOKAWA
製本所●株式会社KADOKAWA

表紙画●和田三造

●お問い合わせ
https://www.kadokawa.co.jp/（「お問い合わせ」へお進みください）
※内容によっては、お答えできない場合があります。
※サポートは日本国内のみとさせていただきます。
※Japanese text only

ISBN 978-4-04-111988-4　C0195

角川文庫発刊に際して

角川源義

第二次世界大戦の敗北は、軍事力の敗北であった以上に、私たちの若い文化力の敗退であった。私たちの文化が戦争に対して如何に無力であり、単なるあだ花に過ぎなかったかを、私たちは身を以て体験し痛感した。西洋近代文化の摂取にとって、明治以後八十年の歳月は決して短かすぎたとは言えない。にもかかわらず、近代文化の伝統を確立し、自由な批判と柔軟な良識に富む文化層として自らを形成することに私たちは失敗して来た。そしてこれは、各層への文化の普及滲透を任務とする出版人の責任でもあった。

一九四五年以来、私たちは再び振出しに戻り、第一歩から踏み出すことを余儀なくされた。これは大きな不幸ではあるが、反面、これまでの混沌・未熟・歪曲の中にあった我が国の文化に秩序と確たる基礎を齎らすためには絶好の機会でもある。角川書店は、このような祖国の文化的危機にあたり、微力をも顧みず再建の礎石たるべき抱負と決意とをもって出発したが、ここに創立以来の念願を果すべく角川文庫を発刊する。これまで刊行されたあらゆる全集叢書文庫類の長所と短所とを検討し、古今東西の不朽の典籍を、良心的編集のもとに、廉価に、そして書架にふさわしい美本として、多くのひとびとに提供しようとする。しかし私たちは徒らに百科全書的な知識のジレッタントを作ることを目的とせず、あくまで祖国の文化に秩序と再建への道を示し、この文庫を角川書店の栄ある事業として、今後永久に継続発展せしめ、学芸と教養との殿堂として大成せんことを期したい。多くの読書子の愛情ある忠言と支持とによって、この希望と抱負とを完遂せしめられんことを願う。

一九四九年五月三日

角川文庫ベストセラー

角川文庫ベストセラー

あの一瞬
アスリートが奇跡を起こす「時」
門田隆将

死の淵を見た男
吉田昌郎と福島第一原発
門田隆将

記者たちは海に向かった
津波と放射能と福島民友新聞
門田隆将

慟哭の海峡
門田隆将

汝、ふたつの故国に殉ず
台湾で「英雄」となったある日本人の物語
門田隆将

瀬古利彦、サッカー日本代表、遠藤純男、ファイティング原田、新日鉄釜石、明徳義塾……さまざまな競技から歴史に残る名勝負を選りすぐり、勝敗を分けた「あの一瞬」に至るまでの心の軌跡を描きだす。

2011年3月、日本は「死の淵」に立った。福島県浜通りを襲った大津波は福島第一原発の原子炉を暴走させた。日本が「三分割」されるという中で、使命感と郷土愛に貫かれて壮絶な闘いを展開した男達がいた。

その時、記者たちは、なぜ海に向かったのか——。東日本大震災で存続の危機に立った福島民友新聞。『死の淵を見た男』の著者、門田隆将があの未曾有の危機に直面した記者たちの真実の姿と心情を描く。

太平洋戦争時、20万人とも言われる犠牲者を生んだ台湾～フィリピン間のバシー海峡。生き延びたある人は私財をなげうち慰霊を続け、亡くなった人の中には「アンパンマン」作者やなせたかしの弟もいた——。

台湾でその命日が「正義と勇気の記念日」に制定された日本人がいた——。半世紀にも及ぶ日本と台湾の絆を表す英雄・坂井徳章の生きざまと信念を明らかにした感動の歴史ノンフィクション。

角川文庫ベストセラー

東京にオリンピックを呼んだ男　高杉良

戦後日本の復興を印象付ける、1964年の東京オリンピック。その陰には、一人の日系人の奮闘があった――。日本のスポーツ界や経済界に大きな影響を与えたフレッド・和田の立志伝。

不道徳教育講座　三島由紀夫

大いにウソをつくべし、弱い者をいじめるべし、痴漢を歓迎すべし等々、世の良識家たちの度肝を抜く不道徳のススメ。西鶴の『本朝二十不孝』に倣い、逆説的レトリックで展開するエッセイ集。現代倫理のパロディ。

美と共同体と東大闘争　三島由紀夫　東大全共闘

学生・社会運動の嵐が吹き荒れる一九六九年五月十三日、超満員の東大教養学部で開催された三島由紀夫と全共闘の討論会。両者が互いの存在理由をめぐって、激しく、真摯に議論を闘わせた貴重なドキュメント。

純白の夜　三島由紀夫

村松恒彦は勤務先の銀行の創立者の娘である13歳年下の妻・郁子と不自由なく暮らしている。恒彦の友人・楠は一目で郁子の美しさに心を奪われ、郁子もまた楠に惹かれていく。二人の恋は思いも寄らぬ方向へ。

夏子の冒険　三島由紀夫

裕福な家で奔放に育った夏子は、自分に群らがる男たちに興味が持てず、神に仕えた方がいい、と函館の修道院入りを決める。ところが函館へ向かう途中、情熱的な瞳の一人の青年と巡り会う。長編ロマンス！

角川文庫ベストセラー

夜会服
三島由紀夫

何不自由ないものに思われた新婚生活だったが、ふと覗かせる夫・俊夫の素顔は絢子を不安にさせる。見合いを勧めたはずの姑の態度もおかしい。親子、嫁姑、夫婦それぞれの心境から、結婚がもたらす確執を描く。

USJのジェットコースターはなぜ後ろ向きに走ったのか?
森岡 毅

お金がないならアイデアを振り絞れ! 後ろ向きコースター、ゾンビの大量放出、絶対生還できないアトラクション……斬新な戦略でV字回復したUSJの軌跡をキーマンが綴る。

女と男
～最新科学が解き明かす「性」の謎～
NHKスペシャル取材班

人間の基本中の基本である、「女と男」――。それは未知なる不思議に満ちた世界だった。女と男はどのように違い、なぜ惹かれあうのか? 女と男の不思議を紐解くサイエンスノンフィクション。

ヒューマン
なぜヒトは人間になれたのか
NHKスペシャル取材班

私たちは身体ばかりではなく「心」を進化させてきたのだ――。人類の起源を追い求め、約20万年のホモ・サピエンスの歴史を遡る。構想12年を経て映像化された壮大なドキュメンタリー番組が、待望の文庫化!!

人体 ミクロの大冒険
60兆の細胞が紡ぐ人生
NHKスペシャル取材班

人はどのような細胞の働きによって生かされ、そして、なぜ老い、死ぬのか。本書は私たちが個として生まれ、成長し、死ぬ仕組みを読み解こうという壮大な「旅」である。大反響を呼んだ番組を文庫化。